学懂弄通基本理论

LEARN AND GET THROUGH THE BASIC THEORIES

侯少文 ◎ 著

中共中央党校出版社

图书在版编目（CIP）数据

学懂弄通基本理论 / 侯少文著. -- 北京：中共中央党校出版社，2018.3
 ISBN 978-7-5035-6350-8

Ⅰ.①学… Ⅱ.①侯… Ⅲ.①中国共产党 – 基本知识 Ⅳ.① D219

中国版本图书馆 CIP 数据核字（2018）第 044145 号

学懂弄通基本理论

责任编辑	蔡锐华
版式设计	张　敏
责任印制	宋二顺
责任校对	魏学静
出版发行	中共中央党校出版社
地　　址	北京市海淀区大有庄 100 号
电　　话	（010）62805830（总编室）　　（010）62805821（发行部）
	（010）62805034（网络销售）　（010）62805822（读者服务部）
传　　真	（010）62881868
经　　销	全国新华书店
印　　刷	北京文昌阁彩色印刷有限责任公司
开　　本	690 毫米 × 980 毫米　1/16
字　　数	280 千字
印　　张	22.5
版　　次	2018 年 3 月第 1 版　2018 年 3 月第 1 次印刷
定　　价	68.00 元

网　址：www.dxcbs.net　　邮　箱：zydxcbs 2018@163.com
微 信 ID：中共中央党校出版社　新浪微博：@党校出版社

版权所有·侵权必究
如有印装质量问题，请与本社发行部联系调换

前 言

"学懂弄通"之我见

近来,"学懂弄通"在思想理论领域里渐成热词。这缘于在2017年10月27日,十九届中共中央政治局举行第一次集体学习,习近平同志就"贯彻落实党的十九大精神,在新时代坚持和发展中国特色社会主义,要求全党来一个大学习"的强调之中。

习近平同志指出,"学习贯彻党的十九大精神,要在学懂上下功夫。学懂是前提"。他还指出,"学习贯彻党的十九大精神,要在弄通上下功夫",并就如何"学懂"、如何"弄通"作了具体说明。笔者理解,"学懂"与"弄通"是辩证的统一。懂者自通,通者必懂。没有通者不懂,也没有懂者不通。所以,把"学懂""弄通"组合在一起,有其内在的必然,意图达成强化和突出的效果。

"学懂弄通"之于学习贯彻党的十九大精神当然是极其重要的,对于坚持党的指导思想的全部内容同样是极其重要的。因而,本书定名为《学懂弄通基本理论》。党的先进性、使命、地位,要求必须"学懂弄通"党的全部基本理论,但是当前和今后的重点是"学懂弄通"习近平新时代中国特色社会主义思想。学习理论的整体论与重点论同样是辩证的统一。

习近平同志如此强调"学懂弄通",针对性是极其鲜明的。就在这次集体学习中,他特别强调,当前,全党全国上下正在深入学习宣传贯彻党的十九大精神,开会发文是传达精神的必要方式,营造浓厚氛围也是必要的,但要防止出现以会议落实会议、以文件落实文件的现象,不能空喊口号、流于形式。这一强调首先针对的就是这种"以会议落实会议、以文件落实文件""空喊口号、流于形式"的不良学风和作风。"雷声大、雨点小""刮风式""运动式""应景式"的陋习,早到了该彻底摒弃的时候了!读过延安整风文献的同志都清楚,毛泽东对不良学风深恶痛绝,把它视为"共产党的大敌","大敌当前,我们有打倒它的必要"。[1]

我们应该遵循"学懂弄通"的要求,聚精会神、心无旁骛地下功夫学习党的十九大精神,原原本本、原汁原味地学习领会习近平新时代中国特色社会主义思想。坚持以"自学为主、读原著为主"。现在还有多少党员、干部阅读党的十九大文件的能力都不具备?坚持"两个为主",当然不是一概排斥必要的教学辅导,更何况是言之有物、入耳入脑的辅导呢?可惜,能够让学习者真正叫好的辅导并不多。官僚主义、形式主义、文牍主义的旧风不除,新时代的新思想就难以深入人心。所以,倡行"学懂弄通"至为紧要。

何谓"学懂弄通"?略述浅见:

---

[1] 参见毛泽东:《改造我们的学习》,《毛泽东选集》第三卷,人民出版社1991年版,第800页。

一是，准确把握理论的精要。理论宝库博大精深，普通人难以穷尽，但是下功夫知晓精要是可以做到的。马克思主义最为核心的内容，就是恩格斯所称的"两大发现"，即唯物史观与剩余价值论。列宁主义的核心价值自然是他特别推崇的无产阶级专政理论。作为我党马克思主义中国化第一大成果的毛泽东思想，其标志正是关于中国新民主主义革命及建设的理论。邓小平理论的基本内容，就是党的十四大提出、十五大确认的，以建设有中国特色社会主义为旗帜的九大问题。"三个代表"重要思想、科学发展观又是在邓小平理论的基础上的与时俱进、创新发展。习近平新时代中国特色社会主义思想的核心要义，就是党的十九大报告第一次全面阐述的"八个明确"及十四条"基本方略"。紧紧地、反复地抓住和领会这些精要，定能收到提纲挈领、举一反三的学习效果。

二是，整体把握贯通全部理论的主脉。全部理论的精髓是实事求是，这样的认识当然不错。但是这还不够，必须具体说明，真正能让人明白，了然于胸。实事求是的本质是正确认识和遵循规律。人类社会发展的普遍规律，就是发轫于《德意志意识形态》《共产党宣言》，成就于《〈政治经济学批判〉序言》之中的唯物史观。之后的所有主义、思想、理论，无一例外的都是这条主脉的本土化、具体化、时代化。关键是要把其中的要点、节点、亮点讲清楚、写明白。如此，闻者当生出思想的任督二脉得以贯通的感觉了。

三是，始终倾注于理论的实际运用。"学懂弄通"本身不是目的，精通的目的完全在于运用。对于普通党员、一般干部是如此，对于领导干部特别是"关键少数"更是如此。这是由他们的使命、责任所决定的。正如习近平同志在十九届中共中央政治局第一次集体学习时强调的，学习贯彻党的十九大精神,要在做实上下功夫。清谈误国、实干兴邦,一分部署、九分落实。要拿出实实在在的举措,一个时间节点一个时间节点往前推进,以钉钉子精神全面抓好落实。

1945年,在党的七大上,毛泽东建议代表们读五本马列的书,两年读一遍,十年里读五遍。这说明,"学懂弄通"贵在功夫。学理论有胜景但没有止境,越学定然是越要学越会学,功到自然就成了。

本书不赘后记,在此谨向中共中央党校出版社表达谢意,相信他们一定会拿出更多的受读者欢迎、为同行所称道的好书来。

侯少文

2018 年 3 月

目　录

001 第一讲
　　　导　论

一、什么是理论　/ 003

二、为什么必须学习理论　/ 009

三、怎样学习理论　/ 017

029 第二讲
　　　马克思的两大发现

一、唯物史观的经典表述　/ 031

二、"两个决不会"——经典中的经典　/ 036

三、马克思的剩余价值论　/ 039

四、中国化的新探索新成果　/ 045

第三讲
恩格斯晚年的理论贡献

一、和平走向社会主义的趋势与选择 / 053

二、经济的发展变化为新社会孕育物质基础 / 060

三、晚年的恩格斯信仰不改 / 068

第四讲
列宁无产阶级革命和专政的理论

一、无产阶级革命和无产阶级专政 / 077

二、向社会主义迂回过渡的新经济政策 / 083

三、无产阶级革命党和执政党建设 / 086

第五讲
毛泽东的新民主主义理论

一、中国革命的性质 / 098

二、中国革命的步骤 / 101

三、中国革命的纲领 / 105

四、新民主主义理论的历史地位和现实意义 / 117

第六讲
中国特色社会主义理论体系的形成与发展

一、党的十一届三中全会重新确立了党的解放思想、
　　实事求是的思想路线　/ 129

二、党的十二大第一次提出中国特色社会主义的科学
　　命题　/ 130

三、党的十三大系统地阐明了社会主义初级阶段论　/ 131

四、党的十四大确立了建设有中国特色社会主义理论的
　　指导地位　/ 133

五、党的十五大把党的十四大提出的理论定名为邓小平
　　理论　/ 137

六、党的十六大要求全面贯彻"三个代表"重要思想　/ 139

七、党的十七大提出中国特色社会主义理论体系的
　　新概念　/ 139

八、党的十八大把科学发展观确立为党的指导思想　/ 141

九、党的十九大确立了习近平新时代中国特色社会
　　主义思想的指导地位　/ 143

第七讲
邓小平理论

一、邓小平理论是当代中国的马克思主义 /151

二、邓小平理论的贡献与精髓 /160

三、继续坚持和发展邓小平理论 /170

第八讲
"三个代表"重要思想

一、"三个代表"重要思想的内涵 /179

二、"三个代表"重要思想的体系 /181

三、"三个代表"重要思想的创新 /184

第九讲
科学发展观

一、科学发展观的初步形成 /201

二、科学发展观的基本含义 /204

三、科学发展观的历史定位 /208

四、科学发展观的理论渊源 /213

223 第十讲
习近平新时代中国特色社会主义思想

一、习近平新时代中国特色社会主义思想是时代的
产物 / 225

二、习近平新时代中国特色社会主义思想的历史地位 / 228

三、习近平新时代中国特色社会主义思想的核心要义与
丰富内涵 / 232

四、习近平新时代中国特色社会主义思想和基本方略 / 245

251 第十一讲
中国特色社会主义理论体系的主题

一、什么是"中国特色" / 253

二、什么是"社会主义" / 263

三、什么是"中国特色社会主义" / 275

四、什么是"新时代"和"初级阶段" / 279

287 附录
课堂互动 30 题

第一讲
导　论

■ **学习目的、重点**

说明党员、干部所要学习的理论的含义、学习理论的重要性，特别是正确目的以及学习理论的应循原则。理论是关于道理的说明，即关于事物发展规律的理性揭示。党的基本理论教育，就是马克思列宁主义、毛泽东思想和中国特色社会主义理论体系的教育。新时代的重点是习近平新时代中国特色社会主义思想的学习教育。这一理论，是我们党从事革命、建设、改革各项伟大事业的正确指南，也是我们共产党人树立并坚定理想信念的源头和支撑。学习和精通理论的全部目的、唯一目的在于运用，把理论的力量转化为工作的动力和指引，把它作为观察复杂形势、破解疑难问题的科学工具。学习理论要遵循邓小平同志提倡的要精要管用要讲新话的原则。总之，理论教育是我们党的事业的重要组成部分，党的基本理论教育又是党员、党的干部教育的重点和核心。因此，党员尤其是党的干部都应该把学懂弄通党的基本理论作为自身良好的工作习惯和生活习惯，作为一生孜孜不懈的追求。

开宗明义，本书所讲的基本理论，即党的基本理论。完整地说，就是作为我们党的指导思想的理论基础的马克思列宁主义、毛泽东思想和中国特色社会主义理论体系。笔者长期从事党的理论教学，包括讲授这方面的理论和组织实施这方面的教学。愚体会，什么是理论和基本理论、怎么看待这个理论、为什么要重视理论教育和理论学习，以及怎样学习这个理论，这些都是我们从事和接受党的基本理论教育必须首先明确并端正思想认识的重要问题，亦是本书导论所承载的任务。

一、什么是理论

顾名思义，理论就是道理的说明。那么，什么又是道理呢？道理就是对事物发展规律的总结，而所谓规律，就是揭示事物内在的本质的联系。因此，正确地揭示了事物发展规律并做出了规范的论述，就可以称之为理论。

正确的理论、科学的理论，具有这样几个特点：一，有自己特定的研究对象、研究领域，它的特定研究任务不为别的理论所替代，也不在别的研究领域喧宾夺主；二，有一整套相互支撑的概念和原理，这些概念和原理具有较高的认可性；三，源于实践并且得到了实践的验证；四，所驰骋的时空越广阔，其发展的生命力越强。

为了深化我们对理论的认识，不妨向毛泽东同志请教。70多年前延安整风时期，在毛泽东同志撰写的重要文献《整顿党的作风》中就有非常深刻的阐述。

毛泽东同志说:"一般地说来,我们的理论还不能够和革命实践相平行,更不去说理论应该跑到实践的前面去。我们还没有把丰富的实际提高到应有的理论程度。我们还没有对革命实践的一切问题,或重大问题,加以考察,使之上升到理论的阶段。"[1]这番话,反映了毛泽东同志对当年党的理论水平整体不高、不能适应革命形势发展需要的判断,也表达了他重视提高全党理论水平的心情。

毛泽东同志接着说:"我们如果仅仅读了他们的著作,但是没有进一步地根据他们的理论来研究中国的历史实际和革命实际,没有企图在理论上来思考中国的革命实践,我们就不能妄称为马克思主义的理论家。"[2]

毛泽东同志进一步说:"我们所要的理论家是什么样的人呢?是要这样的理论家,他们能够依据马克思列宁主义的立场、观点和方法,正确地解释历史中和革命中所发生的实际问题,能够在中国的经济、政治、军事、文化种种问题上给予科学的解释,给予理论的说明。我们要的是这样的理论家。"[3]这些话,是毛泽东同志对党内的那些教条主义者的尖锐批评,这些人只会背诵马克思主义经典作家的个别结论、个别词句,而对于中国历史、中国革命则一窍不通,任由这些"钦差大臣"指手画脚,只能使革命招致损失。我们需要的是能够依据马克思列宁主义的立场、观点和方法,正确地解释历史和革命中所发生的实际问题,能够在中国的经济、政治、军事、文化种种问题上给予科学的解释,给予理论的说明的理论家。

---

[1] 毛泽东:《整顿党的作风》,《毛泽东选集》第三卷,人民出版社1991年版,第813页。
[2] 毛泽东:《整顿党的作风》,《毛泽东选集》第三卷,人民出版社1991年版,第814页。
[3] 毛泽东:《整顿党的作风》,《毛泽东选集》第三卷,人民出版社1991年版,第814页。

为了说明我们需要什么样的理论家、什么样的知识分子,毛泽东同志以马克思这样的光辉典范为例。毛泽东同志指出:"马克思不但参加了革命的实际运动,而且进行了革命的理论创造。他从资本主义最单纯的因素——商品开始,周密地研究了资本主义社会的经济结构。商品这个东西,千百万人,天天看它,用它,但是熟视无睹。只有马克思科学地研究了它,他从商品的实际发展中作了巨大的研究工作,从普遍的存在中找出完全科学的理论来。他研究了自然,研究了历史,研究了无产阶级革命,创造了辩证唯物论、历史唯物论和无产阶级革命的理论。这样,马克思就成了一个代表人类最高智慧的最完全的知识分子,他和那些仅有书本知识的人有根本的区别。"[1]马克思主义的理论,就是我们党需要的理论;马克思这样的知识分子,就是我们必须学习的楷模。高山仰止,我们坚持和发展适应中国革命需要的理论,必须向马克思看齐。

言及于此,水到渠成,毛泽东同志亮明了他的理论观。这就是:"真正的理论在世界上只有一种,就是从客观实际抽出来又在客观实际中得到了证明的理论,没有任何别的东西可以称得起我们所讲的理论。"[2]

在这句话中,"又在客观实际中得到了证明"比较好理解,马克思列宁主义、毛泽东思想、中国特色社会主义理论体系都是这样的理论,它们的真理性都是被实践所反复证明了的。但是,"从客观实际抽出来"又当作何解释呢?这里的"抽出来",就是进行理论思考、理论概括、理论创新。

关于"抽出来",毛泽东同志在他的《实践论》中,有十分具体的

---

[1] 毛泽东:《整顿党的作风》,《毛泽东选集》第三卷,人民出版社1991年版,第816—817页。
[2] 毛泽东:《整顿党的作风》,《毛泽东选集》第三卷,人民出版社1991年版,第817页。

描述。毛泽东同志是理论大家，难怪他能把理论创造的具体过程描述得那样细致入微。他说："要完全地反映整个的事物，反映事物的本质，反映事物的内部规律性，就必须经过思考作用，将丰富的感觉材料加以去粗取精、去伪存真、由此及彼、由表及里的改造制作工夫，造成概念和理论的系统，就必须从感性认识跃进到理性认识。这种改造过的认识，不是更空虚了更不可靠了的认识，相反，只要是在认识过程中根据于实践基础而科学地改造过的东西，正如列宁所说乃是更深刻、更正确、更完全地反映客观事物的东西。"[1] 原来，"抽出来""科学抽象""理论抽象"，就是这样一个思想认识不断深化的过程。这样的思想境界着实难能可贵，所以我们应该更加充分地认识到创立和发展马克思主义理论之艰辛之卓越！更应该以自己的认真学习，表达对马克思主义伟大先驱的尊重。

这个"抽出来"的实质和关键是什么？毛泽东同志在另一篇延安整风的重要文献《改造我们的学习》中这样说："这种态度，就是有的放矢的态度。'的'就是中国革命，'矢'就是马克思列宁主义。我们中国共产党人所以要找这根'矢'，就是为了要射中国革命和东方革命这个'的'的。这种态度，就是实事求是的态度。'实事'就是客观存在着的一切事物，'是'就是客观事物的内部联系，即规律性，'求'就是我们去研究。我们要从国内外、省内外、县内外、区内外的实际情况出发，从其中引出其固有的而不是臆造的规律性，即找出周围事变的内部联系，作为我们行动的向导。"[2] 清清楚楚、明明白白，理论抽象的实质，就是从客观存在着的一切事物中，"求"出客观事物的内部联系，即规律性来。

---

[1] 毛泽东：《实践论》，《毛泽东选集》第一卷，人民出版社1991年版，第291页。
[2] 毛泽东：《改造我们的学习》，《毛泽东选集》第三卷，人民出版社1991年版，第801页。

现在我们明白，马克思主义何以正确？何以成为我们行动的指南？是因为它揭示了人类社会发展的普遍规律，揭示了人类社会内在的本质联系，使我们从"自在"走向了"自为"，明白了人类社会发展的方向，明确了自己承担的历史使命。

现在我们明白，毛泽东思想何以正确？何以成为我们行动的指南？是因为它是马克思主义中国化的一大成果，正确地揭示了中国新民主主义革命的规律，指明了中国人民结束半殖民地半封建的黑暗历史从而走向光明的正确道路。

现在我们还明白，中国特色社会主义理论体系何以正确？何以不断指引我们从胜利走向胜利？是因为它是在当代历史条件下马克思主义中国化的又一大理论成果，从根本上回答了像中国这样曾经贫穷落后的大国建设什么样的社会主义、怎样建设社会主义的一系列重大问题，不断开创了中国特色社会主义伟大事业的新局面新境界。中国特色社会主义是我们永远高举的旗帜，中国特色社会主义道路是我们永远坚持、矢志不移的道路。

在初步说明了什么是理论之后，我们有必要对本书书名中的"基本理论"的提法作出说明。毫无疑问，这个基本理论当然是党的基本理论，《中国共产党章程》"总纲"规定："中国共产党以马克思列宁主义、毛泽东思想、邓小平理论、'三个代表'重要思想、科学发展观、习近平新时代中国特色社会主义思想作为自己的行动指南。"作为行动指南的这些全部构成，一言以蔽之就是党的基本理论，简称"基本理论"。

"基本理论"四个字，能否承载如此之重的理论财富？应该能。党的全国代表大会报告提供了重要且有力的支持。

请看，党的十四大报告的论述："在这次党的全国代表大会上，对十四年来党领导人民进行的伟大实践作一个历史的回顾，对党在实践过程中形成的基本理论、基本路线和一系列战略决策作出郑重的结论，是非常必要的。这对于进一步统一全党思想，坚持党的基本理论和基本路线不动摇，把有中国特色社会主义的伟大事业继续推向前进，具有重大的现实意义和长远意义。"[1]不错，这里所说的"基本理论"主要是针对"建设有中国特色社会主义理论"而言的，但是，如果说基本理论的含义仅仅限于此，而不能涵盖之前的理论成果，那么这个"建设有中国特色社会主义理论"，岂不成了无源之水、无本之木了吗？

再看，党的十六大报告总结宝贵经验的第一条，就是这样论述的："坚持以邓小平理论为指导，不断推进理论创新。邓小平理论是我们的旗帜，党的基本路线和基本纲领是各项工作的根本指针。无论遇到什么困难和风险，都必须坚持党的基本理论、基本路线和基本纲领不动摇。坚持用马克思列宁主义、毛泽东思想和邓小平理论武装全党、教育人民，不断解放思想、实事求是，与时俱进、开拓创新，尊重群众的首创精神，通过实践来检验和发展党的理论和路线方针政策。"[2]这一论述明白无误地表示，"基本理论"之谓，是包含了作为我们党的指南的全部构成。可见，本书书名之中"基本理论"的提法是言之有据的。

至此，读者朋友应该清楚了本书书名取义的用心所在了。就是要概述党的全部理论，梳理它的来龙去脉，把握它的框架结构，尤其是触摸它一脉相承的脉，从而能够做到对我们党的基本理论知其然，又知其所以然。

---

[1] 江泽民：《加快改革开放和现代化建设步伐，夺取有中国特色社会主义事业的更大胜利》，《江泽民文选》第一卷，人民出版社 2006 年版，第 212 页。

[2] 江泽民：《全面建设小康社会，开创中国特色社会主义事业新局面》，《江泽民文选》第三卷，人民出版社 2006 年版，第 533 页。

二、为什么必须学习理论

总体上说，我们党始终高度重视党的理论建设、理论教育、理论学习。这是由党的基本理论的科学性、思想动力、精神威力所决定的，同时是由工人阶级和人民解放事业不可或缺的需求所决定的，更是作为工人阶级先锋队的党保持党的先进性、全面从严治党之必备的紧迫要求。关于这个方面，马克思、恩格斯、列宁、毛泽东、邓小平有大量重要论述。中共中央党校原副校长杨春贵教授主编的三本领导干部必知录，即《马克思恩格斯列宁经典名言》《毛泽东经典名言》《邓小平经典名言》开卷之首，展示的就是关于"马克思主义是工人阶级运动的旗帜""没有革命的理论，就不会有革命的运动"内容的名言佳句，激人奋进的精神跃然纸上。

在这里，我们仅仅从重温习近平同志为庆祝中国共产党成立95周年而发表的重要讲话中，就能够深切领会加强理论建设、理论教育、理论学习的极端重要性。

习近平同志指出："历史告诉我们，没有先进理论的指导，没有用先进理论武装起来的先进政党的领导，没有先进政党顺应历史潮流、勇担历史重任、敢于作出巨大牺牲，中国人民就无法打败压在自己头上的各种反动派，中华民族就无法改变被压迫、被奴役的命运，我们的国家就无法团结统一、在社会主义道路上走向繁荣富强。"[1]

学习习近平同志2016年"七一"讲话的重要精神，笔者有三点体会：

---

[1] 习近平：《在庆祝中国共产党成立95周年大会上的讲话》，《人民日报》2016年7月2日。

第一，马克思主义是我们立党立国的根本指导思想。

上面这句话，出自习近平同志2016年"七一"重要讲话。讲得好，理直气壮、顶天立地！还有什么别的文字，能够如此畅达地一语破的吗？

在这个讲话中，习近平同志畅论了八个"不忘初心、继续前进"的方面，其中第一个就是理论问题，可见分量不同一般。他指出："坚持不忘初心、继续前进，就要坚持马克思主义的指导地位，坚持把马克思主义基本原理同当代中国实际和时代特点紧密结合起来，推进理论创新、实践创新，不断把马克思主义中国化推向前进。"

习近平同志接着指出："指导思想是一个政党的精神旗帜。95年来，中国共产党之所以能够完成近代以来各种政治力量不可能完成的艰巨任务，就在于始终把马克思主义这一科学理论作为自己的行动指南，并坚持在实践中不断丰富和发展马克思主义。这使我们党得以摆脱以往一切政治力量追求自身特殊利益的局限，以唯物辩证的科学精神、无私无畏的博大胸怀领导和推动中国革命、建设、改革，不断坚持真理、修正错误。无论是处于顺境还是逆境，我们党从未动摇对马克思主义的信仰。"

习近平同志进一步指出："马克思主义及其在中国的发展，为党和人民事业发展提供了既一脉相承又与时俱进的科学理论指导，为增进全党全国各族人民团结统一提供了坚实思想基础。"

需要特别强调的，也是难能可贵的，是习近平同志不仅表达了坚持马克思主义为指导的坚定信念，而且宣示了继续秉持马克思主义中国化的志向，把中国特色社会主义理论体系推向更高境界的愿景。

习近平同志引用了恩格斯的名言："马克思的整个世界观不是教义，而是方法。它提供的不是现成的教条，而是进一步研究的出发点和供这种研究使用的方法。"之后，表示："时代是思想之母，实践是理论之源。实践发展永无止境，我们认识真理、进行理论创新就永无止境。"习近平同志言之凿凿："更加深入地推动马克思主义同当代中国发展的具体实际相结合，不断开辟21世纪马克思主义发展新境界，让当代中国马克思主义放射出更加灿烂的真理光芒。"[1]这是何等豪迈的气概！显而易见，所谓理论自信，不仅仅是对既有理论成果的确信，而且包含着对理论未来发展的满怀期盼。马克思主义从来也不会封闭理论的发展道路，马克思主义生命之树常绿，永葆青春！

第二，理想信念的坚强基石是对马克思主义的深刻理解。

这一体会，虽然不是习近平同志讲话的原文，却是他讲话的原意，是不容置疑的。讲话的原文如是："理论上清醒，政治上才能坚定。坚定的理想信念，必须建立在对马克思主义的深刻理解之上，建立在对历史规律的深刻把握之上。"[2]这一论述非常透辟，号准了理想信念坚定与否的命脉，是理论上清醒与否。只有理论认识上清醒深刻，理想信念才能坚定不移，任凭风吹浪打。

这是为什么？

从主观认识上说，理想信念是与理论密不可分的，理想信念是建立在理论的基础之上的。理论的要义是什么？是探求规律、认识规律、把握规律、遵循规律。明白了党的基本理论，就明白了中国社会的发展规律，就明白了在当代中国，必须走中国特色社会主义道路，这是必由之路，没有他途。

---

[1] 习近平：《在庆祝中国共产党成立95周年大会上的讲话》，《人民日报》2016年7月2日。
[2] 习近平：《在庆祝中国共产党成立95周年大会上的讲话》，《人民日报》2016年7月2日。

坚持马克思主义与中国实际相结合，我们选择了中国特色社会主义的道路，并且笃信不疑地前行了40年，成功就在我们脚下。中国特色社会主义这面伟大旗帜是邓小平同志首先树立的。1982年党的十二大，邓小平同志在开幕词中首次宣告："我们的现代化建设，必须从中国的实际出发。无论是革命还是建设，都要注意学习和借鉴外国经验。但是，照抄照搬别国经验、别国模式，从来不能得到成功。这方面我们有过不少教训。把马克思主义的普遍真理同我国的具体实际结合起来，走自己的道路，建设有中国特色的社会主义，这就是我们总结长期历史经验得出的基本结论。"[1]这是当年邓小平同志的解读，强调的重点是汲取过去照抄照搬苏联模式的教训，不走老路。想一想，如果没有马克思主义的正确指南，不实行马克思主义与中国实际相结合，我们能够冲破长期束缚我们前进的重重思想障碍，义无反顾地破除各种艰难险阻，从而取得今天这样的辉煌成就吗？

坚持马克思主义与中国实际相结合，我们始终不渝地坚持了党对中国特色社会主义的领导。离开了党的正确领导，我们将一事无成、百难无解。在面临新的危险和挑战的形势下，习近平同志对中国特色社会主义又有新的理解，他反复强调，中国特色社会主义最本质的特征、最大的优势就是党的领导。他指出，中国特色社会主义最本质的特征是中国共产党领导，中国特色社会主义制度的最大优势是中国共产党领导。坚持和完善党的领导，是党和国家的根本所在、命脉所在，是全国各族人民的利益所在、幸福所在。他强调的重点是不走邪路，这一条非常鲜明、非常突出。

---

[1]邓小平：《中国共产党第十二次全国代表大会开幕词》，《邓小平文选》第三卷，人民出版社1993年版，第2—3页。

坚持马克思主义与中国实际相结合，我们始终坚持了我国社会正处于并将长期处于社会主义初级阶段的正确判断。正如马克思在《〈政治经济学批判〉序言》中指出的："所以人类始终只提出自己能够解决的任务，因为只要仔细考察就可以发现，任务本身，只有在解决它的物质条件已经存在或者至少是在生成过程中的时候，才会产生。"[1]根据历史唯物主义的基本原理，党的十三大报告庄严地宣布，正因为我们的社会主义是脱胎于半殖民地半封建社会，生产力水平远远落后于发达的资本主义国家，这就决定了我们必须经历一个很长的初级阶段，去实现别的许多国家在资本主义条件下实现的工业化和生产的商品化、社会化、现代化。毫不愧言，这一判断是马克思主义唯物史观中国化的重大创新，从而奠定了我们一直坚持的基本路线、基本纲领、基本政策的立足点，难以也不可能撼动！党的十九大再一次庄严宣告："必须认识到，我国社会主要矛盾的变化，没有改变我们对我国社会主义所处历史阶段的判断，我国仍处于并将长期处于社会主义初级阶段的基本国情没有变，我国是世界上最大发展中国家的国际地位没有变。全党要牢牢把握社会主义初级阶段这个基本国情，牢牢立足社会主义初级阶段这个最大实际，牢牢坚持党的基本路线这个党和国家的生命线、人民的幸福线……"[2]

如果简单地说，信念是对既有理论、道路、制度、文化的确认、确信、不犹豫、不摇摆、不放弃；那么理想，就是对未来、愿景的期盼、向往，同样确认、确信，同样不犹豫、不摇摆、不放弃。理想和信念紧

---

[1] 马克思：《〈政治经济学批判〉序言》，《马克思恩格斯选集》第二卷，人民出版社 2012 年版，第 3 页。
[2] 习近平：《决胜全面建成小康社会　夺取新时代中国特色社会主义伟大胜利——在中国共产党第十九次全国代表大会上的报告》（2017 年 10 月 18 日），人民出版社 2017 年版，第 12 页。

密联系，共为一体。信念的落地、扎根，就是走向未来、接近理想。两者的坚定，就是站立在马克思唯物史观的基石之上。马克思恩格斯在《共产党宣言》中就预言："代替那存在着阶级和阶级对立的资产阶级旧社会的，将是这样一个联合体，在那里，每个人的自由发展是一切人的自由发展的条件。"[1]"自由人联合体"，就是马克思恩格斯最初提出的美好社会，即共产主义社会。一个半世纪多过去了，尽管路途漫漫，但理想从未泯灭。请听，邓小平同志在南方谈话中何等豪迈的预言："我坚信，世界上赞成马克思主义的人会多起来的，因为马克思主义是科学。它运用历史唯物主义揭示了人类社会发展的规律。封建社会代替奴隶社会，资本主义代替封建主义，社会主义经历一个长过程发展后必然代替资本主义。这是社会历史发展不可逆转的总趋势，但道路是曲折的。资本主义代替封建主义的几百年间，发生过多少次王朝复辟？所以，从一定意义上说，某种暂时复辟也是难以完全避免的规律性现象。一些国家出现严重曲折，社会主义好像被削弱了，但人民经受锻炼，从中吸收教训，将促使社会主义向着更加健康的方向发展。因此，不要惊慌失措，不要认为马克思主义就消失了，没用了，失败了。哪有这回事！"[2]难以设想，如果没有对马克思主义唯物史观的深刻领悟，没有经历过千锤百炼、百折不挠的长期奋斗和反复洗礼，邓小平同志怎么可能道出这么一番掷地有声的肺腑之言？

第三，理论素养的提升只能是长期不懈学习的结果。

这个认识是笔者的长期体验，应该说，在读了习近平同志2016年

---

[1] 马克思恩格斯：《共产党宣言》，《马克思恩格斯选集》第一卷，人民出版社2012年版，第422页。

[2] 邓小平：《在武昌、深圳、珠海、上海等地的谈话要点》，《邓小平文选》第三卷，人民出版社1993年版，第382—383页。

"七一"重要讲话之后这个认识得到了加深。

笔者记得,列宁在他的名著《怎么办?》一书中有一段非常著名的论述:"我们说,工人本来也不可能有社会民主主义的意识。这种意识只能从外面灌输进去,各国的历史都证明:工人阶级单靠自己本身的力量,只能形成工联主义的意识,即确信必须结成工会,必须同厂主斗争,必须向政府争取颁布对工人是必要的某些法律,如此等等。而社会主义学说则是从有产阶级的有教养的人即知识分子创造的哲学理论、历史理论和经济理论中发展起来的。现代科学社会主义的创始人马克思和恩格斯本人,按他们的社会地位来说,也是资产阶级知识分子。俄国的情况也是一样,社会民主党的理论学说也是完全不依赖于工人运动的自发增长而产生的,它的产生是革命的社会主义知识分子的思想发展的自然和必然的结果。"[1]

慢慢体会,就知道了工人运动之所以不能自发地产生社会主义的意识更不要说理论,不仅仅在于他们不能识文断字,也不仅仅在于他们迫于生计无暇从事理论创造,根本的原因是社会主义这样的大学问,绝非一般工人所能问津。当年,共产主义者同盟成立之前,早期的工人运动活动家也不会都是文盲,但是他们找不到谋求解放的道路,只能渡过英吉利海峡,求助马克思恩格斯这样两位先知先觉的大知识分子。于是,就诞生了《共产党宣言》以及《共产主义者同盟章程》,开辟了工人阶级解放事业的伟大时代。再想一想,我们党最早接受社会主义意识的那几十位先驱者们,有多少不是知识分子,而且不乏大知识分子。这个过程告诉我们一个真理,党是科学社会主义与工人运动相结合的产物。

根本的原因,就是科学社会主义理论的创立、创造,非知识分子中

---

[1] 列宁:《怎么办?》,《列宁选集》第一卷,人民出版社2012年版,第317—318页。

志存高远的佼佼者所不能为。为了说明这一点，列宁特别援引了考茨基的大段论述。考茨基说："现代社会主义意识，只有在深刻的科学知识的基础上才能产生出来。其实，现代的经济科学，也像现代的技术（举例来说）一样，是社会主义生产的条件，而无产阶级尽管有极其强烈的愿望，却不能创造出现代的经济科学，也不能创造出现代的技术；这两种东西都是从现代社会发展过程中产生出来的。但科学的代表人物并不是无产阶级，而是资产阶级知识分子；现代社会主义也就是从这一阶层的个别人物的头脑中产生的，他们把这个学说传授给才智出众的无产者，后者又在条件许可的地方把它灌输到无产阶级的阶级斗争中去。可见，社会主义意识是一种从外面灌输到无产阶级的阶级斗争中去的东西，而不是一种从这个斗争中自发地产生出来的东西。"[1]可以相信，考茨基的话在前，列宁的书在后，列宁不是"灌输论"的原创者，原创者是考茨基。这句话，令人信服地说明了创立科学社会主义的历史使命何以落在了马克思恩格斯两位伟人的肩上。原生的工人大众可以平地盖起令人炫目的万丈高楼，但是他们极难成为大楼的设计者，更何况是要为人类社会的大楼作出科学的说明，100多年前，非马克思恩格斯不能也。

补充说明，所谓"灌输"无非就是鼓动、宣传、教育，本意无错。现在有人不喜欢，原因多半是"灌输"的内容和方法出现了问题，改正即可，总不能因噎废食，把鼓动、宣传、教育的功能都废止了吧？

笔者还记得，毛泽东同志曾经说过："人的正确思想是从哪里来的？是从天上掉下来的吗？不是。是自己头脑里固有的吗？不是。"[2]当然，毛泽东同志所要强调的，是人的正确思想只能来自社会实践。笔者在此

---

[1] 列宁：《怎么办？》，《列宁选集》第一卷，人民出版社2012年版，第326页。

[2] 毛泽东：《人的正确思想是从哪里来的？》，《毛泽东著作选读》（下册），人民出版社1986年版，第839页。

突出学习理论与毛泽东同志的强调并不矛盾。因为我们学习的党的基本理论，它本身就来自实践并被实践所证明。笔者表明的，是人不能生而知之，只能学而知之。党的基本理论，从马克思主义到习近平新时代中国特色社会主义思想，怎么可能是我们脑袋里固有的？怎么可能是从天上掉下来的？又怎么可能运用人工智能拷贝到我们的头脑里？

1938年10月，毛泽东同志在中国共产党第六届中央委员会扩大的第六次全体会议上的政治报告《论新阶段》中提出："普遍地深入地研究马克思列宁主义的理论的任务，对于我们，是一个亟待解决并须着重地致力才能解决的大问题。"他还提醒我们："学习的敌人是自己的满足，要认真学习一点东西，必须从不自满开始。对自己，'学而不厌'；对人家，'诲人不倦'，我们应取这种态度。"毛泽东同志的话现在仍然有启示意义，在我们深入学习贯彻中国特色社会主义理论体系，特别是着重学习贯彻习近平新时代中国特色社会主义思想的今天，同样应该像毛泽东同志当年那样重视学习理论，并且持以永不满足的态度。

三、怎样学习理论

怎样学习理论？这涉及对待理论的态度问题，以及学风问题和学习方法问题。笔者反复学习领悟邓小平同志的相关论述，包括坚持和发展马克思主义的论述、高举毛泽东思想旗帜的论述、马克思列宁主义和毛泽东思想的精髓的论述、学马克思列宁主义"要精""要管用""要讲新话"的论述等等，感到他的这些论述有很强的时代感和针对性，遂有感而发，作为怎样学习党的基本理论的浅见。

1. 老祖宗不能丢

老祖宗不能丢啊！这样一句铿锵有力、气贯古今的话语，充分表现了邓小平同志这位久经考验的老革命家、老政治家的坚定信仰和谆谆嘱托。邓小平同志说："我们搞改革开放，把工作重心放在经济建设上，没有丢马克思，没有丢列宁，也没有丢毛泽东。老祖宗不能丢啊！"[1]所谓老祖宗，是指马克思、恩格斯、列宁、毛泽东这些革命导师所创立的主义和思想，它们是指导我们思想的理论基础，是我们党的先进性的根基所在。丢了老祖宗就丢了根本，党的工人阶级先锋队性质还从何谈起？

邓小平同志在与美国记者华莱士的谈话中坦陈心迹，说："我是个马克思主义者"，"马克思主义，另一个词叫共产主义"，"我们过去干革命，打天下，建立中华人民共和国，就因为有这个信念，有这个理想"，"革命胜利以后搞建设，我们也是把马克思主义的基本原则同中国实际相结合"[2]。他后来说过：马克思主义"打不倒，并不是因为大本子多，而是因为马克思主义的真理颠扑不破"，"马克思主义是很朴实的东西，很朴实的道理"[3]。

"毛泽东思想这个旗帜丢不得"，这是邓小平同志的一个非常鲜明、坚定并一以贯之的基本认识。在起草《关于建国以来党的若干历史问题的决议》的过程中，邓小平同志旗帜鲜明地指出："确立毛泽东同志的历史地位，坚持和发展毛泽东思想。这是最核心的一条。不仅今天，而且

---

[1] 邓小平：《总结经验，使用人才》，《邓小平文选》第三卷，人民出版社1993年版，第369页。

[2] 邓小平：《答美国记者迈克·华莱士问》，《邓小平文选》第三卷，人民出版社1993年版，第173页。

[3] 邓小平：《在武昌、深圳、珠海、上海等地的谈话要点》，《邓小平文选》第三卷，人民出版社1993年版，第382页。

今后，我们都要高举毛泽东思想的旗帜。""决议中最核心、最根本的问题，还是坚持和发展毛泽东思想。""不写或不坚持毛泽东思想，我们要犯历史性的大错误。"[1]他多次表示，我们绝不会像赫鲁晓夫全盘否定斯大林那样全盘否定毛泽东，我们必须永远高举毛泽东思想的旗帜，同时实事求是地评价毛泽东的功过是非，特别是他晚年所犯的错误。邓小平同志在对待这个问题上所表现出的原则的坚定性以及分析问题的科学性、分寸感，对于我们党在实现拨乱反正、进行改革开放的过程中保持正确的政治方向和思想路线，具有极为重大的指导意义。必须实事求是地评价毛泽东以及毛泽东思想，不能因为毛泽东晚年犯了严重错误就全盘否定毛泽东，包括否定他领导新民主主义革命胜利的历史功绩和初创社会主义事业的重大成就；也不能因为他建党建军建国的历史贡献就否认他在建设社会主义时期所犯的错误，特别是"文化大革命"那样长期的全局性严重错误。总之，应该历史地全面地评价毛泽东以及毛泽东思想。

2. 领导干部要熟悉马克思主义的基本理论

1985年，在党的全国代表会议上，邓小平同志提出的四点意见之一，就是关于干部的新老交替和理论学习。他说："现在我还想提出一个新的要求，这不仅是专对新干部，对老干部也同样适用，就是要学习马克思主义理论。"他指出，有的同志问现在我们是在建设，最需要学专业知识和管理知识，学马克思主义有什么实际意义，这种认识是一种误解。在新的历史条件下学习马克思主义理论，才能提高积极探索解决新

---

[1]邓小平：《对起草〈关于建国以来党的若干历史问题的决议〉的意见》，《邓小平文选》第二卷，人民出版社1994年版，第298、291、296、300页。

的政治经济社会文化基本问题的本领,也防止一些同志特别是中青年同志在日益复杂的斗争中迷失方向。他明确要求:"我希望党中央能作出切实可行的决定,使全党的各级干部,首先是领导干部,在繁忙的工作中,仍然有一定的时间学习,熟悉马克思主义的基本理论,从而加强我们工作中的原则性、系统性、预见性和创造性。"[1]由此我们联想到,毛泽东同志曾经提出过,"如果我们党有一百个至二百个系统地而不是零碎地、实际地而不是空洞地学会了马克思列宁主义的同志,就会大大地提高我们党的战斗力量"[2]。所不同的是,毛泽东同志是在抗日战争的初期这样要求的,邓小平同志是在改革开放的初期提出类似的要求的,说明在重大历史任务的转换时期,领导干部学习马克思主义的重要性就尤为凸显。可惜啊,我们党一些领导干部不认真研读党的基本理论,不思"四个意识",却津津乐道于什么官场钻营的潜规则,甚至醉心于升官发财的旁门左道,由此栽了大跟头的并不是个案。

3. 学理论要精、要管用

在南方谈话中,邓小平同志非常鲜明而精辟地指出:"学马列要精,要管用的。""有的外国人议论,马克思主义是打不倒的。打不倒,并不是因为大本子多,而是因为马克思主义的真理颠扑不破。实事求是是马克思主义的精髓。要提倡这个,不要提倡本本。""我读的书并不多,就

---

[1] 邓小平:《在中国共产党全国代表会议上的讲话》,《邓小平文选》第三卷,人民出版社 1993 年版,第 146、147 页。
[2] 毛泽东:《中国共产党在民族战争中的地位》(1938 年 10 月 14 日),《毛泽东选集》第二卷,人民出版社 1991 年版,第 533 页。

是一条，相信毛主席讲的实事求是。"[1]

怎样理解"精"？"精"就不是全部，照顾到所有的细枝末节、求全求备，自然就不会"精"了。"精"也不是表层，只做表面文章，不能深入其中，不能紧紧地抓住事物的本质，事物的内部联系，当然也谈不上什么"精"了。"精"的反面是"粗"，只有去"粗"才能取"精"。

学马列所要的"精"，可以理解为这样三层含义：一是掌握马克思主义的立场、观点、方法。立场就是工人阶级的立场，人民大众的立场，中国最广大人民根本利益的立场。人们观察一个政党、一个团体、一位领导人是否具备这样的立场，就不仅要观其言，更要观其行。观点和方法，当然是辩证唯物论和历史唯物论的观点和方法。对这个观点和方法，能够融会贯通、运用自如、得道自然，做到知与行的统一，确非易事。二是掌握马克思主义的基本原理。应该清楚经典作家是怎样提出这些原理，这些原理的实质是什么，它们之间的相互关系又是什么。要把马克思主义当成行动的指南而不把它们当成教条，就一定要真正掌握马克思主义的基本原理。不知原理为何物，就只能背诵老祖宗的个别词句。比如，马克思主义最为基本的两大原理，就是唯物史观和剩余价值论，这是马克思主义的两块基石。前者，揭示了人类社会发展的一般规律，后者说明了资本主义经济运行的特殊规律。两者相互贯通、互为依补。三是掌握马克思主义的精髓。"实事求是是马克思主义的精髓。"[2]马克思主义一脉相承的脉，就是实事求是。不坚持实事求是，马克思主义的生命之源就会枯竭。关于实事求是的内涵，毛泽东同志的论述极为精辟，他强

---

[1] 邓小平：《在武昌、深圳、珠海、上海等地的谈话要点》，《邓小平文选》第三卷，人民出版社1993年版，第382页。
[2] 邓小平：《在武昌、深圳、珠海、上海等地的谈话要点》，《邓小平文选》第三卷，人民出版社1993年版，第382页。

调用马克思列宁主义之"矢"射中国革命之"的","这种态度,就是实事求是的态度。'实事'就是客观存在着的一切事物,'是'就是客观事物的内部联系,即规律性,'求'就是我们去研究"。[1] 今天,我们就是要用马克思主义之"矢",去射建设中国特色社会主义之"的",一切从社会主义初级阶段的实际出发,即"实事"出发,去"求",即研究当代中国发展、改革和稳定之"是","是"即其中的规律性,建设中国特色社会主义的规律性。这就是我们今天所要求的实事求是。

上述三层含义,是我们受视角的规定及论述的便利而言的,实际上三层含义是一个有机的整体,相互贯通和依存,不能割裂,不能偏废。

关于学习基本理论要精的要求应该是有层次性的。对于绝大多数党员干部来说,要求他们读很多大本本,既没有可能,也没有必要。他们应该是知道马克思列宁主义,知道马克思列宁主义的基本原理,更应该信马克思列宁主义,心口如一地信,而不是信权信钱,更不是信鬼神。但是,对于担负重大政治责任的领导人及高层的理论工作者所要求的"精",就应该是"精通"马克思主义,他们就应该多读一些本本,至少是一些最为基本的著作,不然,他们的信仰和主张就缺乏根基,所言所行容易离开马克思主义的根和谱。

精通马克思主义的目的完全在于应用。"应用"也好,"管用"也好,关键是坚持实事求是,实现马克思主义理论的中国化。所谓"中国化",就是坚持从中国的实际出发,把马克思主义的普遍真理与中国的具体实际相结合,这个相结合的理论成果,就是中国化的马克思主义,具有中国气派、中国特色的马克思主义。

---

[1] 毛泽东:《改造我们的学习》,《毛泽东选集》第三卷,人民出版社1991年版,第801页。

坚持马克思主义与本国实际相结合，本来就是马克思主义的题中之义。列宁说过，"马克思和恩格斯一直教导我们说，我们的理论不是教条，而是行动的指南"[1]。他明确指出："我们决不把马克思的理论看作某种一成不变的和神圣不可侵犯的东西；恰恰相反，我们深信：它只是给一种科学奠定了基础，社会党人如果不愿落后于实际生活，就应当在各方面把这门科学推向前进。我们认为，对于俄国社会党人来说，尤其需要独立地探讨马克思的理论，因为它所提供的只是总的指导原理，而这些原理的应用具体地说，在英国不同于法国，在法国不同于德国，在德国又不同于俄国。"[2]列宁正是这样做的，坚持把马克思主义与俄国的实际相结合，领导俄国革命在帝国主义的薄弱环节率先取得了突破，并在这一伟大实践的过程中，把马克思主义的发展推进到列宁主义的新阶段。

坚持把马克思主义中国化，用中国化的马克思主义指导实践，这是我们党领导中国革命、建设和改革不断走向胜利的一条基本的成功经验。马克思主义中国化的本质，就是坚持实事求是，坚持从实际出发，实践马克思主义，发展马克思主义。历史的经验证明，中国化的马克思主义才是真正的马克思主义，是能够给实践提供科学指导，使人们在认识规律、把握规律、运用规律的基础上更好地改造客观世界和主观世界的强大思想武器。马克思主义、列宁主义、毛泽东思想、中国特色社会主义理论体系的精髓，一脉相承的都是实事求是。我们坚持党的基本理论，实践党的基本理论，所必须遵循的科学态度就是坚持实事求是。

当年毛泽东同志首先提出了马克思主义中国化，主要针对我们党内以及共产国际的教条主义的干扰影响。后来邓小平同志提出走自己的路，

---

[1] 列宁：《社会民主党在俄国第一次革命中的土地纲领》，《列宁全集》第十六卷，人民出版社1988年版，第393页。
[2] 列宁：《我们的纲领》，《列宁全集》第四卷，人民出版社1984年版，第161页。

建设中国特色社会主义，主要针对的是长期以来"左"的思想对社会主义的种种曲解，尤其是所谓苏联模式的影响。他们所提倡的"中国化"，就是把马克思主义的普遍原理与中国的具体实际相结合。这个"相结合"依然是我们今天坚持"中国化"之必然。但是，我们应该明确两点，一是这里所讲的马克思主义基本原理，确实更应是"基本原理"，而不是个别的观点、论断，我们不可能也不应该再做任何一件事都要在老祖宗的本本里找到具体的现成答案。邓小平同志曾经告诫我们说："绝不能要求马克思为解决他去世之后上百年、几百年所产生的问题提供现成答案。列宁同样也不能承担为他去世以后五十年、一百年所产生的问题提供现成答案的任务。真正的马克思列宁主义者必须根据现在的情况，认识、继承和发展马克思列宁主义。"[1] 二是我们今天的中国化，已经不是在经过十月革命送来的马克思主义的基础上的中国化，而是在已经取得马克思主义中国化一系列重大成果基础上的中国化。在当代中国，在建设中国特色社会主义伟大实践中坚持马克思主义中国化，最重要的就是要坚持中国特色社会主义理论体系，这些是马克思主义中国化的重大成果。用这些重大成果武装全党、指引人民，是我们立足社会主义初级阶段的实际，立足全面建成小康社会的实际，把马克思主义的基本原理与中国的具体实际相结合的成功之本。

4. 既要学经典又要讲新话

1983年邓小平同志会见澳大利亚共产党（马克思列宁主义）主席希尔和夫人，谈到"两个凡是"不符合马克思主义时，说道："不解放思

---

[1] 邓小平：《结束过去，开辟未来》，《邓小平文选》第三卷，人民出版社1993年版，第291页。

想,什么事情只搬马克思、列宁和毛主席的词句和语言,我们进行的事业就不可能得到提高和发展。"[1]

1984年党的十二届三中全会作出《关于经济体制改革的决定》,邓小平同志给予了高度评价,说:"我的印象是写出了一个政治经济学的初稿,是马克思主义基本原理和中国社会主义实践相结合的政治经济学,我是这么个评价。""这次经济体制改革的文件好,就是解释了什么是社会主义,有些是我们老祖宗没有说过的话,有些新话。"[2]

1987年在同日本客人谈到党的十三大时,邓小平同志说:"我们现在所干的事业是一项新事业,马克思没有讲过,我们的前人没有做过,其他的社会主义国家也没有干过,所以,没有现成的经验可学。我们只能在干中学,在实践中摸索。"[3]

正因为如此,邓小平同志一方面尊敬老祖宗,不丢老祖宗,另一方面又提倡讲新话。不丢老祖宗与讲新话,是辩证的统一。学经典,就是坚持马克思主义的基本原理,坚持马克思主义的精髓;讲新话,就是要坚持马克思主义中国化,发展马克思主义。

为什么要讲新话?因为马克思主义是在实践中不断发展的科学。马克思主义需要有新的大发展,这是时代发展的大趋势。马克思主义者必须开拓新视野,提出新理念,进入新境界,这就要求讲新话。党的十五大报告指出,邓小平理论坚持解放思想、实事求是,在新的实践基础上继承前人又突破陈规,开拓了马克思主义的新境界。邓小平同志既是高擎马克思主义的伟大旗手,同时又是开拓马克思主义新境界、敢于讲新

---

[1] 中共中央文献研究室:《邓小平年谱》(下),中央文献出版社2004年版,第944页。
[2] 邓小平:《在中央顾问委员会第三次全体会议上的讲话》,《邓小平文选》第三卷,人民出版社1993年版,第83、91页。
[3] 邓小平:《十三大的两个特点》,《邓小平文选》第三卷,人民出版社1993年版,第258—259页。

话的杰出代表。邓小平同志深谙理论而又尊重实践，深思熟虑而又驾轻就熟，继毛泽东同志之后，又开辟了一片马克思主义中国化的新天地。关于这一点，难道还会有什么疑问吗？当下，马克思主义的最新成果就是习近平新时代中国特色社会主义思想。

■ 重要论述

中国特色社会主义理论体系，是马克思主义中国化最新成果，包括邓小平理论、"三个代表"重要思想、科学发展观，同马克思列宁主义、毛泽东思想是坚持、发展和继承、创新的关系。马克思列宁主义、毛泽东思想一定不能丢，丢就丧失根本。同时，我们一定要以我国改革开放和现代化建设的实际问题、以我们正在做的事情为中心，着眼于马克思主义理论的运用，着眼于对实际问题的理论思考，着眼于新的实践和新的发展。在当代中国，坚持中国特色社会主义理论体系，就是真正坚持马克思主义。

——习近平：《紧紧围绕坚持和发展中国特色社会主义学习宣传贯彻党的十八大精神》（2012年11月17日）

首先要认真学习马克思主义理论，这是我们做好一切工作的看家本领，也是领导干部必须普遍掌握的工作制胜的看家本领。毛泽东同志曾经提出，"如果我们党有一百个至二百个系统地而不是零碎地、实际地而不是空洞地学会了马克思列宁主义的同志，就会大大提高我们党的战斗力量"。这个任务，今天依然很现实地摆在我们党面前。只有学懂了马克思列宁主义、毛泽东思想、邓小平理论、"三个代表"重要思想、科学发展观，特别是领会了贯穿其中的马克思主义立场、观点、方法，才能心明眼亮,才能深刻认识和准确把握共产党执政规律、社会主义建设规律、人类社会发展规律,才能始终坚定理想信念,才能在纷繁复杂的形势下坚持科学指导思想和正确前进方向,才能带领人民走对路,才能把中国特色社会主义不断推向前进。

——习近平:《在中央党校建校80周年庆祝大会暨2013年春季学期开学典礼上的讲话》(2013年3月1日)

我多次说过,党的各级领导干部特别是高级干部,要原原本本学习和研读经典著作,努力把马克思主义立场、观点、方法学到手,作为自己的看家本领。2013年12月和2015年1月,中央政治局分别学习历史唯物主义和辩证唯物主义基本原理和方法论,最近又学习了马克思主义政治经济学基本原理和方法论,目的就是推动中央政治局同志对马克思主义有更全面的了解,也促进全党重视学习和掌握马克思主义。党校要加强学员对马克思主义经典著作的学习研究,开出基本书目,引导学员读原著、学原文、悟原理,特别是要理解其中包含的马克思主义立场、观点、方法,不要浅尝辄止。

——习近平:《在全国党校工作会议上的讲话》(2015年12月11日)

马克思主义是我们立党立国的根本指导思想。背离或放弃马克思主义,我们党就会失去灵魂、迷失方向。在坚持马克思主义指导地位这一根本问题上,我们必须坚定不移,任何时候任何情况下都不能有丝毫动摇。

——习近平:《在庆祝中国共产党成立95周年大会上的讲话》(2016年7月1日)

■ **讨论题**

1. 什么是党的基本理论?
2. 怎样理解学习党的基本理论的重要性?
3. 如何学习党的基本理论?

第二讲
马克思的两大发现

■ **学习目的、重点**

　　讲清马克思主义是我们党指导思想的源头，是指导思想之本。坚持马克思主义的指导地位，就是坚持马克思主义基本原理的指导地位。被称之为马克思两大发现的唯物史观和剩余价值论，是马克思主义相辅相成的核心原理。唯物史观源自马克思对资本主义经济运行、经济规律的科学考察，反过来，马克思经济学的巨大成就又得益于唯物史观的指引。正如列宁指出的："现在，自从《资本论》问世以来，唯物主义历史观已经不是假设，而是科学地证明了的原理。"[1]唯物史观从对生产力与生产关系、经济基础与上层建筑、社会存在与社会意识矛盾运动的考察入手，深刻地揭示人类社会发展的普遍规律。用莫须有的唯生产力论来非难唯物史观的指责不能成立。"两个决不会"的论断，是贯通唯物史观的两大命穴，一通百通。剩余价值论揭示了资本主义根本性的经济规律，揭露了资本主义剥削的本源。资本主义在当代的发展，并没有改变资本的本质属性。剩余价值的理论在我国社会主义初级阶段之中仍然有一定的适用性，这是社会主义初级阶段所难以避免的。新中国成立近70年来特别是改革开放以来，我们党从中国的实际出发，坚持和发展了马克思主义的唯物史观和政治经济学。党的十八大以来，习近平同志多次主持中央政治局集体学习辩证唯物主义和历史唯物主义基本原理，学习马克思主义政治经济学，便是重要例证。

---

[1]列宁：《什么是"人民之友"以及他们如何攻击社会民主党人？》，《列宁全集》第一卷，人民出版社1984年版，第112页。

1883年3月17日，在英国伦敦海格特公墓的马克思墓前，作为与马克思一生并肩奋斗的战友、与马克思并称的国际工人运动伟大导师，恩格斯发表了《在马克思墓前的讲话》的著名演说。《讲话》从人类思想发展史的广阔视野，以"两大发现"冠名，高度概括并充分肯定了马克思无与伦比的理论贡献，即唯物史观与剩余价值论。恩格斯的这一讲话言简意赅，为后来人学习和领悟马克思主义指明了方向，开辟了路径，提供了钥匙。如若不然，后学者们要在博大精深的马克思主义的思想宝库中得其精髓，真不知要如何苦苦摸索。

一、唯物史观的经典表述

任何理论，再宏大再深邃，都一定有其驾驭全局、贯穿始终的主脉、主线，有其不变的精髓、灵魂。不如此，书码得再高，那也是碎片，虚称理论。马克思的著述，纵横捭阖、格局恢宏，究其主脉、主线，探其精髓、灵魂，非唯物史观莫属。剩余价值论，从某种意义上说，也可以当作唯物史观的经济学运用，马克思的经济学成就，得益于唯物史观的指引，这一点，马克思自有说明。

既然在马克思的著述之中，唯物史观的思想光辉随处可见（列宁在《什么是"人民之友"以及他们如何攻击社会民主党人？》一文中有充分论证），那么，马克思关于唯物史观最完整、最精辟的表述在哪里？是什么？

1848年2月《共产党宣言》发表之后，恩格斯为《宣言》一共撰写了7个序言，其中多次重申并阐述了贯穿《宣言》的基本思想是唯物史观，他特别申明这个思想完全是属于马克思一个人的。尽管《宣言》的基本思想是唯物史观，但它本身并不是唯物史观的直接表达。运用唯物史观与直陈唯物史观显然不能等同。把唯物史观明明白白、完整准确地呈现在我们面前的，正是马克思1859年出版的《〈政治经济学批判〉序言》。

伯恩斯坦也是这样认为的，关于人类社会发展的规律，"在马克思的前期著作中已经说出了这一伟大的思想，但是马克思在一八五九年发表的以《政治经济学批判》为题的一书的序言中才对它作了最系统的概括"[1]。

列宁的看法与此相同，他指出："马克思在《政治经济学批判》序言中，对推广运用于人类社会及其历史的唯物主义的基本原理，作了如下的完整的表述……"[2]接着，列宁不惜笔墨，大段引述了马克思在《序言》中的相关论述，表现了他对这一论述的推崇备至。

因为任何概括都难以完整准确地表述创立者的原意，更不及创立者那极富哲理而又波澜壮阔、穿越时空的精彩文笔，故将原文照录在下：

"人们在自己生活的社会生产中发生的一定的、必然的、不以他们的意志为转移的关系，即同他们的物质生产力的一定发展阶段相适合的生产关系。这些生产关系的总和构成社会的经济结构，即有法律的和政治

---

[1] 爱德华·伯恩施坦著，史集译：《社会民主党内的修正主义》，生活·读书·新知三联书店1963年版，第6页。
[2] 列宁：《卡尔·马克思》，《列宁选集》第二卷，人民出版社2012年版，第423—424页。

的上层建筑竖立其上并有一定的社会意识形式与之相适应的现实基础。物质生活的生产方式制约着整个社会生活、政治生活和精神生活的过程。不是人们的意识决定人们的存在,相反,是人们的社会存在决定人们的意识。社会的物质生产力发展到一定阶段,便同它们一直在其中运动的现存生产关系或财产关系(这只是生产关系的法律用语)发生矛盾。于是这些关系便由生产力的发展形式变成生产力的桎梏。那时社会革命的时代就到来了。随着经济基础的变更,全部庞大的上层建筑也或慢或快地发生变革。"[1]

不揣肤浅,可以对这段经典论述作一个框架式的理解:

——生产力是社会发展的根本动力;

——生产关系的实现形式一定要适合生产力发展的要求;

——生产关系的总和构成社会的经济基础,经济基础决定政治上层建筑及意识形态;

——人们的社会存在决定人们的意识;

——生产力与生产关系的矛盾达到一定程度,引起社会革命(改革);

——生产关系、上层建筑具有相对的独立性、反作用。

这就是马克思所揭示的人类社会发展的一般规律,适合于各个社会发展的规律,贯穿于马克思主义经典作家全部论述的基本原理。所谓规律,就是事物内在的本质的联系,人类社会内在的本质的联系,即生产力与生产关系、经济基础与上层建筑、社会存在与社会意识之间相互作用的规律。这个规律就是毛泽东同志所说的实事求是的"是",即社会

---

[1] 马克思:《〈政治经济学批判〉序言》,《马克思恩格斯选集》第二卷,人民出版社2012年版,第2—3页。

发展的规律。正基于此，列宁揭示了俄国革命的特殊规律，毛泽东同志揭示了中国新民主主义革命的规律，邓小平同志初步揭示了建设中国特色社会主义的规律，邓小平同志的继承者正在继续揭示这一规律。

列宁认为，马克思的唯物史观，"消除了以往的历史理论的两个主要缺点。第一，以往的历史理论至多只是考察了人们历史活动的思想动机，而没有研究产生这些动机的原因，没有探索社会关系体系发展的客观规律性，没有把物质生产的发展程度看作这些关系的根源；第二，以往的理论从来忽视居民群众的活动，只有历史唯物主义才第一次使我们能以自然科学的精确性去研究群众生活的社会条件以及这些条件的变更。马克思以前的'社会学'和历史学，至多是积累了零星收集来的未加分析的事实，描述了历史过程的个别方面。马克思主义则指出了对各种社会经济形态的产生、发展和衰落过程进行全面而周密的研究的途径，因为它考察了所有各种矛盾的趋势的总和，把这些趋向归结为可以准确测定的、社会各阶级的生活和生产的条件，排除了选择某种'主导'思想或解释这种思想时的主观主义和武断态度，揭示了物质生产力的状况是所有一切思想和各种不同趋向的根源"[1]。

列宁的评价十分深入、到位，进一步展现了唯物史观的说服力、影响力。

但是，近些年来一种企图彻底否定唯物史观的思想倾向有所蔓延，值得我们警惕。这种责难认为，唯物史观把经济的力量推到极端，陷入了决定论、经济决定论、历史决定论的困境，说穿了，唯物史观就是唯生产力论。如此的责难能够应验吗？马克思恩格斯都是辩证法大师，怎么可能在解释历史动因的时候只顾一味地夸大经济作用而忽略其他因

---

[1] 列宁：《卡尔·马克思》，《列宁选集》第二卷，人民出版社2012年版，第425页。

素呢？

笔者不信，但凡有点马克思主义常识的人也不会信。

恩格斯早就明确指出："根据唯物史观，历史过程中的决定性因素归根到底是现实生活的生产和再生产。无论马克思或我都从来没有肯定过比这更多的东西。如果有人在这里加以歪曲，说经济因素是唯一决定性的因素，那么他就是把这个命题变成毫无内容的、抽象的、荒诞无稽的空话。经济状况是基础，但是对历史斗争的进程发生影响并且在许多情况下主要是决定着这一斗争的形式的，还有上层建筑的各种因素：阶级斗争的政治形式及其成果——由胜利了的阶级在获胜以后确立的宪法等等，各种法的形式以及所有这些实际斗争在参加者头脑中的反映，政治的、法律的和哲学的理论，宗教的观点以及它们向教义体系的进一步发展。这里表现出这一切因素间的相互作用，而在这种相互作用中归根到底是经济运动作为必然的东西通过无穷无尽的偶然事件（即这样一些事物和事变，它们的内部联系是如此疏远或者是如此难于确定，以致我们可以认为这种联系并不存在，忘掉这种联系）向前发展。否则把理论应用于任何历史时期，就会比解一个最简单的一次方程式更容易了。"[1]

这番话，是恩格斯1890年说的，似乎恩格斯早就预见到在他身后100多年，会有人把马克思恩格斯主张的经济的决定性诡称为唯一性，以此为据对马克思主义大肆攻击。可惜，唯物史观颠扑不破，他们的貌似滔滔雄辩，反倒成了"毫无内容的、抽象的、荒诞无稽的空话"。

毛泽东同志也有类似的论述，毛泽东同志在他的名著《矛盾论》中，论述矛盾的主要方面与次要方面会发生相互转化的情形时，指出："在

---

[1]恩格斯：《致约瑟夫·布洛赫》，《马克思恩格斯选集》第四卷，人民出版社2012年版，第604页。

矛盾发展的一定过程或一定阶段上，主要方面属于甲方，非主要方面属于乙方；到了另一发展阶段或另一发展过程时，就互易其位置，这是依靠事物发展中矛盾双方斗争的力量的增减程度来决定的。"他还举例说："有人觉得有些矛盾并不是这样。例如，生产力和生产关系的矛盾，生产力是主要的；理论和实践的矛盾，实践是主要的；经济基础和上层建筑的矛盾，经济基础是主要的：它们的地位并不互相转化。这是机械唯物论的见解，不是辩证唯物论的见解。诚然，生产力、实践、经济基础，一般地表现为主要的决定的作用，谁不承认这一点，谁就不是唯物论者。然而，生产关系、理论、上层建筑这些方面，在一定条件之下，又转过来表现其为主要的决定的作用，这也是必须承认的。当着不变更生产关系，生产力就不能发展的时候，生产关系的变更就起了主要的决定的作用。"[1]

笔者把毛泽东同志的话引述得比较长，目的只有一个，就是要原原本本、清清楚楚地告诫那些马克思主义根基不牢的同志，不要误中某些蓄意颠覆马克思主义的圈套。说马克思的唯物史观是机械唯物论、唯生产力论，根本就是奇谈怪论。毛泽东同志的话也是讲在七八十年前，他有先见之明，早就把唯物史观是辩证唯物论而不是机械唯物论的话预先挑明了，似乎是提醒后来者不要落入理论陷阱。

二、"两个决不会"——经典中的经典

以上我们摘述了《〈政治经济学批判〉序言》中关于唯物史观的经

---

[1] 毛泽东：《矛盾论》，《毛泽东选集》第一卷，人民出版社1991年版，第322—323、325—326页。

典概括，但是，如果我们的目光只专注于此，而没有专心致志地往下仔细阅读，那就可能会错过了关于唯物史观经典中的经典，甚至可以说会错过了马克思主义经典中的经典。这并不夸张。有人形象地比喻说，如果你读了马克思的书，但是你不知道"两个决不会"，那就像辛辛苦苦地到了西天，却没有取到真经。笔者读马克思主义的经典，前前后后也有几十年了，经济学的入门书，读的就是《政治经济学批判》。当时，对这本书的《序言》很在意，因为它是全书的提纲、精华所在，有人说此《序言》岂止是《政治经济学批判》一本书的序言，它是马克思全部经济学论著的序言。很遗憾，那时笔者对《序言》没有上心，看过即是了。也就是这 10 多年，笔者又认真、反复研读了《序言》，顿觉恍然大悟、醍醐灌顶。虽然仅仅 4 页半行文、3000 余字，但是真正字字珠玑、处处惊心，几乎是整个马克思学说的灵魂所在。仔细一想，这毕竟是马克思的不惑之作，比起《共产党宣言》（当然也是不朽之作），着实更加成熟和深刻了。

《序言》在浓墨重彩地展示了唯物史观的经典范式，又经过一个短暂的过渡，振聋发聩地宣告："无论哪一个社会形态，在它所能容纳的全部生产力发挥出来以前，是决不会灭亡的；而新的更高的生产关系，在它的物质存在条件在旧社会的胎胞里成熟以前，是决不会出现的。"[1]

这一论述具有极大的震撼力、穿透力，深刻至极！洞穿了我们观察人类社会发展变化时长久不散的迷雾，帮助我们寻觅到人类社会发展变化的底蕴究竟是什么。

以《帝国主义是资本主义的最高阶段》（1916 年 1—6 月）为例。

---

[1] 马克思：《〈政治经济学批判〉序言》，《马克思恩格斯选集》第二卷，人民出版社 2012 年版，第 3 页。

列宁对帝国主义现象作了经济学的深刻分析，特别是他概括的帝国主义的基本特征给人印象深刻，但所谓的"腐朽性""垂死性"始终令人不解。笔者开始接触此书是1969年，怎么近50年过去了，"垂死的"帝国主义这口气就咽不下去？不都还是神气活现、耀武扬威的吗？

其实，类似"旧世界崩溃在即""日薄西山""奄奄一息""走向全面崩溃"的说法，在我们旧时学习的理论中并不少见。现实和预判的反差造成了头脑的困惑。

读了"两个决不会"，心中的块垒一去了之。原来，一个社会形态的生死存亡，决定性的因素是它的生命力的状况。也就是说有他自身的规律，与我们主观上希望与否关系不大。

第二个"决不会"同样至为深刻，阐明了任何新的社会形态都必须孕育于旧的社会形态的胎胞之中，孕育成熟了才能一朝分娩。从石头缝里蹦出个孙猴子那是传说，没有人会相信事实如此。

"两个决不会"不是马克思的即兴所言，而是他经过长期观察与思考，深思熟虑作出的科学判断。在这之后，他又有精彩发挥。

就是撰写《序言》8年之后的1867年，马克思在《资本论》第一卷的序言中指出："一个社会即使探索到了本身运动的自然规律，——本书的最终目的就是揭示现代社会的经济运动规律，——它还是既不能跳过也不能用法令取消自然的发展阶段。但是它能缩短和减轻分娩的痛苦。"[1]可见他关于"两个决不会"的判断秉持不变。

马克思的继承者们同样有立足于本国的实际，具体运用"两个决不会"的精彩发挥：

---

[1]马克思：《〈资本论〉第一卷（节选）》，《马克思恩格斯选集》第二卷，人民出版社2012年版，第101页。

列宁曾经认为，对俄国发展前途的指引是发展资本主义。他说："民粹主义者和无政府主义者说什么俄国可以避免资本主义的发展，……而经过其他道路来跳出或跳过这个资本主义。马克思主义坚决摒弃了他们的这种荒诞言论。"[1]

毛泽东同志在党的七大政治报告中指出："只有经过民主主义，才能到达社会主义，这是马克思主义的天经地义。而在中国，为民主主义奋斗的时间还是长期的。没有一个新民主主义的联合统一的国家，没有新民主主义的国家经济的发展，没有私人资本主义经济和合作社经济的发展，没有民族的科学的大众的文化即新民主主义文化的发展，没有几万万人民的个性的解放和个性的发展，一句话，没有一个由共产党领导的新式的资产阶级性质的彻底的民主革命，要想在殖民地半殖民地半封建的废墟上建立起社会主义社会来，那只是完全的空想。"[2]

三、马克思的剩余价值论

恩格斯认为，马克思的第二个重要发现，就是彻底弄清了资本和劳动的关系，换句话说，就是揭露了在现存资本主义生产方式下资本家对工人的剥削是怎样进行的。自从政治经济学提出了劳动是一切财富和一切价值的源泉这个原理以后，就不可避免地产生了一个问题：雇佣工人拿到的不是他的劳动所生产的全部价值量，而必须把一部分价值交给资本家，这一情况怎么能和上面的原理相容呢？不论是资产阶级经济学者

---

[1] 列宁：《社会民主党在民主革命中的两种策略》，《列宁选集》第一卷，人民出版社 2012 年版，第 556 页。
[2] 毛泽东：《论联合政府》，《毛泽东选集》第三卷，人民出版社 1991 年版，第 1060 页。

或是社会主义者都企图对这个问题作出有科学根据的答复，但都徒劳无功，直到最后才由马克思作出了解答。他的解答如下：现代资本主义生产方式是以两个社会阶级的存在为前提的，一方面是资本家阶级，他们占有生产资料和生活资料，另一方面是无产阶级，他们没有这一切而仅有一种商品即劳动力可以出卖，而他们是不得不出卖自己的劳动力以获取必需的生活资料的。

恩格斯进一步指出，给这个资本家做事的工人，不仅再生产着他那由资本家付酬的劳动力的价值，而且还额外地生产剩余价值，这种剩余价值起先被这个资本家所占有，然后按一定的经济规律在整个资本家阶级中进行分配，成为地租、利润、资本积累的源泉，即非劳动阶级所消费或积累的一切财富的源泉。

恩格斯就是这样简明扼要地阐述了马克思经济学的核心理论，即剩余价值论。根据恩格斯的描述，我们紧紧地关注三个基本点，便可以提纲挈领地把握住剩余价值论的基本精神。

其一，剩余价值论是以古典经济学的劳动价值论为基础的。这一点，列宁说得很清楚："亚当·斯密和大卫·李嘉图通过对经济制度的研究奠定了劳动价值论的基础。马克思继续了他们的事业。他严密地论证了并且彻底地发展了这个理论。"[1]

其二，在资本主义商品生产的环境下，工人只能依靠出卖自己的劳动力为生，工人出卖的劳动力是一种特殊的商品。这种特殊商品的价值是由维持工人及其家庭生存、劳动技能的教育费用以及延续生命的费用决定的。而工人获取的工资，则是市场条件下的价格反映。注意，工人

---

[1] 列宁：《马克思主义的三个来源和三个组成部分》，《列宁选集》第二卷，人民出版社 2012 年版，第 312 页。

出卖的是劳动力而不是劳动，工资是劳动力的价格而不是劳动的等价物。

其三，工人在工作的一部分所创造的价值，就回补了资本家给予的工资，剩余时间继续创造的价值被资本家无偿占有了，这部分价值叫剩余价值。剩余价值就是资本追逐的利润。一如后来列宁解释的："工作日的另一部分则是无报酬地劳动，为资本家创造剩余价值，这也就是利润的来源，资本家阶级财富的来源。"列宁的结论是："剩余价值学说是马克思经济理论的基石。"[1]

以上3个基本点里，关键是第二点，起到承上启下的作用。马克思的过人之处是，解决了在商品世界里所有的交易活动都恪守等价交换的原则，资本家的利润究竟从何而来的问题。马克思发现被称之为劳动力的商品，它不同于其他商品的地方，就是它被使用即从事劳动所创造的价值高于自身的价值，此差额便是资本家的利润。这样，资本主义生产过程中形式的公平掩盖着实质上的不公平的秘密，被马克思彻底揭穿了。

整体而言，剩余价值论的正确性不容置疑。它揭示了资本主义生产活动生生不息的动力所在，使资本主义生产方式的剥削本质暴露无遗，说明了资本主义的生产关系终究要被社会主义的生产关系所代替的历史必然性。人们常说科学社会主义因唯物史观和剩余价值论而立足，其中的道理正在于此。

时代在发展，剩余价值论也必须与时俱进。由于种种原因，现时条件下人们对剩余价值论尚有不少存疑。笔者以为，这是客观存在的一种现象，应该提倡和允许讨论，从而推进马克思主义经济学的不断发展。

至少有下面几个问题应该引起关注，其中有的问题马克思是早就讲

---

[1] 列宁：《马克思主义的三个来源和三个组成部分》，《列宁选集》第二卷，人民出版社2012年版，第312页。

清楚了的，或者讲得不多而没有引起注意，或者明明讲了却被有意无意地忽略了。现作一点简要讨论：

1. 关于财富源泉

劳动价值论一向坚持劳动是创造财富的唯一源泉。问题是除了劳动之外还有没有其他的源泉？党的十六大报告提出："要形成与社会主义初级阶段基本经济制度相适应的思想观念和创业机制，……放手让一切劳动、知识、技术、管理和资本的活力竞相迸发，让一切创造社会财富的源泉充分涌流，以造福于人民。"[1]党的十八届三中全会公报再次强调："必须更加注重改革的系统性、整体性、协同性，加快发展社会主义市场经济、民主政治、先进文化、和谐社会、生态文明，让一切劳动、知识、技术、管理、资本的活力竞相迸发，让一切创造社会财富的源泉充分涌流，让发展成果更多更公平惠及全体人民。"[2]党的两个重要文件都提到"劳动、知识、技术、管理、资本"也是"创造社会财富的源泉"，笔者赞同党的文献的新表述，劳动价值论需要作出必要的调整和更新。

2. 关于资本家与利润的关系

剩余价值论传统的解说中，资本家是剥削者，不劳而获，无偿占有剩余价值，本身不创造利润。工人从事利润的创造，工人没有得到合理的回报，这种情况被普遍认同，但是问题在于，资本家有没有创造利

---

[1] 江泽民：《全面建设小康社会，开创中国特色社会主义事业新局面》，《江泽民文选》第三卷，人民出版社 2006 年版，第 540 页。

[2] 《中国共产党第十八届中央委员会第三次全体会议公报》，《人民日报》2013 年 11 月 13 日。

润？在"活劳动"中有没有资本家的一份？其实，马克思早就有言在先。马克思说："资本家在生产过程中作为劳动的管理者和指挥者，在这个意义上说，资本家在劳动过程本身中起着积极作用。……是一种加入产品价值的劳动……"[1]笔者认为，正如商品、劳动、价值均有两重性一样，资本家也有两重性，既有剥削的一面，还有投入资金和参与生产活动的一面。说资本家在生产经营过程中担负的风险和责任重大，现在已经容易理解和接受了。但是，否认资本家既是劳动的管理者和指挥者，又有剥削的一面也不完全符合实际。别忘了马克思还有名言："作为资本家，他只是人格化的资本。他的灵魂就是资本的灵魂。""生产剩余价值或赚钱，是这个生产方式的绝对规律。"[2]

3. 关于股份制

股份制是现代化大生产的必然产物。在资本主义的历史条件下，它并没有改变企业私有制的性质。但是，马克思却洞见到这种企业形式蕴含着扬弃资本主义生产关系的可能性。马克思提出："资本主义的股份企业，也和合作工厂一样，应当被看作是由资本主义生产方式转化为联合的生产方式的过渡形式，只不过在前者那里，对立是消极地扬弃的，而在后者那里，对立是积极地扬弃的。"[3]现在声名显赫的华为技术有限公司，截至 2016 年底，拥有 17 万多名员工，华为的产品和解决方案已经

---

[1] 马克思：《资本论》，《马克思恩格斯全集》第二十六卷（Ⅲ），人民出版社 1975 年版，第 550—551 页。

[2] 马克思：《资本论》，《马克思恩格斯全集》第二十三卷，人民出版社 1972 年版，第 260、679 页。

[3] 马克思：《资本论》，《马克思恩格斯全集》第二十五卷，人民出版社 1974 年版，第 498 页。

应用于全球 170 多个国家，服务全球运营商 50 强中的 45 家及全球 1/3 的人口。2016 年 8 月，全国工商联发布"2016 中国民营企业 500 强"榜单，华为以 3950.09 亿元的年营业收入成为 500 强榜首。福布斯每年都会在全球考察超过 200 个国际品牌并筛选出 100 个最具价值品牌，据其最新公布的 2017 年全球品牌价值榜，华为成为唯一一家入围的中国企业。华为的制胜之道、活力之源是它的股份制，企业的创始人、总裁任正非仅仅持有 1% 略多一点的股份，其余的股份全被职工所持有。真正应验了"有恒产者才有恒心"的公理，公道自在人心，华为经久不衰、屡创新高的不竭动力正在于此。

4. 关于经济危机

按照笔者阅读马克思《〈政治经济学批判〉导言》的理解，所谓经济危机，就是经济运行的生产、分配、交换（流通）、消费的"四部曲"被打乱了、打断了，经济无法正常运转，需要耗费大量的精力和很长的时间才能恢复元气和生机。常规之举无非是去产能去库存。周期性的经济危机已经成为资本主义生产方式的规律了。马克思的经济理论有现成的解释。令人疑惑的是，既然市场没有"姓社姓资"之分，那么市场的问题尤其是经济危机有没有"姓社姓资"之分呢？常说我们面临着各种危险、危机、挑战，其中就不含有经济危机吗？应该承认经济危机的可能性与客观性。深究一步，造成危机的根源究竟是什么？马克思这样说："一切真正的危机的最根本的原因，总不外乎群众的贫困和他们的有限的消费，资本主义生产却不顾这种情况而力图发展生产力，好象只有社会的绝对的消费能力才是生产力发展的界限。"[1] 笔者浅见，当前我国经济运行中产生问题的主要根源是发展不平衡以及分配严重不公、两极分化。不从根本上解决这个问题，文章做在表面，只会潜藏更大的危机。

四、中国化的新探索新成果

时代在发展，理论在进步。马克思主义政治经济学中国化的篇章正在不断更新之中。中国社会主义经济建设的重大成就，特别是改革开放以来中国经济发展的巨大成就，如果没有正确理论包括正确的经济理论的指引，显然是不可思议的。

马克思主义政治经济学在当代中国的运用，进行了一系列的探索，取得了丰硕成果。何以为证？2015年11月23日，十八届中共中央政治局就马克思主义政治经济学基本原理和方法论进行的集体学习作出了回答。

习近平同志强调："我们党历来重视对马克思主义政治经济学的学习、研究、运用，在新民主主义时期创造性地提出了新民主主义经济纲领，在探索社会主义建设道路过程中对发展我国经济提出了独创性的观点，如提出社会主义社会的基本矛盾理论，提出统筹兼顾、注意综合平衡，以农业为基础、工业为主导、农轻重协调发展等重要观点。这些都是我们党对马克思主义政治经济学的创造性发展。"[2]

---

[1] 马克思：《资本论》，《马克思恩格斯全集》第二十五卷，人民出版社1974年版，第548页。
[2] 习近平：《立足我国国情和我国发展实际 发展当代中国马克思主义政治经济学》，《人民日报》2015年11月25日。

习近平同志着重指出："党的十一届三中全会以来，我们党把马克思主义政治经济学基本原理同改革开放新的实践结合起来，不断丰富和发展马克思主义政治经济学，形成了当代中国马克思主义政治经济学的许多重要理论成果，比如，关于社会主义本质的理论，关于社会主义初级阶段基本经济制度的理论，关于树立和落实创新、协调、绿色、开放、共享的发展理念的理论，关于发展社会主义市场经济、使市场在资源配置中起决定性作用和更好发挥政府作用的理论，关于我国经济发展进入新常态的理论，关于推动新型工业化、信息化、城镇化、农业现代化相互协调的理论，关于用好国际国内两个市场、两种资源的理论，关于促进社会公平正义、逐步实现全体人民共同富裕的理论，等等。这些理论成果，是适应当代中国国情和时代特点的政治经济学，不仅有力指导了我国经济发展实践，而且开拓了马克思主义政治经济学新境界。"[1]

习近平同志的讲话高屋建瓴、提纲挈领，对当代中国马克思主义政治经济学的理论成果作出了科学总结。他一共提到了八个"关于"，列举了这些方面的理论成果。

笔者注意到，从党的十八大以来中共中央政治局举行的集体学习的题目之中，还透露出马克思主义政治经济学中国化的更多闪光点。这些学习题目，由近至远如是：推动形成绿色发展方式和生活方式；维护国家金融安全；我国脱贫攻坚形势和更好实施精准扶贫；深入推进供给侧结构性改革；健全城乡发展一体化体制机制；加快自由贸易区建设；使市场在资源配置中起决定性作用和更好发挥政府作用；敏锐把握世界科技创新发展趋势，切实把创新驱动发展战略实施好；进一步关心海洋、

---

[1] 习近平：《立足我国国情和我国发展实践 发展当代中国马克思主义政治经济学》，《人民日报》2015年11月25日。

认识海洋、经略海洋，推动我国海洋强国建设不断取得新成就；坚持节约资源和保护环境基本国策，努力走向社会主义生态文明新时代；等等。这些选题，是何等丰富生动，表现出强烈的"问题"导向。只要对经济学理论略知一二就不难明白，这些选题无一不是马克思主义政治经济学应该破解的题中应有之义。

确实，马克思主义政治经济学在当代中国的新探索新成果不胜枚举。在笔者的记忆中，至少还有这样几点可以入列，比如，关于社会主义初级阶段以按劳分配为主，多种分配形式并存；关于改革开放以来中国社会出现的新的社会阶层也是中国特色社会主义的建设者；关于让一切劳动、知识、技术、管理、资本的活力竞相迸发，让一切创造社会财富的源泉充分涌流等等论述。这些都是"老祖宗"没有讲过的新话，是对马克思主义政治经济学的新发展。

■ 重要论述

在革命、建设、改革各个历史时期，我们党运用历史唯物主义，系统、具体、历史地分析中国社会运动及其发展规律，在认识世界和改造世界过程中不断把握规律、积极运用规律，推动党和人民事业取得了一个又一个胜利。历史和现实都表明，只有坚持历史唯物主义，我们才能不断把对中国特色社会主义规律的认识提高到新的水平，不断开辟当代中国马克思主义发展新境界。

——习近平：《在十八届中央政治局第十一次集体学习时的讲话》（2013年12月3日）

社会存在决定社会意识。我们党现阶段提出和实施的理论和路线方针政策,之所以正确,就是因为它们都是以我国现时代的社会存在为基础的。党的十八届三中全会对我国全面深化改革作出了总体部署,是从我国现在的社会存在出发的,即从我国现在的社会物质条件的总和出发的,也就是从我国基本国情和发展要求出发的。

——习近平:《在十八届中央政治局第十一次集体学习时的讲话》(2013年12月3日)

坚持和发展中国特色社会主义,必须不断适应社会生产力发展调整生产关系,不断适应经济基础发展完善上层建筑。我们提出进行全面深化改革,就是要适应我国社会基本矛盾运动的变化来推进社会发展。社会基本矛盾总是不断发展的,所以调整生产关系、完善上层建筑需要相应地不断进行下去。改革开放只有进行时、没有完成时,这是历史唯物主义态度。

——习近平:《在十八届中央政治局第十一次集体学习时的讲话》(2013年12月3日)

面对极其复杂的国内外经济形势,面对纷繁多样的经济现象,学习马克思主义政治经济学基本原理和方法论,有利于我们掌握科学的经济分析方法,认识经济运动过程,把握社会经济发展规律,提高驾驭社会主义市场经济能力,更好回答我国经济发展的理论和实践问题,提高领导我国经济发展能力和水平。

——习近平:《在十八届中央政治局第二十八次集体学习时的讲话》(2015年11月23日)

学习马克思主义政治经济学，是为了更好指导我国经济发展实践，既要坚持其基本原理和方法论，更要同我国经济发展实际相结合，不断形成新的理论成果。要坚持以人民为中心的发展思想，这是马克思主义政治经济学的根本立场。要坚持把增进人民福祉、促进人的全面发展、朝着共同富裕方向稳步前进作为经济发展的出发点和落脚点，部署经济工作、制定经济政策、推动经济发展都要牢牢坚持这个根本立场。要坚持新的发展理念，创新、协调、绿色、开放、共享的发展理念是对我们在推动经济发展中获得的感性认识的升华，是对我们推动经济发展实践的理论总结，要坚持用新的发展理念来引领和推动我国经济发展，不断破解经济发展难题，开创经济发展新局面。

——习近平：《在十八届中央政治局第二十八次集体学习时的讲话》（2015年11月23日）

实践是理论的源泉。我国经济发展进程波澜壮阔、成就举世瞩目，蕴藏着理论创造的巨大动力、活力、潜力，要深入研究世界经济和我国经济面临的新情况新问题，为马克思主义政治经济学创新发展贡献中国智慧。

——习近平：《在十八届中央政治局第二十八次集体学习时的讲话》（2015年11月23日）

■ 讨论题

1. 马克思的"两大发现"各自的内涵是什么？"两大发现"之间是什么关系？

2. 社会主义初级阶段论与"两个决不会"论断之间是什么关系？

第三讲
恩格斯晚年的理论贡献

■ **学习目的、重点**

本讲所说的恩格斯晚年，是指1883年至1895年这个时间段，即在马克思逝世后恩格斯独力担当国际工人运动主要领袖期间他所作出的理论贡献。这一时期恩格斯的使命重大，他除了要完成马克思未竟的理论创造，整理出版马克思的大量遗稿，要对各国工人运动作出适时的必要指导，还要对自己长期关注的重大理论问题进行思考总结，为当前和今后工人阶级的解放事业指明前进道路。这后一点，可以视作恩格斯的"政治交代"，意义深远。本讲着重于恩格斯独创性理论贡献，首先是指他在敏锐把握欧洲各国工人运动新环境基础上，独创性地提出了旧社会以和平方式走向新社会的可能性，工人阶级应该认识并抓住这个历史机遇从而获取更大的利益。这是科学社会主义理论的重大突破、重大发展。其次是恩格斯重提并确立了费用与效用相比较的价值理论，其理论价值对于我们今天重新认识劳动价值论，坚持和发展马克思主义的政治经济学具有重要的启发意义。恩格斯曾经高度评价马克思一生的两大发现，而自谦是"第二提琴手"。可惜，我们的理论界长期缺少对恩格斯独创性理论贡献的认识。笔者冒昧提出，和平社会主义理论堪当恩格斯的一大发现，对全世界特别是欧洲的社会主义运动具有广泛而长久的影响。

时代是思想之母，实践是理论之源。马克思1883年逝世之后，资本主义世界的运行发生了重大变化，各国政治环境和条件也出现了新形势新特点，工人阶级政党的合法性得到确认。恩格斯立足新的历史条件，坚持和发展了马克思主义，把马克思主义的发展推向了一个新阶段，其中表现出勇于坚持真理、修正错误、开拓创新、与时俱进的理论品格。择其要者，此讲略述一二，并作一点必要的说明。

一、和平走向社会主义的趋势与选择

在马克思恩格斯时代的很长一个时期里，工人阶级通过暴力革命夺取政权，从而成为国家的主人，一直是马克思主义的一条重要信条，为各国工人阶级政党所尊崇不疑。

1847年底，《共产党宣言》就旗帜鲜明地宣告："共产党人的最近目的是和其他一切无产阶级政党的最近目的一样的：使无产阶级形成为阶级，推翻资产阶级的统治，由无产阶级夺取政权。""共产党人不屑于隐瞒自己的观点和意图。他们公开宣布：他们的目的只有用暴力推翻全部现存的社会制度才能达到。让统治阶级在共产主义革命面前发抖吧。无产者在这个革命中失去的只是锁链。他们获得的将是整个世界。"[1]

---

[1] 马克思恩格斯：《共产党宣言》，《马克思恩格斯选集》第一卷，人民出版社2012年版，第413、435页。

1850年马克思在《1848年至1850年的法兰西阶级斗争》中有一句名言："革命是历史的火车头。"[1]

1871年，在马克思的《法兰西内战》中，提到："工人阶级不能简单地掌握现成的国家机器，并运用它来达到自己的目的。"[2]马克思认为这一原理十分重要，为了突出了这一原理，在1872年出版的《共产党宣言》德文版序言里又重申这一表述。

1876—1878年，恩格斯的《反杜林论》，在批驳杜林的"暴力是绝对的坏事"的谬论时，指出："暴力在历史中还起着另一种作用，革命的作用；暴力，用马克思的话说，是每一个孕育着新社会的旧社会的助产婆；它是社会运动借以为自己开辟道路并摧毁僵化的垂死的政治形式的工具……"[3]

可见，工人阶级必须用革命的暴力夺取国家权力，而后运用国家权力实行社会主义，这一直是马克思恩格斯秉持的重要理念。难道马克思恩格斯就没有设想过通过非暴力的和平方式取得国家权力？非不愿而是不能也！因为工人阶级没有进行合法斗争的舞台。如果工人阶级能够和平地走向社会主义，又有谁愿意抛洒热血在巴黎公社墙下？暴力革命是被反动统治阶级逼出来的！

马克思在1872年9月8日在荷兰阿姆斯特丹群众大会上发表演说，记录中有言："我们知道，必须考虑到各国的制度、风俗和传统；我们也不否认，有些国家，像美国、英国，——如果我对你们的制度有更好的

---

[1] 马克思：《1848年至1850年的法兰西阶级斗争》，《马克思恩格斯选集》第一卷，人民出版社2012年版，第527页。

[2] 马克思：《法兰西内战》，《马克思恩格斯选集》第三卷，人民出版社2012年版，第95页。

[3] 恩格斯：《反杜林论》，《马克思恩格斯选集》第三卷，人民出版社2012年版，第564页。

了解，也许还可以加上荷兰，——工人可能用和平手段达到自己的目的。但是，即使如此，我们也必须承认，在大陆上的大多数国家中，暴力应当是我们革命的杠杆；为了最终地建立劳动的统治，总有一天正是必须采取暴力。"[1]

在这里，尽管马克思强调的重点还是暴力革命，但是他并不反对甚至希望在条件允许的情况下，工人阶级可以而且应该运用和平的方式获得国家权力。

历史机遇终于来了。

最重要的标志就是德国实行了 12 年之久的《反社会党人法》被废除了，这给德国工人阶级政党带来了前所未有的活动空间，工人阶级及其政党的力量日益壮大，在国家政治生活中的话语权和影响力不断扩大。正是在这样新的斗争形势下，恩格斯的思想因势而变，不再固守原来的思维定式，开始把希望的重心转向了非暴力斗争方式，从而提出了和平社会主义的崭新理念。

反映恩格斯思想发生重要转变的是《1891 年社会民主党纲领草案批判》。恩格斯在《批判》中指出："可以设想，在人民代议机关把一切权力集中在自己手里、只要取得大多数人民的支持就能够按照宪法随意办事的国家里，旧社会有可能和平长入新社会，比如在法国和美国那样的民主共和国，在英国那样的君主国。英国报纸上每天都在谈论即将赎买王朝的问题，这个王朝在人民的意志面前是软弱无力的。但是在德国，政府几乎有无上的权力，帝国国会及其他一切代议机关毫无实权，因此，在德国宣布要这样做，而且在没有任何必要的情况下宣布要这样做，就

---

[1] 马克思：《关于海牙代表大会》，《马克思恩格斯全集》第十八卷，人民出版社 1964 年版，第 179 页。

是揭去专制制度的遮羞布，自己去遮盖那赤裸裸的东西。"[1]在恩格斯看来，在法国、美国、英国这样的"旧社会有可能和平长入新社会"，但是当时的德国还不具备条件。

尽管如此，恩格斯还是向德国社会民主党明确建议："如果说有什么是毋庸置疑的，那就是，我们的党和工人阶级只有在民主共和国这种形式下，才能取得统治。""不过，关于共和国的问题在万不得已时可以不提。但是，把一切政治权力集中于人民代议机关之手的要求在我看来是应该而且能够写到纲领里去的。如果我们不能再进一步，暂时做到这一点也够了。"[2]从这个建议中，透露出恩格斯这个非常重要的战略和策略思考。第一，工人阶级的国家形式必须是民主共和国。这就修正了马克思恩格斯1872年合写《共产党宣言》序言时提出的无产阶级不能简单地掌握现成的（即资产阶级的）国家机器，并运用它来达到自己的目的，无产阶级应该摧毁和打碎这个机器的论断。第二，即使目前民主共和国的目标不能列入纲领，那也必须将"把一切政治权力集中于人民代议机关之手的要求"写入纲领。不难想象，德国一旦实现"把一切政治权力集中于人民代议机关之手的要求"，那么德国不就也与法国、美国、英国一样，具备了和平长入新社会的可能了吗？

事遂人愿，德国工人阶级的力量迅猛增长、节节胜利，不能不令恩格斯愉悦欣慰。这种喜悦之情通篇洋溢在恩格斯最后的著作，也就是1895年3月写下的《卡·马克思〈1848年至1850年的法兰西阶级斗争〉一书导言》之中。

---

[1]恩格斯：《1891年社会民主党纲领草案批判》，《马克思恩格斯选集》第四卷，人民出版社2012版，第293页。

[2]恩格斯：《1891年社会民主党纲领草案批判》，《马克思恩格斯选集》第四卷，人民出版社2012年版，第294、294—295页。

在《导言》中，恩格斯非常坦率地承认："历史表明我们也曾经错了，暴露出我们当时的看法只是一个幻想。历史走得更远：它不仅打破了我们当时的错误看法，并且还完全改变了无产阶级进行斗争的条件。1848年的斗争方法，今天在一切方面都已经过时了，这一点值得在这里比较仔细地加以探讨。"[1]

1848年的斗争方法就是暴力革命的方法。为什么错了？为什么过时了？恩格斯站在唯物史观的立场上，似乎是直接套用了马克思的"两个决不会"的第一个决不会，即"无论哪一个社会形态，在它所能容纳的全部生产力发挥出来以前，是决不会灭亡的"的原理，作出了极为深刻的分析："历史清楚地表明，当时欧洲大陆经济发展的状况还远没有成熟到可以铲除资本主义生产的程度；历史用经济革命证明了这一点，从1848年起经济革命席卷了整个欧洲大陆，在法国、奥地利、匈牙利、波兰以及最近在俄国刚刚真正确立了大工业，并且使德国简直就变成了一个头等工业国，——这一切都是以资本主义为基础的，可见这个基础在1848年还具有很大的扩展能力。"注意看，恩格斯指出"当时欧洲大陆经济发展的状况还远没有成熟到可以铲除资本主义生产的程度"，资本主义"还具有很大的扩展能力"。"那么这就彻底证明了，在1848年要以一次简单的突然袭击来实现社会改造，是多么不可能的事情。"[2]

那么，暴力革命不能奏效、不合时宜，工人阶级就没有其他的选择和出路了吗？当然不是。恩格斯欣喜地发现："由于德国工人善于利用1866年开始实行的普选权，党的惊人的成长就以无可争辩的数字展现

---

[1] 恩格斯：《卡·马克思〈1848年至1850年的法兰西阶级斗争〉一书导言》，《马克思恩格斯选集》第四卷，人民出版社2012年版，第382页。
[2] 恩格斯：《卡·马克思〈1848年至1850年的法兰西阶级斗争〉一书导言》，《马克思恩格斯选集》第四卷，人民出版社2012年版，第384—385页。

在全世界面前：社会民主党所得的选票1871年为102000张，1874年为352000张，1877年为493000张。接着就是当局以实行反社会党人法的方式承认了这些成就；党暂时被打散了，所得选票在1881年降到了312000张。但是这种状况很快就被克服了，当时正是在受非常法压迫、没有报刊、没有合法组织、没有结社集会权利的情况下，真正开始了迅速的增长：1884年为550000张，1887年为763000张，1890年为1427000张。这时，国家的手就软了。反社会党人法废除了，社会党人的选票增到了1787000张，即超过总票数的四分之一。政府和统治阶级使尽了一切手段，可是毫无用处，毫无成效，毫无结果。"[1]

恩格斯相当自豪地宣称，德国工人阶级"给了世界各国同志们一件新的武器——最锐利的武器中的一件武器，向他们表明了应该怎样使用普选权"[2]。

接着，恩格斯对工人阶级充分利用选举权的益处作说明："即使这是选举权所给予我们的唯一的好处，那也就够多了。但是它的好处还要多得多。""结果弄得资产阶级和政府害怕工人政党的合法活动更甚于害怕它的不合法活动，害怕选举成就更甚于害怕起义成就。""德国人作出的利用选举权夺取我们所能夺得的一切阵地的榜样，到处都有人效法；无准备的攻击，到处都退到次要地位。"[3]如此等等，备而不烦。

恩格斯对武器装备不断发展进步的情况下，如果沿用既往武装起义的方式，敌我双方力量的新变化作了分析。他指出："这里斗争的条件毕

---

[1] 恩格斯：《卡·马克思〈1848年至1850年的法兰西阶级斗争〉一书导言》，《马克思恩格斯选集》第四卷，人民出版社2012年版，第388页。
[2] 恩格斯：《卡·马克思〈1848年至1850年的法兰西阶级斗争〉一书导言》，《马克思恩格斯选集》第四卷，人民出版社2012年版，第388页。
[3] 恩格斯：《卡·马克思〈1848年至1850年的法兰西阶级斗争〉一书导言》，《马克思恩格斯选集》第四卷，人民出版社2012年版，第389、390、394页。

竟已经发生了根本的变化。旧式的起义，在 1848 年以前到处都起过决定作用的筑垒巷战，现在大大过时了。"他分析道："而自那时以来，又发生了许多变化，并且都对军队有利。如果说大城市已经扩展了很多，那么军队就扩增得更多了。""这些军队不仅人数大量增加，在武装上也是无比地改进了。""相反，在起义者方面，一切条件都变坏了。"[1]

恩格斯的结论是："世界历史的讽刺把一切都颠倒了过来。我们是'革命者'、'颠覆者'，但是我们用合法手段却比用不合法手段和用颠覆的办法获得的成就多得多。"[2]

我们有必要特别强调两点：第一，恩格斯提出发达的资本主义国家可以通过和平的方式走向社会主义的设想，没有背离马克思主义的初心，没有改变工人阶级要掌握国家权力、成为国家的主人的政治目的。就是说，恩格斯的设想是方式方法的改变，而不是目标目的的改变。第二，恩格斯 1895 年 3 月写的《导言》，确实是系统完备地论述了在可能的条件下，工人阶级应该更充分地运用非暴力的方式去争取胜利，言之凿凿、深谋远虑。但是，他并没有彻底否定必要和可能情况下的暴力革命方式。他只是说，过去的起义没有成功的原因，是历史还没有发展到靠一次突袭便可以摧毁反动统治的可能。虽然，他号召各国工人阶级以德国为榜样善于利用好手中的选举权，但是并没有最终放弃暴力革命的斗争方式，只是这种方式已经退到次要的地位上去了，革命依然是工人阶级天然的权利。

这里，有一个重要的例证。1895 年 4 月 30 日，他给拉法格的信中

---

[1] 恩格斯：《卡·马克思〈1848 年至 1850 年的法兰西阶级斗争〉一书导言》，《马克思恩格斯选集》第四卷，人民出版社 2012 年版，第 390、392 页。

[2] 恩格斯：《卡·马克思〈1848 年至 1850 年的法兰西阶级斗争〉一书导言》，《马克思恩格斯选集》第四卷，人民出版社 2012 年版，第 396 页。

对李卜克内西的完全放弃暴力革命的思想进行了批评,他说:"李卜克内西刚刚和我开了一个很妙的玩笑。他从我给马克思关于1848—1850年的法国的几篇文章写的导言中,摘引了所有能为他的、无论如何是和平的和反暴力的策略进行辩护的东西。近来,特别是目前柏林正在准备非常法的时候,他喜欢宣传这个策略。但我谈的这个策略仅仅是针对今天的德国,而且还有重大的附带条件。对法国、比利时、意大利、奥地利来说,这个策略就不能整个采用。就是对德国,明天它也就不适用了。……可惜李卜克内西看到的只是白或黑,色调的差别对他来说是不存在的。"[1]恩格斯批评了李卜克内西非黑即白的片面性,显示了自己在斗争方式选择上的辩证法。用现在的话,恩格斯是"两手抓",至于用哪一手,因时因地制宜而已。

二、经济的发展变化为新社会孕育物质基础

经济是基础,政治则是经济的集中表现。恩格斯对和平走向社会主义趋势的发现和倾向,是与他对当时资本主义经济运行的新变化新特点的准确把握紧密相连的。实际上他已经洞察到资本主义生产方式的扩大和转型,正在被动地寻找自我否定的路径,进而为代替自己的社会主义生产方式准备条件。如此研究现实、展望未来,恰恰符合马克思提出的第二个"决不会",即"而新的更高的生产关系,在它的物质存在条件在旧社会的胎胞里成熟以前,是决不会出现的"。果然如此,恩格斯晚年在经济学上的新探索,不正是给马克思的唯物史观又提供了一个论证吗?

---

[1]恩格斯:《致保尔·拉法格》,《马克思恩格斯全集》第三十九卷,人民出版社1974年版,第436页。

在这里，侧重提示恩格斯晚年经济学理论的两个重要创新。

首先一个方面是，在恩格斯看来，资本主义经济的新变化是其自我否定、临近变革内在要求的体现。

在市场竞争的压力下，同时也由于装备技术升级更新，资本主义的生产规模的日益扩大，生产的集中化、股份化、托拉斯化、垄断化的要求急剧增强。于是，生产的无政府状态向大范围内的计划性转化；同时，股份制和证券交易所的出现，使得企业股份出现社会化、所有权与经营权相分离，从而提供了新的生产方式取而代之的选项。

《社会主义从空想到科学的发展》，是恩格斯1880年的著名作品，曾被马克思誉为"科学社会主义的入门"。1891年恩格斯修改再版，在其第三章接近结尾处，增写了有相当分量的关于经济发展方式新变化的论述，从生产力的发展要求生产关系变革的视角，阐明了社会主义代替资本主义的必然性和现实可能。

以下略作摘述，让我们见识恩格斯的智慧与远见：

恩格斯发现："猛烈增长着的生产力对它的资本属性的这种反作用力，要求承认生产力的社会本性的这种日益增长的压力，迫使资本家阶级本身在资本关系内部可能的限度内，越来越把生产力当做社会生产力看待。无论是信用无限膨胀的工业高涨时期，还是由大资本主义企业的破产造成的崩溃本身，都使大量生产资料不得不采取像我们在各种股份公司中所遇见的那种社会化形式。"[1]

如此，恩格斯认为："在托拉斯中，自由竞争转变为垄断，而资本主

---

[1] 恩格斯：《社会主义从空想到科学的发展》，《马克思恩格斯选集》第三卷，人民出版社2012年版，第808页。

义社会的无计划生产向行将到来的社会主义社会的计划生产投降。"[1]

接着,恩格斯指出,资产阶级国家不得不调整经济管理方式,"无论在任何情况下,无论有或者没有托拉斯,资本主义社会的正式代表——国家终究不得不承担起对生产的管理"。但是,"资本关系并没有被消灭,反而被推到了顶点。但是在顶点上是要发生变革的"。变革的出路是什么?恩格斯提出:"这种解决只能是在事实上承认现代生产力的社会本性,因而也就是使生产、占有和交换的方式同生产资料的社会性相适应。"[2]

恩格斯表示,资本主义生产方式呈现出计划性的趋势并不能挽救它必然灭亡的命运。根本的出路就是适应生产力的社会化本性,将生产资料回归社会所有。恩格斯的结论是:"当人们按照今天的生产力终于被认识了的本性来对待这种生产力的时候,社会的生产无政府状态就让位于按照社会总体和每个成员的需要对生产进行的社会的有计划的调节。那时,资本主义的占有方式,即产品起初奴役生产者而后又奴役占有者的占有方式,就让位于那种以现代生产资料的本性为基础的产品占有方式:一方面由社会直接占有,作为维持和扩大生产的资料,另一方面由个人直接占有,作为生活资料和享受资料。"[3]

只要我们留意阅读恩格斯的补充修改的文字,就一定能体验到这位思想者论述之严密、严谨、深邃、自洽,认识到他的功力之厚重、见解之深远。

---

[1] 恩格斯:《社会主义从空想到科学的发展》,《马克思恩格斯选集》第三卷,人民出版社 2012 年版,第 809 页。
[2] 恩格斯:《社会主义从空想到科学的发展》,《马克思恩格斯选集》第三卷,人民出版社 2012 年版,第 809、810、811 页。
[3] 恩格斯:《社会主义从空想到科学的发展》,《马克思恩格斯选集》第三卷,人民出版社 2012 年版,第 811—812 页。

也正因为如此，凡是遇到此类问题，恩格斯便似有备而来地直陈己见。就在重版《社会主义从空想到科学的发展》之后不久，1891年恩格斯修改《德国社会民主党纲领草案》时发现，《草案》中有一段文字说："根源于资本主义私人生产的本质的无计划性。"这个提法，显然是马克思恩格斯早年以来一直所坚持的观点。但时过境迁，恩格斯根据新的情况，放弃了原有的思想，他指出："这一句需要大加改进。据我所知，资本主义生产是一种社会形式，是一个经济阶段，而资本主义私人生产则是在这个阶段内这样或那样表现出来的现象。但是究竟什么是资本主义私人生产呢？那是由单个企业家所经营的生产，可是这种生产已经越来越成为例外了。由股份公司经营的资本主义生产，已不再是私人生产，而是由许多人联合负责的生产。如果我们从股份公司进而来看那支配着和垄断着整个工业部门的托拉斯，那么，那里不仅没有了私人生产，而且也没有了无计划性。删掉'私人'这两个字，这个论点还勉强能过得去。"[1]

我们不免感慨，要知道整整100年之后，邓小平同志在南方谈话中才提到："计划多一点还是市场多一点，不是社会主义与资本主义的本质区别。计划经济不等于社会主义，资本主义也有计划；市场经济不等于资本主义，社会主义也有市场，计划和市场都是经济手段。社会主义的本质，是解放生产力，发展生产力，消灭剥削，消除两极分化，最终达到共同富裕。就是要对大家讲这个道理。证券、股市，这些东西究竟好不好，有没有危险，是不是资本主义独有的东西，社会主义能不能

---

[1] 恩格斯：《1891年社会民主党纲领草案批判》，《马克思恩格斯选集》第四卷，人民出版社2012年版，第290页。

用?"[1]

看看,"资本主义也有计划",恩格斯早讲了100年。非常可惜的是,这种声音几乎被屏蔽了100年。邓小平同志讲,证券、股市,不是资本主义独有的东西,社会主义也能用,与恩格斯所言资本主义生产方式为社会主义准备条件,两者的内涵可以沟通。

还有一个方面,是恩格斯重提"价值是生产费用对效用的关系",为日后人们正确认识劳动价值论打开了一种新思路。

恩格斯的这个思想,发轫于他1844年完成的《国民经济学批判大纲》。这个《大纲》曾经得到了马克思的高度评价,马克思说:"自从弗里德里希·恩格斯批判经济学范畴的天才大纲(在《德法年鉴》上)发表以后,我同他不断通信交换意见,他从另一条道路(参看他的《英国工人阶级状况》)得出同我一样的结果。"[2]根据上下文判断,这个"一样的结果",不是别的,就是马克思在《〈政治经济学批判〉序言》中集中突出的唯物史观。有志不在年高,恩格斯是何等的英才、天才,那时他年仅24岁,便有如此的不朽之作。

什么是"价值是生产费用对效用的关系"?且见恩格斯在他的《大纲》中的论述。

在论及商品的价值问题时,恩格斯讥讽资产阶级经济学家们各执一端、偏离本质,或者认为生产费用是实际价值的表现,或者则说什么实际价值要按物品的效用来测定。"这些经济学家是什么问题也解决不了的。"恩格斯点明了他们的一个要害问题是离开竞争讲价值。恩格斯毫

---

[1] 邓小平:《在武昌、深圳、珠海、上海等地的谈话要点》,《邓小平文选》第三卷,人民出版社1993年版,第373页。
[2] 马克思:《〈政治经济学批判〉序言》,《马克思恩格斯选集》第二卷,人民出版社2012年版,第324页。

不客气地说:"难道经济学家根本没有想到,一旦竞争被撇开,那就保证不了生产者正是按照他的生产费用来卖自己的商品吗?多么混乱啊!"同样,"物品的效用是一种纯主观的根本不能绝对确定的东西,至少它在人们还在对立中徘徊的时候肯定是不能确定的"。"在私有制统治下,竞争关系是唯一能比较客观地、似乎能大体确定物品效用大小的办法,然而恰恰是竞争关系被撇在一边。"[1] 看看,无论是费用价值论还是效用价值论,都被恩格斯批得体无完肤。

那么正确的商品价值观是什么?

恩格斯说:

"价值是生产费用对效用的关系。价值首先是用来决定某种物品是否应该生产,即这种物品的效用是否能抵偿生产费用。然后才谈得上运用价值来进行交换。如果两种物品的生产费用相等,那么效用就是确定它们的比较价值的决定性因素。"

"这个基础是交换的唯一正确的基础。"[2]

"要把这两个跛脚的定义扶正[3],必须在两种情况下都把竞争考虑在内……"

"说价格由生产费用和竞争的相互作用决定,这是完全正确的,而且是私有制的一个主要的规律。"[4]

以上这些点睛之笔,廓清了恩格斯的商品价值观的面貌。

---

[1] 恩格斯:《国民经济学批判大纲》,《马克思恩格斯文集》第一卷,人民出版社2009年版,第63、64、65页。

[2] 恩格斯:《国民经济学批判大纲》,《马克思恩格斯文集》第一卷,人民出版社2009年版,第65页。

[3] 本书作者注:"两个跛脚的定义",即指上文批驳的费用价值论和效用价值论。

[4] 恩格斯:《国民经济学批判大纲》,《马克思恩格斯文集》第一卷,人民出版社2009年版,第66页。

马克思对恩格斯的观点是充分肯定的。1868年1月8日，他给恩格斯的信中说：由于我采取了抽象的研究方法，直接的价值规定，在现实社会中，实际作用是很小的，甚至是找不到的。（价值）"通过商品价格的变动来实现，那末事情就始终象你在《德法年鉴》中已经十分正确地说过的那样。"[1]所谓"十分正确地说过"，就是指恩格斯发表在《德法年鉴》上的《国民经济学批判大纲》中"价值是生产费用对效用的关系"的说法。

笔者浅见，恩格斯所论的基本精神，就是市场竞争的前提下，兼顾费用与效用的发展变化的关系。

那么，恩格斯又是怎样重提他的商品价值理论的呢？

恩格斯是在1895年逝世半年前再版《反杜林论》时重申这一理论的。他这样说：

"经济学所知道的唯一的价值就是商品的价值。"

"当我说某一商品具有一定的价值的时候，那我就是说：（1）它是一个对社会有用的产品；（2）它是由私人为了私人的打算生产出来的；（3）它虽然是私人劳动的产品，但同时又是社会劳动的产品（这一点似乎是生产者所不知道的或者似乎是违背他们意愿的）而且是以社会方法即通过交换来确定的一定量社会劳动的产品；（4）我表现这个数量，不是用劳动本身，也不是用若干劳动小时，而是用另外一个商品。因此，如果我说，这只表和这块布价值相等，这两件物品中每一件的价值都等于50马克，那么我就是说：在这只表、这块布和这些货币中，包含着等量的社会劳动。因此，我确定，它们所代表的社会劳动时间是以社会的方式计量的，而且被看做是相等的。但是这种计量，不像通常用劳动小

---

[1]《马克思恩格斯〈资本论〉书信集》，人民出版社1976年版，第250页。

时或工作日等等来计量劳动时间那样,是直接的、绝对的,而是迂回地以交换为中介来进行的,是相对的。因此,即使这一确定数量的劳动时间,我也不能用劳动小时表现出来,因为我始终不知道劳动小时的数目,而同样只能迂回地相对地通过另外一个代表等量的社会劳动时间的商品把它表现出来。一只表的价值和一块布的价值相等。"[1]

所摘的文字稍长,大意是:任何商品都是有用的;甲为乙生产;通过交换来确定该产品包含的社会劳动量;这个劳动量是由其他的商品比较确定,而不是直接衡量其中的劳动时间。无须怀疑,《反杜林论》万变不离其宗,说的还是他被称为天才《大纲》里的观点。

之后,恩格斯在讲到社会一旦占有生产资料并且以直接社会化的形式进行生产,那时一件产品中所包含的社会劳动量,可以不必首先采用迂回的途径加以确定;日常的经验就直接显示出这件产品平均需要多少数量的社会劳动问题时,他指出:"人们可以非常简单地处理这一切,而不需要著名的'价值'插手其间。"在"价值"两个字之后,特别作了一个注,原文是:"在决定生产问题时对效用和劳动支出的衡量,正是政治经济学的价值概念在共产主义社会中所能余留的全部东西,这一点我在 1844 年已经说过了(《德法年鉴》第 95 页)。但是,可以看到,这一见解的科学论证,只是由于马克思的《资本论》才成为可能。"[2] 很显然,恩格斯修改《反杜林论》并没有忘记重提他 1844 年就提出的"价值是生产费用对效用的关系"的理论。

此外,我们不能不顺便提议,必须注意恩格斯的又一个天才思想的

---

[1] 恩格斯:《反杜林论》,《马克思恩格斯选集》第三卷,人民出版社 2012 年版,第 694、695 页。

[2] 恩格斯:《反杜林论》,《马克思恩格斯选集》第三卷,人民出版社 2012 年版,第 697 页。

萌芽，即关于精神劳动、脑力劳动、科技活动以及管理活动在生产要素中的地位。

恩格斯这样说：

"劳动包括资本，并且除资本之外还包括经济学家没有想到的第三要素，我指的是简单劳动这一肉体要素以外的发明和思想这一精神要素。"

"精神要素自然会列入生产要素，并且会在经济学的生产费用项目中找到自己的位置。"[1]

三、晚年的恩格斯信仰不改

一个人的思想会在不同生命阶段、不同的社会境遇发生变化，是很正常的现象，恩格斯也不例外。

上述两大问题分别阐述了恩格斯晚年政治思想和经济思想重大创新，由此而论，是否就能够说他改变了马克思主义的信仰呢？就能够说他改变了社会主义、共产主义信念呢？不能，绝对不能！政治上，恩格斯因势而变、顺势而为，肯定和倡导发达国家的工人阶级应该善于运用手中的普选权，争取借助和平方式影响国家权力，逐步走向社会主义。这绝不是斗争目的的改变，而是斗争策略的改变，况且他始终没有承诺放弃暴力革命的任何表示。

想一想，曾几何时，我们一直把因秉持恩格斯的思想、主张议会斗争的第二国际及社会党国际斥之为修正主义，不免有失公正。如果我们党在中华人民共和国成立之前也有像欧洲工人阶级政党那样的斗争环境

---

[1] 恩格斯：《国民经济学批判大纲》，《马克思恩格斯文集》第一卷，人民出版社2009年版，第67页。

与条件，我们不也会走上议会民主的道路吗？农村包围城市、武装夺取政权的革命道路，是由中国的特殊历史环境所决定的。事实上，第一次国共合作时期，我们共产党的一些领导人就在国民政府中任职。国民党叛变革命、屠杀革命，共产党被逼上梁山，才有了一系列的武装斗争。毛泽东同志在党的七大上作的政治报告《论联合政府》，本意也是要争取和平建立新中国。

经济上，恩格斯洞见了资本主义生产方式日益集中化的趋势，实际上是被逼无奈走到了社会主义的门外，危机日深，唯有变革才能求解。这一论述与马克思在《资本论》中关于股份制的论述一脉相承，何来背叛之理？更何况，恩格斯坚持和重提"价值是生产费用对效用的关系"，分明是发展完善了马克思的商品价值论，并且得到过马克思的赞赏，恩格斯还特别申明他的见解得益于马克思的《资本论》，所以，由此无端制造恩格斯与马克思的对立，完全是徒劳的。

有兴趣关注恩格斯晚年思想的发展变化实属正常。但是夸大其词甚至有意歪曲，则不能不引起我们的注意。有一个惊世骇俗的说法，就是认为恩格斯晚年全盘修正了他与马克思一起创立的社会主义学说，或者说马克思主义学说。此说在思想界引起了不小的震动。作为马克思主义共同创立者的恩格斯，晚年果真毅然决然地放弃了他终身为之不懈奋斗的主义了吗？是非必须明辨。

妄称恩格斯全盘修正说的主要根据，就是恩格斯所谓的"九十三个字"。这"九十三个字"出自恩格斯1886年为美国版的《英国工人阶级状况》所写的附录之中。原文是："共产主义不是一种单纯的工人阶级的党派性学说，而是一种目的在于把连同资本家阶级在内的整个社会从现存关系的狭小范围中解放出来的理论。这在抽象的意义上是正确的，然而在实践中却是绝对无益的，有时还要更坏。"[1]初读这段文字，确实吃惊不小。缩写这段话，不就成了共产主义理论"抽象的意义上是正确的，然而在实践中却是绝对无益的，有时还要更坏"吗？为探究竟，免于以讹传讹，笔者认真查阅了原文，发现这种解释，不顾上下文，把全盘修正说强加于恩格斯了，说轻一点，是学风粗糙所致。恩格斯的原意应该是，由于这里所说的共产主义理论强调工人阶级在解放自身的过程中，要连同解放资产阶级，但是资产阶级并不领情，他们"自己不感到有任何解放的需要，而且全力反对工人阶级的自我解放"，从这个意义上说，这个理论才是"抽象的意义上是正确的，然而在实践中却是绝对无益的，有时还要更坏"。这说明，资产阶级极为顽固，难以从原有的生活方式中解脱出来，出于阶级本能对抗革命，所以才会造成"绝对无益的，有时还要更坏"。那么怎么办？恩格斯接着说："既然有产阶级不但自己不感到有任何解放的需要，而且全力反对工人阶级的自我解放，所以工人阶级就应当单独地准备和实现社会革命。"[2]这句话，才真正是恩格斯"九十三个字"的实质所在！怎么能攻其一点不及其余，得出恩格斯全盘修正马克思主义的结论呢？

除了"九十三个字"的误读以外，还有一例是关于恩格斯晚年曾经说过"我们没有最终目标"的曲解，以为这也是恩格斯放弃共产主义又一证据。

1893年5月11日，恩格斯在接受法国《费加罗报》记者访谈中，记者问："你们德国社会党人给自己提出什么样的最终目标呢？"恩格斯

---

[1] 恩格斯：《"英国工人阶级状况"美国版附录》，《马克思恩格斯全集》第二十一卷，人民出版社1965年版，第297页。
[2] 恩格斯：《"英国工人阶级状况"美国版附录》，《马克思恩格斯全集》第二十一卷，人民出版社1965年版，第297页。

回答说:"我们没有最终目标。我们是不断发展论者,我们不打算把什么最终规律强加给人类。关于未来社会组织方面的详细情况的预定看法吗？您在我们这里连它们的影子也找不到。"[1]于是有人就把"我们没有最终目标"直接解读成没有共产主义这个"最终目标"了,这种说法对于没有可能去阅读原文的读者会有不良影响,必须予以澄清。

整篇访谈是围绕着当时德国社会党人选举斗争展开的。恩格斯对德国党的既有成果十分满意,对未来发展充满信心,访谈从头至尾洋溢着乐观自信的情绪。《费加罗报》记者为什么会提出"最终目标"的问题呢？因为记者问的前一个问题是德国社会党下一轮选举的前景问题,恩格斯回答可能增加 70 万至 100 万张选票,如果以后德国社会党在 700 万选民中得到 350 万选民的支持,那么德国的政治环境将得到极大改善。在这个回答之后,才有了"最终目标"一说,所以这里的"最终目标"显然是与选举挂钩,恩格斯说"我们是不断发展论者",等于是说支持的选民越多越好,这与共产主义是不是"最终目标"毫无联系。谓予不信,请看恩格斯紧接着的话是:"当我们把生产资料转交到整个社会的手里时,我们就会心满意足了,但我们也清楚地知道,在目前的君主联邦制政府的统治下,这是不可能的。"[2]把上下文都放在一起看,就明白了一来一回的"最终目标"的用意所在了。指称恩格斯放弃共产主义之说完全是无稽之谈。

正如在邓小平同志的政治语汇里,马克思主义与共产主义相通甚至等同,那在恩格斯的政治视野里,社会主义与共产主义的关系也是如此。

---

[1]恩格斯:《对法国"费加罗报"记者的谈话》,《马克思恩格斯全集》第二十二卷,人民出版社 1965 年版,第 628 页。

[2]恩格斯:《对法国"费加罗报"记者的谈话》,《马克思恩格斯全集》第二十二卷,人民出版社 1965 年版,第 628—629 页。

本质上，社会主义与共产主义是一个主义，前者是后者的低级阶段，后者是前者的未来目标。但是在实际使用的时候还是有所不同。

为了洗去对恩格斯的不明之污，本讲援引恩格斯的话作为结束。这段话出自1894年恩格斯重印他在1871—1875年写的论文集的序言之中。恩格斯说："读者将会看到，在所有这些文章里，尤其是在最后这篇文章里，我处处不把自己称做社会民主主义者，而称做共产主义者。这是因为当时在各个国家里那种根本不把全部生产资料转归社会所有的口号写在自己旗帜上的人自称是社会民主主义者。""因此对马克思和我来说，用如此有伸缩性的名称来表示我们特有的观点是绝对不行的。现在情况不同了，这个词也许可以过得去，虽然对于经济纲领不单纯是一般社会主义的而直接是共产主义的党来说，对于政治上的最终目的是消除整个国家因而也消除民主的党来说，这个词还是不确切的。然而，对真正的政党说来，名称总是不完全符合的；党在发展，名称却不变。"[1]

■ 重要论述

一盏多么明亮的智慧之灯熄灭了，

一颗多么伟大的心停止跳动了！[2]

1895年新历8月5日（7月24日），弗里德里希·恩格斯在伦敦与世长辞了。在他的朋友卡尔·马克思（1883年逝世）之后，恩格斯是整

---

[1] 恩格斯：《"'人民国家报'国际问题论文集（1871—1875）"序》，《马克思恩格斯全集》第二十二卷，人民出版社1965年版，第489、490页。
[2] 见尼·阿·涅克拉索夫的诗《纪念杜勃罗留波夫》。

个文明世界中最卓越的学者和现代无产阶级的导师。

——列宁：《弗里德里希·恩格斯》（1895年9月7日），《列宁选集》第一卷，人民出版社2012年版，第88页

一个民族要想站在科学的最高峰，就一刻也不能没有理论思维。

——恩格斯：《自然辩证法》（1873—1882年），《马克思恩格斯文集》第九卷，人民出版社2009年版，第437页

把马克思的话同上下文割裂开来，就必然造成误解或把很多东西弄得不大清楚。

——恩格斯：《致劳拉·拉法格》(1883年10月3日)，《马克思恩格斯全集》第三十六卷，人民出版社1974年版，第67页

他的主要错误在于：他把马克思认为只在一定条件下起作用的一些原理解释成绝对的原理。德威尔删去了这些条件，因此那些原理看来就不正确了。

——恩格斯：《致卡尔·考茨基》（1884年2月4日），《马克思恩格斯选集》第四卷，人民出版社2012年版，第562页

我们的理论是发展着的理论，而不是必须背得烂熟并机械地加以重复的教条。

——恩格斯：《致弗洛伦斯·凯利-威士涅茨基（1887年1月27日）》，《马克思恩格斯选集》第四卷，人民出版社2012年版，第588页

要获取明确的理论知识，最好的道路就是从本身的错误中学习，"吃一堑，长一智"。

——恩格斯：《致弗洛伦斯·凯利－威士涅茨基（1886年12月28日）》，《马克思恩格斯选集》第四卷，人民出版社2012年版，第586页

共产主义不是教义，而是运动。它不是从原则出发，而是从事实出发。共产主义者不能把某种哲学作为前提，而是把迄今为止的全部历史，特别是这一历史目前在文明各国的实际结果作为前提。

——恩格斯：《共产主义者和卡尔·海因岑》（1847年9月27日前和10月3日），《马克思恩格斯选集》第一卷，人民出版社2012年版，第291页

马克思的整个世界观不是教义，而是方法。它提供的不是现成的教条，而是进一步研究的出发点和供这种研究使用的方法。

——恩格斯：《致韦尔纳·桑巴特》（1895年3月11日），《马克思恩格斯选集》第四卷，人民出版社2012年版，第664页

■ 讨论题

1. 怎么正确认识和评价恩格斯晚年的理论贡献？
2. 怎么看恩格斯坚持和发展马克思主义的理论风格？

第四讲
列宁无产阶级革命和专政的理论

■ 学习目的、重点

列宁，俄国布尔什维克党的创始人，十月革命的主要领导人，俄罗斯苏维埃联邦社会主义共和国和苏维埃社会主义共和国联盟的主要缔造者和领导人，是在国内国际具有重大影响的无产阶级革命家、政治家、理论家。列宁主义的影响在我们党和国家的发展史上留有深深的痕迹。毛泽东同志曾经说过列宁这把刀子不能丢。邓小平同志提出"老祖宗"不能丢，其中就有列宁。在《中国共产党章程》关于党的指导思想的规定中，列宁主义与马克思主义并称为"马克思列宁主义"，始终具有极为重要的地位。列宁留下的思想财富极其丰厚，择其大要，列宁主义就是关于无产阶级革命和无产阶级专政的理论，具有强烈的时代特征和俄国特色。无产阶级革命和无产阶级专政是列宁全部学说的核心内容。学习和坚持列宁主义必须紧紧地抓住这一核心内容，深刻理解实行无产阶级革命和无产阶级专政的历史必然性、科学内涵、具体道路，同时科学总结无产阶级革命和专政的历史经验，在新的历史条件下坚持和完善人民民主专政这一中国特色政治制度。本讲首先是论述列宁有关无产阶级革命和无产阶级专政的理论，此乃列宁主义的重中之重，是精髓、灵魂。同时，介绍列宁关于建设社会主义的理论探索、关于建设新型无产阶级革命政党以及执政党建设的理论，这后两者皆为列宁无产阶级革命与专政理论体系的重要内容，因其与我国改革开放的事业、党的建设的实践的联系较为紧密重大，教学中的关注度高，所以一并论述。

与哲理性、思辨性很强的马克思恩格斯的学说相比较，列宁的很多著述显得直白一些，我们的党员干部比较容易理解。更深的原因，恐怕是马克思、恩格斯的理论源于发达的地区，而列宁主义的故乡则落后得多，说的道理与我们稍微接近一点。西方学者有云，毛泽东是天然的列宁主义者。以下，我们着重论述列宁主义中关于无产阶级革命和无产阶级专政问题、关于如何在落后的俄国起步建设社会主义的问题、关于建设新型无产阶级革命政党以及执政党建设的问题的论述，这三者当然不是列宁主义的全部，但却是重点，紧密联系，共为一体，核心是无产阶级革命和无产阶级专政问题。

一、无产阶级革命和无产阶级专政

列宁主义是关于俄国无产阶级革命与无产阶级专政的理论。这样认识列宁主义，就抓住了列宁主义最为本质的内容，即列宁主义之所以被称为列宁主义的根据。

一般认为，列宁揭示了世界资本主义经济政治发展的不平衡规律，提出社会主义革命可以在一个国家或几个国家首先获得成功，并且领导十月革命取得了胜利。与马克思恩格斯一样，列宁的著述也卷帙浩繁、涉猎甚广，闪烁智慧的论点、论断比比皆是，令我们研习不止，并为列宁因早逝不能将他建设社会主义的思想付诸实践而扼腕叹息。但是，列宁理论遗产中的核心理念究竟是什么？他揭示了世界资本主义经济政治发展的不平衡的规律，最具代表性的，就是他的《帝国主义是资本主义的最高阶段》，这本经典之作以及相关的论述，所揭示的是俄国革命的时代背景，即俄国革命是在什么样的历史环境中爆发的，但并没有说明俄国革命本身究竟是什么。他提出了社会主义革命可以在一国或数国率先获得成功，并且领导十月革命取得了胜利。那么，这个"社会主义革命""十月革命"究竟是什么样的革命，革命的实质是什么？革命的任务是什么？革命的道路是什么？革命的领导力量是什么？革命的策略是什么？能不能一言以蔽之，把列宁主义的核心理念表达出来？笔者理解，列宁主义的核心，首要的基本问题，就是从俄国的实际出发，实现无产阶级革命和无产阶级专政。其他的问题都是围绕着这个问题而展开和深化的。可以这样认为，列宁主义就是在当时俄国历史条件下关于无产阶级革命和无产阶级专政的理论。

在列宁所有论述无产阶级革命与无产阶级专政的著述中，最具代表性的著作是列宁在 1917 年写下的《国家与革命》。在他的这部名著的前言中，就说明了在资本主义发展不平衡而带来的连绵不断的战争惨剧和灾难的背景下，国家与革命问题，具有了"特别重大的意义"，"无产阶级社会主义革命对国家的态度问题不仅具有政治实践上的意义，而且具有最迫切的意义"[1]。俄国版的无产阶级革命与无产阶级专政的理论就这样应运而生了。就是说，帝国主义的形成、资本主义发展的不平衡规律、帝国主义之间的战争，给无产阶级革命创造了时代条件，正如常言说的"帝国主义是无产阶级社会革命的前夜"[2]。

在《国家与革命》这部著作中，列宁在引用了马克思关于"阶级斗

---

[1] 列宁：《国家与革命》，《列宁选集》第三卷，人民出版社 2012 年版，第 109、110 页。
[2] 列宁：《帝国主义是资本主义的最高阶段》，《列宁选集》第二卷，人民出版社 2012 年版，第 582 页。

争必然导致无产阶级专政"的论断之后，斩钉截铁地指出，"谁要是仅仅承认阶级斗争，那他还不是一个马克思主义者"，"只有承认阶级斗争、同时也承认无产阶级专政的人，才是马克思主义者"，"必须用这块试金石来检验是否真正理解和承认马克思主义"[1]。笔者所见列宁有关无产阶级专政的论述中，最为经典、被后人印证最多的正是这些话。

早年，笔者初觉不解，怎么"承认阶级斗争，那他还不是一个马克思主义者"？毛泽东同志不是教导我们："千万不要忘记阶级斗争"吗？不是要求我们阶级斗争要"年年讲、月月讲、天天讲"吗？我们做到了还不行，还不是马克思主义，还必须承认无产阶级专政，这才是检验真假马克思主义的试金石。毛泽东同志在《论人民民主专政》的名篇中，在引用了宋朝的哲学家朱熹的话"即以其人之道，还治其人之身"之后，指出："革命的专政和反革命的专政，性质是相反的，而前者是从后者学来的。这个学习很要紧。革命的人民如果不学会这一项对待反革命阶级的统治方法，他们就不能维持政权，他们的政权就会被内外反动派所推翻，内外反动派就会在中国复辟，革命的人民就会遭殃。"毛泽东同志的结论是："总结我们的经验，集中到一点，就是工人阶级（经过共产党）领导的以工农联盟为基础的人民民主专政。这个专政必须和国际革命力量团结一致。这就是我们的公式，这就是我们的主要经验，这就是我们的主要纲领。"[2]学习了毛泽东关于人民民主专政的论述，对于列宁如此强调无产阶级专政的极端重要性就容易理解了。

1918年，列宁在《无产阶级革命与叛徒考茨基》的战斗檄文中强调："专政是直接凭借暴力而不受任何法律约束的政权。无产阶级的革命

---

[1] 列宁：《国家与革命》，《列宁选集》第三卷，人民出版社2012年版，第139页。
[2] 毛泽东：《论人民民主专政》，《毛泽东选集》第四卷，人民出版社1991年版，第1478、1480页。

专政是由无产阶级对资产阶级采用暴力手段来获得和维持的政权，是不受任何法律约束的政权。"[1]列宁讥讽考茨基竟然不懂得这个之于每个觉悟的工人都朗若白昼的真理。

1920年，列宁的《共产主义运动中的"左派"幼稚病》着重论述了布尔什维克革命的国际意义，其中有一段耳熟能详的文字，充分阐述了取得胜利的无产阶级继续坚持无产阶级专政的极端重要性："无产阶级专政是新阶级对更强大的敌人，对资产阶级进行的最奋勇和最无情的战争。资产阶级的反抗，由于资产阶级被推翻（哪怕是在一个国家内）而凶猛十倍；资产阶级的强大不仅在于国际资本的力量，在于它的各种国际联系牢固有力，而且还在于习惯的力量，小生产的力量。这是因为世界上可惜还有很多很多小生产，而小生产是经常地、每日每时地、自发地和大批地产生着资本主义和资产阶级的。由于这一切原因，无产阶级专政是必要的，不进行长期的、顽强的、拼命的、殊死的战争，不进行需要坚持不懈、纪律严明、坚定不移、百折不挠和意志统一的战争，便不能战胜资产阶级。"[2]但凡经历过"文化大革命"，学习过"无产阶级专政理论"的人对这段文字都不会陌生，给人的感觉似乎社会主义是一场更为残酷的阶级斗争的开始。直到改革开放我们不再以阶级斗争为纲，才把阶级斗争限定在一定范围之内。

我们用发展的、联系的、全面的观点来审视一下列宁主义，就不难发现列宁的其他一些重要论述，包括党的建设的理论、革命策略的理论、暴力革命的理论、民族解放的理论、苏维埃政权建设的理论以及后来的

---

[1] 列宁：《无产阶级革命和叛徒考茨基》，《列宁选集》第三卷，人民出版社2012年版，第594—595页。
[2] 列宁：《共产主义运动中的"左派"幼稚病》，《列宁选集》第四卷，人民出版社2012年版，第135页。

新经济政策的理论、党和国家政治生活民主化的理论等等，有哪一个方面不是紧紧地围绕着无产阶级革命和无产阶级专政而展开的呢？至于列宁永葆光辉的哲学思想，正是他全部理论的世界观与方法论的基础所在。从整体上对列宁的理论与马克思的学说作一比较，就能得出这样的认识：列宁主义的首要的基本问题和特征，就是提出了从俄国的实际出发，实现无产阶级革命和无产阶级专政。

列宁对于发展马克思主义理论的最大贡献，就是他全面系统地提出了一整套无产阶级革命和无产阶级专政的理论，而且，他还成功地将这一理论付诸俄国的实践，为全世界的人民革命树立了典范。

进一步考察，列宁的无产阶级革命和无产阶级专政的理论，一个鲜明特点是推崇暴力革命，夺取政权和维护政权都要依靠革命暴力。这绝不是因为列宁天然地推崇暴力，而是当时俄国的历史环境所致，俄国没有英国、法国、德国那样的民主舞台。同时也因为新生的红色政权极为稚弱，遭受资本主义的重重包围所致。这就是社会存在决定社会意识。但是，不能因此把无产阶级专政的理论绝对化，比如，强调无产阶级"专政是直接凭借暴力而不受任何法律约束的政权"[1]。再如，强调"我们就是坚持一党专政，而且我们决不能离开这个基地"[2]。这样的说法对后来的社会主义民主法制建设造成了负面影响。邓小平同志指出："斯大林严重破坏社会主义法制，毛泽东同志就说过，这样的事件在英、法、美这样的西方国家不可能发生。"[3]斯大林严重破坏法制的思想渊源，不能

---

[1] 列宁：《无产阶级革命和叛徒考茨基》，《列宁选集》第三卷，人民出版社2012年版，第594页。
[2] 列宁：《在全俄教育工作者和社会主义文化工作者第一次代表大会上的讲话》，《列宁全集》第三十七卷，人民出版社1986年版，第126页。
[3] 邓小平：《党和国家领导制度的改革》，《邓小平文选》第二卷，人民出版社1994年版，第333页。

说与列宁专政理论的缺陷没有关系。

长期以来，斯大林的《列宁主义问题》中的相关论述一直居于主流、主导的地位，其中《论列宁主义基础（在斯维尔德洛夫大学的讲演）》《论列宁主义的几个问题》更具有代表性、系统性。斯大林提出："列宁主义是帝国主义和无产阶级革命时代的马克思主义。确切地说，列宁主义一般是无产阶级革命的理论和策略，特别是无产阶级专政的理论和策略。"[1]《联共（布）党史简明教程》历史上曾经被我们奉为教科书，在此书极重要的"结束语"中重申了斯大林的论断，指出：列宁主义是马克思主义的进一步发展，是无产阶级阶级斗争新条件下的马克思主义，是帝国主义和无产阶级革命时代的马克思主义，是社会主义在全世界六分之一的土地上获得胜利的时代的马克思主义。从此，这个论断就成了共产国际各国党不可触碰的底线，不可逾越的圭臬。斯大林版的列宁主义公式，形式上是在提升列宁主义的地位和放大它的作用，实际是为继后的斯大林主义开辟了通道。问题在于列宁无产阶级专政理论的不足和缺陷也随之被提升和放大了。我国曾经发生的所谓"无产阶级文化大革命"的理论依据之中，列宁关于社会主义阶级斗争的长期性、严重性、残酷性的判断也在其列。粉碎"四人帮"后，邓小平力挽狂澜，大刀阔斧地拨乱反正，理论上的一个功绩，就是把无产阶级专政的理论、人民民主专政的理论，重新恢复到马克思主义的正确轨道上，并且发展完善了人民民主专政的理论。笔者在1997年撰写的《邓小平的政治观》对邓小平的这一功绩作了概括，摘述如下：邓小平提出，在继续坚持专政职能的前提下，把人民民主专政建设的重点移向发展人民民主上来；走自己的路，有领导有秩序有步骤建设中国特色社会主义民主政治；加强社会主

---

[1]斯大林：《论列宁主义基础》，《列宁主义问题》，人民出版社1972年版，第2页。

义法制建设,实现由人治向法治的转变,建设社会主义法治国家;着眼国际国内阶级斗争的大局,特别是国内一定范围内阶级斗争的存在,人民民主专政的专政职能必须坚持,决不能削弱,等等。应该看到,邓小平的专政必须法制化的理论对列宁、毛泽东的专政理论作了很大调整。我们党总结国内国际历史和现实经验,提出依法治国、建设社会主义法治国家的基本方略,真正把人民当家作主的国家政权建设纳入了政治文明的光明大道。

二、向社会主义迂回过渡的新经济政策

俄国是世界上第一个无产阶级掌握国家权力并走向社会主义的国家,它没有现成的经验可以借鉴,只能在实践中摸索前进。但是,自《共产党宣言》发表以来,马克思主义经典作家关于社会主义的一些设想,虽然尚未经过实践的检验,但也无可避免地会对初生的布尔什维克政权产生强烈的影响。这些设想主要是:依靠国家权力掌控全部的生产资料,实行国有化;消灭私有制;取消商品生产,实行计划生产;实行有计划的分配制度或者按劳分配。这些设想确实适逢其时,俄国新生的布尔什维克政权面临着帝国主义策动的十四国对其的武装干涉,帝国主义妄图一举将其扼杀在摇篮之中,国内反动派又趁机叛乱,布尔什维克政权正处于万分危急的危难境地。"一切为了前线",新生政权不得已实行了"战时共产主义政策"。采取这一决策,形式上是为形势所迫,但从思想深处讲,这一决策与布尔什维克党的社会主义传统认识是一致的,只不过在非常时期将设想转化为政策就更显得非同一般了。

"战时共产主义政策"的基本内容是:①实行工业国有化,剥夺剥夺

者,从没收大企业到没收中小企业;②从粮食垄断、禁止私人买卖粮食到余粮征集制,国家用很低的价格购买农民的"余粮",以保证城市居民与红军战士赖以充饥;③限制市场和私人贸易,采取商业国有化;④推行平均主义的分配制度,缩小社会成员之间的生活差距;⑤实行劳动义务制和劳动军事化,贯彻不劳动者不得食的政策。著名的"星期六义务劳动"就是这时候兴起的。

"战时共产主义政策"对于革命战争的胜利发挥了重要作用,但负面影响也不能低估,尤其是农民的生产积极性受到极大挫伤,城市居民和红军士兵也难以忍受,终于爆发了克朗斯塔得暴动。列宁清醒地认识到这一政策的弊害,他指出:"我们计划(说我们计划欠周地设想也许比较确切)用无产阶级国家直接下命令的办法在一个小农国家里按共产主义原则来调整国家的产品生产和分配。现实生活说明我们错了。为了作好向共产主义过渡的准备(通过多年的工作来准备),需要经过国家资本主义和社会主义这些过渡阶段。不能直接凭热情,而要借助于伟大革命所产生的热情,靠个人利益,靠同个人利益的结合,靠经济核算,在这个小农国家里先建立起牢固的桥梁,通过国家资本主义走向社会主义。"[1]列宁这番话实事求是,脚踏实地,符合比较落后国家的实际,也符合马克思主义唯物史观的基本原理。列宁说了三个"靠",实质就是要重视用物质利益去调动和激励劳动者的生产积极性。

总结经验教训,以1921年3月俄共(布)十大和随后列宁发表的《论粮食税》为标志,实现了从"战时共产主义政策"向"新经济政策"的转变。"新经济政策"的主要内容是:①粮食税代替余粮征集制,只征收最必需的粮食,税额春耕前公布,税后余粮归农民支配。②工业停止

---

[1]列宁:《十月革命四周年》,《列宁选集》第四卷,人民出版社2012年版,第570页。

推行国有化，允许私人经营企业，并且将一部分国有化的企业退回私人，国家还采取租赁制，将一部分企业租给私人经营。允许并支持发展小农经济，支持、鼓励发展中小型私人商业企业。③大力发展商业，充分利用市场和商品货币关系，促进城乡商品流通，满足群众生活需要。列宁号召共产党人学会管理经济，学会文明经商。④加强同资本主义国家的经济交往与合作，最主要的形式是实行租让制，就是国家将一部分暂时无力恢复生产的企业，租让给外资经营。除了补充资金以外，更可以引进西方的先进技术和管理经验。这些政策的制定与落实，有力地促进俄国经济社会的良性发展，满足了社会需求，也保障了新政权的巩固。

"新经济政策"的实质所在，就是着眼俄国比较落后的社会生产力水平，特别是从小农经济占优势的实际出发，允许在一定范围内的资本主义经济成分的存在和发展，借道资本主义，向社会主义迂回前进。

在笔者看来，列宁能在短期内就毅然决然地力挽狂澜、扭转危局，与他长期以来对唯物史观的深刻感悟和对俄国社会性质的正确认识密切相关。仅举一证，就是从1905年俄国资产阶级革命时列宁对民粹主义的批判中即可看出。列宁为1905年革命写下了名著《社会民主党在民主革命中的两种策略》，其中着重强调了一个非常重要的思想，列宁指出："马克思主义教导我们，以商品生产为基础并且和文明的资本主义国家发生交换关系的社会，在发展到一定的阶段时，自己也必不可免地要走上资本主义的道路。民粹主义者和无政府主义者说什么俄国可以避免资本主义发展，可以不经过在资本主义的基础上和范围内进行阶级斗争的道路，而经过其他道路来跳出或跳过这个资本主义。马克思主义坚决屏弃了他们的这种荒诞言论。"列宁还说："在像俄国这样一些国家里，工人阶级与其说是苦于资本主义，不如说是苦于资本主义发展得不够。因此，资本主义的最广泛、最自由、最迅速的发展，同工人阶级有绝对的利害关系。消灭一切妨碍资本主义广泛、自由和迅速发展的旧时代的残余,对工人阶级是绝对有利。"[1]在俄国这样一个落后的国家里,支持和投入资产阶级革命,对于无产阶级来说当仁不让,那么在资产阶级革命并不彻底、无产阶级革命即将取得初步胜利的情况下,利用资本主义的某些因素,符合唯物史观的基本原理,说白了,"新经济政策"带有社会进步的"补课"含义。

从"战时共产主义政策"和"新经济政策"各自社会效果的前后对比中,我们不能不叹服生产关系一定要适应生产力发展水平的要求的原理是何其正确。从这个对比之中我们能够具体领会到:社会主义是一个相当长的历史阶段,绝不可能一蹴而就;建设社会主义一定要老老实实地从实际出发,而不能落入概念和原则;必须把发展生产力置于首要地位,这是社会主义真正优越于资本主义的根本因素,是造福人民的物质基础;生产关系以及经济政策必须符合生产力发展水平的要求,不能随意拔高;落后国家开始进入社会主义,应该允许私有经济包括外资经济在一定范围有所发展,为我所用;要善于学习,努力掌握建设社会主义的新本领。

三、无产阶级革命党和执政党建设

与"新经济政策"相比较,学习和研究列宁党建理论的意义更为重要更为直接。因为"新经济政策"所要求的,我们改革开放以来就一直在做,层次、规模、成果已经远远超过了当年俄国布尔什维克的所作所为,后来居上也在情理当中。但是,列宁党建理论我们的研究尚不深入,

---

[1] 列宁:《社会民主党在民主革命中的两种策略》,《列宁选集》第一卷,人民出版社2012年版,第556页。

不及其里。更重要的是，列宁党建理论对于我们党的影响且巨且深，如果我们不下功夫，怎么能发扬党的优良传统？怎么能扬长避短、与时俱进？新民主主义革命时期，毛泽东同志一再要求建设一个全国范围的、广大群众性的、思想上政治上组织上完全巩固的布尔什维克化的中国共产党。邓小平同志在谈毛泽东思想里面的党的学说问题时，说："在这一方面，马克思、恩格斯讲得不多，列宁有个完整的建党的学说。正是因为列宁建立了那么一个好的党，才能取得十月革命的胜利，建立了第一个社会主义国家。把列宁的建党学说发展得最完备的是毛泽东同志。"[1]这一论述说明，邓小平同志一是充分肯定列宁的建党学说的，摆的位置很高，二是充分肯定毛泽东同志最完备地发展了列宁建党学说，毛泽东建党理论是列宁式的建党理论。

列宁建党理论大致由两个部分组成。一部分是关于建设无产阶级新型革命政党的理论，这一部分是主体，更具有列宁建党理论的代表性。另一部分是关于执政党建设的理论，由于他领导执政的时间短，这方面的著述相对少一点，但是同样不乏真知灼见，借鉴的意义同样重大。

列宁建设无产阶级新型革命党理论的基本内容是：①党是阶级的觉悟的先锋队，而不是"后卫队"，无产阶级也不是"全体"都是党。无产阶级联合的最高形式，即无产阶级政党。党是无产阶级革命运动的领导力量，对国家政权体系实施总的领导。②党是科学社会主义与工人运动相结合的产物，没有革命的理论就不可能有革命的运动，只有以先进理论为指南的党，才能起先锋战士的作用。马克思主义理论是党的先进性的精神源泉。③党是有组织的部队，必须按照严格的集中制原则组织

---

[1] 邓小平：《完整地准确地理解毛泽东思想》，《邓小平文选》第二卷，人民出版社1994年版，第44页。

起来。在重大问题上,党中央具有决定权,地方组织必须服从党中央的决定。④党实行极严格的纪律,党的纪律是铁的纪律。党的纪律的实质是行动一致、讨论自由和批评自由。⑤党是由领袖集团主持的。没有一批富有天才、经过考验、受过专门训练和长期教育并且彼此能够很好配合的领袖,就无法进行坚持不懈的斗争。总而言之,可以用一句话表达列宁无产阶级新型革命党的理论,就是把党建设成以先进理论为武装的、具有高度组织性纪律性的工人阶级先锋队。

列宁重视和加强执政党建设论述的基本点是:①特别强调发扬党内民主。1921年俄共十大,与实行"新经济政策"相同步,作出实现党内生活民主化的决定,意图改变党内长期形成的过分集中的运行机制。②注重党员队伍的质量,严格党员标准,警惕只想到执政党的地位中来捞好处的党员,强调徒有其名的党员,就是白给也不要。③与官僚主义的复活作坚决斗争,保持党与群众的联系。④探索从制度建设上解决保持党的团结统一、长治久安的问题,消弭党发生分裂的隐患。

聚焦列宁无产阶级新型革命党理论,它的最大特点是什么?不是关于先锋队的论述,也不是关于先进理论为指南的论述,这些当然都很重要,但是在马克思恩格斯的党建理论中都已经有了充分表达,属于共性而不是个性,所有的工人阶级先锋队的党都必须具备。列宁党建理论的最大特点是什么?就是关于党的集中制理论,这是列宁首创、独创,由此而形成具有俄国特色的党建理论。没有集中制,就没有列宁党建理论。在马克思恩格斯的党建理论中,找不到"集中制"的论述,实际也不可能形成集中制理论。这是由欧洲工人阶级政党的生存环境所决定的,尤其是马克思恩格斯多是从事国际工人运动,难以想象在集中制的旗帜下号令各国政党。列宁关于铁的纪律的论述,关于领袖重要地位作用的论述,关于开展党内斗争、反对机会主义的论述,等等,都是围绕着他的集中制理论展开的，是为集中制服务的。

集中制的原意，是一种与联邦制、自治制不同的国家权力结构。它是强调在国家权力结构的配置中，中央的决定权居于首位，地方的权力受到较大限制。列宁党建理论，具体说党建组织理论的重大创造，就是把国家权力学说中的集中制理论移植到工人阶级政党制度中来了。1903年俄共二大发生分裂，就是在集中制问题上，布尔什维克坚定强调以集中制原则建设党，孟什维克坚决反对集中制，两派分道扬镳了，俄共的三大就是各开各的。

俄共二大之后的第二年即1904年，列宁写下了他组织理论最重要的著作《进一步，退两步》，这部著作回顾总结了二大组织问题的大论战，系统地论证了他的集中制思想。列宁指出："第一是集中制思想，它从原则上确定了解决所有局部的和细节性的组织问题的方法。"列宁尖锐批评孟什维克："令人可笑地竭力证明：部分不应当服从整体，部分在决定自己对整体的关系时可以有自治权，确定这种关系的国外同盟章程可以在违反党内多数的意志、违反党中央机关的意志的情况下生效。"列宁明确指出了集中制思想的实质，就是"力求由上层出发，坚决主张扩大中央对于部分的权利和权限"[1]。1920年列宁起草的《加入共产国际的条件》第13条规定："加入共产国际的党，应该是按照民主集中制的原则建立起来的。在目前激烈的国内战争时代，共产党只有按照高度集中的方式组织起来，在党内实行近似军事纪律那样的铁的纪律，党的中央机关成为拥有广泛的权力、得到党员普遍信任的权威性机构，只有这样，

---

[1] 列宁：《进一步，退两步》，《列宁全集》第八卷，人民出版社1986年版，第236、396、396—397页。

党才能履行自己的职责。"[1]

民主集中制的提法从什么时候开始的？1906年俄共四大，两派为了适应形势需要重新联合，在"集中制"前面加上了"民主的"，叫"民主的集中制"，意思是说民主性质的集中制，或者民主基础上的集中制。俄共（后称苏共）的问题在于集中制是一以贯之，但是民主的问题始终没有解决好，执政以前是受环境限制，执政之后应该说是主观不作为。总体上看，在一个大国大党之内，实行民主集中制，维护党中央的权威是内在的必然的要求。

■ 重要论述

无论是发现现代社会中有阶级存在或发现各阶级间的斗争，都不是我的功劳。在我以前很久，资产阶级历史编纂学家就已经叙述过阶级斗争的历史发展，资产阶级经济学家也已经对各个阶级作过经济上的分析。我所加上的新内容就是证明了下列几点：（1）阶级的存在仅仅同生产发展的一定历史阶段相联系；（2）阶级斗争必然导致无产阶级专政；（3）这个专政不过是达到消灭一切阶级和进入无阶级社会的过渡……

——马克思：《致约瑟夫·魏德迈》（1852年3月5日），《马克思恩格斯选集》第四卷，人民出版社2012年版，第425—426页

---

[1] 列宁：《为共产国际第二次代表大会准备的文件》，《列宁选集》第四卷，人民出版社2012年版，第254页。

第四讲 列宁无产阶级革命和专政的理论

谁要是仅仅承认阶级斗争,那他还不是马克思主义者,他还可以不超出资产阶级思想和资产阶级政治的范围。把马克思主义局限于阶级斗争学说,就是阉割马克思主义,歪曲马克思主义,把马克思主义变为资产阶级可以接受的东西。只有承认阶级斗争、同时也承认无产阶级专政的人,才是马克思主义者。马克思主义者同平庸的小资产者(以及大资产者)之间的最深刻的区别就在这里。必须用这块试金石来检验是否真正理解和承认马克思主义。

——列宁:《国家与革命》(1917年8—9月),《列宁选集》第三卷,人民出版社2012年版,第139页

"你们不是要消灭国家权力吗?"我们要,但是我们现在还不要,我们现在还不能要。为什么?帝国主义还存在,国内反动派还存在,国内阶级还存在。我们现在的任务是要强化人民的国家机器,这主要地是指人民的军队、人民的警察和人民的法庭,借以巩固国防和保护人民利益。以此作为条件,使中国有可能在工人阶级和共产党的领导之下稳步地由农业国进到工业国,由新民主主义社会进到社会主义社会和共产主义社会,消灭阶级和实现大同。军队、警察、法庭等项国家机器,是阶级压迫阶级的工具。对于敌对的阶级,它是压迫的工具,它是暴力,并不是什么"仁慈"的东西。"你们不仁。"正是这样。我们对于反动派和反动阶级的反动行为,决不施仁政。我们仅仅施仁政于人民内部,而不施于人民外部的反动派和反动阶级的反动行为。

——毛泽东:《论人民民主专政》(1949年6月30日),《毛泽东选集》第四卷,人民出版社1991年版,第1475—1476页

马克思说,阶级斗争不是他的发现,他的理论最实质的一条就是无

产阶级专政。无产阶级作为一个新兴阶级夺取政权，建立社会主义，本身的力量在一个相当长时期内肯定弱于资本主义，不靠专政就抵制不住资本主义的进攻。坚持社会主义就必须坚持无产阶级专政，我们叫人民民主专政。在四个坚持中，坚持人民民主专政这一条不低于其他三条。理论上讲清楚这个道理是必要的。

——邓小平：《善于利用时机解决发展问题》（1990年12月24日），《邓小平文选》第三卷，人民出版社1993年版，第364—365页

社会主义究竟是个什么样子，苏联搞了很多年，也并没有完全搞清楚。可能列宁的思路比较好，搞了个新经济政策，但是后来苏联的模式僵化了。

——邓小平：《改革是中国发展生产力的必由之路》（1985年8月28日），《邓小平文选》第三卷，人民出版社1993年版，第139页

这个党内刊物定名为《共产党人》。它的任务是什么呢？它将写些什么东西呢？它和别的党报有些什么不同呢？

它的任务就是：帮助建设一个全国范围的、广大群众性的、思想上政治上组织上完全巩固的布尔什维克化的中国共产党。为了中国革命的胜利，迫切地需要建设这样一个党，建设这样一个党的主观客观条件也已经大体具备，这件伟大的工程也正在进行之中。

——毛泽东：《〈共产党人〉发刊词》（1939年10月4日），《毛泽东选集》第二卷，人民出版社1991年版，第602页

■ **讨论题**

1. 怎么认识列宁的无产阶级革命和无产阶级专政理论?
2. 怎么认识列宁"新经济政策"探索意义?
3. 怎么认识列宁无产阶级新型革命政党的理论?

第五讲
毛泽东同志的新民主主义理论

■ **学习目的、重点**

　　毛泽东思想是中国共产党坚持实行马克思主义与中国实际相结合，所形成的马克思主义中国化的第一个重大理论成果。作为这一重大成果的主要标志，是毛泽东同志创立的关于中国新民主主义革命及建设的理论。新民主主义理论是毛泽东思想的核心内容，是毛泽东思想不容颠覆也颠覆不了的理论基石。马克思恩格斯揭示了人类社会发展的普遍规律，认为社会主义应该在资本主义发达国家同时实现。列宁提出了社会主义可以在一国数国率先实现、在资本主义薄弱环节突破并付诸实践。但是，他们都没有给中国这样一个落后的东方大国指明具体的革命道路。毛泽东的新民主主义理论成功地解决了这个重大历史课题，在这一理论的正确指引下中国新民主主义革命取得了伟大胜利。毛泽东、毛泽东思想的历史贡献永不磨灭。毛泽东的新民主主义理论丰富深刻，包括多方面的内容，涵盖毛泽东全部革命战略策略。本讲提纲挈要，着重论述毛泽东新民主主义理论三个组成部分：关于中国革命的性质，是中国共产党领导的新型的资产阶级民主主义革命；关于中国革命的步骤，第一步是进行民主主义革命，第二步才是社会主义革命，这是马克思主义的天经地义；关于中国革命现阶段的纲领目标，是建立一个既不同于资产阶级共和国，也不同于苏维埃社会主义的工人阶级通过共产党领导的新民主主义共和国。在此基础上，再对毛泽东的新民主主义理论的历史地位和现实意义作一点讨论。

毛泽东的新民主主义理论是毛泽东思想的主体，党的七大把毛泽东思想确立为党的指导思想，就是因为这个理论。党的十五大报告指出："马克思列宁主义同中国实际相结合有两次历史性飞跃，产生了两大理论成果。第一次飞跃的理论成果是被实践证明了的关于中国革命和建设的正确的理论原则和经验总结，它的主要创立者是毛泽东，我们党把它称为毛泽东思想。"[1]第一次飞跃的理论成果指的主要就是毛泽东的新民主主义理论。从这个意义上说，毛泽东思想就是关于中国新民主主义革命及建设的理论。

《毛泽东选集》（四卷）、《毛泽东文集》所论新中国成立前的部分，都属于毛泽东新民主主义理论的范畴。其中最重要的三篇文献是《中国革命和中国共产党》（1939年12月）、《新民主主义论》（1940年1月）、《论联合政府》（1945年4月）。第一篇是破题，第二篇是纲领，第三篇是发展完善。学习毛泽东思想，必须认认真真、原原本本研读这三篇重要文献。不读懂读通这三篇文献，就不会明白究竟什么是毛泽东思想，也不会明白中国特色社会主义理论体系的源头在哪里，它与毛泽东思想一脉相承的关系究竟是什么。本讲依次介绍毛泽东新民主主义理论关于中国革命的性质、中国革命的步骤和中国革命的纲领，当然不是全部，却是重点、主脉、主线，易于理解和贯通。

---

[1]江泽民：《高举邓小平理论伟大旗帜，把建设有中国特色社会主义事业全面推向二十一世纪》，《江泽民文选》第二卷，人民出版社2006年版，第8页。

一、中国革命的性质

认识中国革命的性质，首先必须认识中国社会的性质。

鸦片战争以后，中国社会的性质发生了根本性的深刻变化，社会动荡不安、变幻莫测。辛亥革命之后，动荡变化更趋激烈，变革、革命成为时代主题，人们普遍认为唯有变革、唯有革命才是救亡图存、振兴中华的出路所在。但是，究竟是什么革命？怎么革命？谁来革命？谁领导组织革命？始终没有搞清楚。毛泽东同志指出："只有认清中国社会的性质，才能认清中国革命的对象、中国革命的任务、中国革命的动力、中国革命的性质、中国革命的前途和转变。所以，认清中国社会的性质，就是说，认清中国的国情，乃是认清一切革命问题的基本的根据。"[1]

毛泽东同志这样概括了当时中国社会的性质："自从一八四〇年的鸦片战争以后，中国一步一步地变成了一个半殖民地半封建的社会。自从一九三一年九一八事变日本帝国主义武装侵略中国以后，中国又变成了一个殖民地、半殖民地和半封建的社会。"[2] 毛泽东同志接着从地主阶级对农民的剥削、民族资本主义的某些发展、地主阶级和大资产阶级联盟的专政、帝国主义操纵中国的财政和经济的命脉、中国经济政治和文化的发展极端不平衡、人民的贫困和不自由的程度为世界所少见等六个方

---

[1] 毛泽东：《中国革命和中国共产党》，《毛泽东选集》第二卷，人民出版社1991年版，第633页。

[2] 毛泽东：《中国革命和中国共产党》，《毛泽东选集》第二卷，人民出版社1991年版，第626页。

面具体描述了中国社会的特点。

那么，在这种基本国情之下，中国革命的性质又当如何解释呢？

毛泽东同志非常明确地强调："现阶段中国革命的性质，不是无产阶级社会主义的，而是资产阶级民主主义的。""但是，现时中国的资产阶级民主主义的革命，已不是旧式的一般的资产阶级民主主义的革命，这种革命已经过时了，而是新式的特殊的资产阶级民主主义的革命。这种革命正在中国和一切殖民地半殖民地国家发展起来，我们称这种革命为新民主主义的革命。"[1]

毛泽东同志承认："这种新民主主义的革命，和孙中山在一九二四年所主张的三民主义的革命在基本上是一致的。"[2]既然如此，那么新民主主义又"新"在哪儿呢？

总体看来，毛泽东同志强调新民主主义之"新"体现在以下几个方面。

首先，特别突出无产阶级的领导即中国共产党的领导。由于"中国的民族资产阶级，即使在革命时，也不愿意同帝国主义完全分裂，并且他们同农村中的地租剥削有密切联系，因此，他们就不愿和不能彻底推翻帝国主义，更加不愿和更加不能彻底推翻封建势力。这样，中国资产阶级民主革命的两个基本问题，两大基本任务，中国民族资产阶级都不能解决"。所以，"历史已经证明：中国资产阶级是不能尽此责任的，这个责任就不得不落在无产阶级的肩上了"[3]。

---

[1] 毛泽东：《中国革命和中国共产党》，《毛泽东选集》第二卷，人民出版社1991年版，第647页。

[2] 毛泽东：《中国革命和中国共产党》，《毛泽东选集》第二卷，人民出版社1991年版，第648页。

[3] 毛泽东：《新民主主义论》，《毛泽东选集》第二卷，人民出版社1991年版，第673—674、674页。

其次，强调新民主主义革命，作为中国革命的"第一步、第一阶段，决不是也不能建立中国资产阶级专政的资本主义的社会，而是要建立以中国无产阶级为首领的中国各个革命阶级联合专政的新民主主义的社会，以完结其第一阶段"[1]。

又次，新民主主义革命的胜利不是革命的终点，而是社会主义革命的必要准备。新民主主义理论是革命阶段论与不断革命论的有机统一。

再次，强调中国的新民主主义革命是世界无产阶级革命的一部分，就是说，中国新民主主义革命就其自身的使命而言是完成中国的资产阶级革命，但是在新的时代背景下，在世界范围内它属于无产阶级革命的范畴。对此，毛泽东同志作了反复的、大量的说明。比如，毛泽东同志说，"'中国革命是世界革命的一部分'，这一正确的命题，还是在一九二四年至一九二七年的中国第一次大革命时期，就提出了的"。"这种'世界革命'，已不是旧的世界革命，旧的资产阶级世界革命早已完结了；而是新的世界革命，而是社会主义的世界革命。同样，这种'一部分'，已经不是旧的资产阶级革命的一部分，而是新的社会主义革命的一部分。这是一个绝大的变化，这是自有世界历史和中国历史以来无可比拟的大变化。"[2]

最后，说明新民主主义的实质是新资本主义。毛泽东同志指出："现在我们建立新民主主义社会，性质是资本主义的，但又是人民大众的，不是社会主义，也不是老资本主义，而是新资本主义，或者说是新民主主义。"[3]

---

[1] 毛泽东：《新民主主义论》，《毛泽东选集》第二卷，人民出版社1991年版，第672页。

[2] 毛泽东：《新民主主义论》，《毛泽东选集》第二卷，人民出版社1991年版，第668—669、669页。

[3] 毛泽东：《关于陕甘宁边区的文化教育问题》，《毛泽东文集》第三卷，人民出版社1996年版，第110页。

二、中国革命的步骤

如果说，毛泽东同志在领导中国共产党和中国人民为建立新中国而奋斗的过程中，引领这一进程的旗帜是新民主主义，那么支撑这面旗帜的核心理论就是中国革命"两步走"战略思想。"两步走"战略是唯物史观的中国解读，集中反映了毛泽东同志把唯物史观具体运用于中国革命的实际。从《中国革命和中国共产党》到《新民主主义论》，再到《论联合政府》，"两步走"的思想一脉相承、贯穿始终。

现在，我们以《新民主主义论》为例，看一看毛泽东同志是如何倚重和深化"两步走"的战略思想的。

毛泽东同志在论述中国社会的历史特点时，就提出了"两步走"战略思想。他说："中国革命的历史进程，必须分为两步，其第一步是民主主义的革命，其第二步是社会主义的革命，这是性质不同的两个革命过程。"[1]

毛泽东同志在阐述中国革命是世界革命一部分的道理时重申："很清楚的，中国现时社会的性质，既然是殖民地、半殖民地、半封建的性质，它就决定了中国革命必须分为两个步骤。第一步，改变这个殖民地、半殖民地、半封建的社会形态，使之变成一个独立的民主主义的社会。第二步，使革命向前发展，建立一个社会主义的社会。中国现时的革命，是在走第一步。"[2] 此处讲"两步走"，旨在说明这个实际上从鸦片战争

---

[1] 毛泽东：《新民主主义论》，《毛泽东选集》第二卷，人民出版社1991年版，第665页。
[2] 毛泽东：《新民主主义论》，《毛泽东选集》第二卷，人民出版社1991年版，第666页。

就开始了的第一步成了世界革命的组成部分的缘由。

接着,毛泽东同志畅论他的新民主主义政治宏图,第一句话又是"两步走":"中国革命分为两个历史阶段,而其第一阶段是新民主主义的革命,这是中国革命的新的历史特点。"[1]因为是第一步,所以政治宏图必须这样设计。

之后,毛泽东同志在驳斥"左"倾空谈主义的谬论时,再次阐述了"两步走"思想,他说:"没有问题,现在的革命是第一步,将来要发展到第二步,发展到社会主义。中国也只有进到社会主义时代才是真正幸福的时代。但是现在还不是实行社会主义的时候。中国现在的革命任务是反帝反封建的任务,这个任务没有完成以前,社会主义是谈不到的。中国革命不能不做两步走,第一步是新民主主义,第二步才是社会主义。而且第一步的时间是相当地长,决不是一朝一夕所能成就的。"[2]

同样讲"两步走"战略思想,《论联合政府》直接论述比《新民主主义论》要少,但是思想境界之高、理论根底之深令人叹服,确为点睛之笔。这段文字是:"只有经过民主主义,才能到达社会主义,这是马克思主义的天经地义。而在中国,为民主主义奋斗的时间还是长期的。没有一个新民主主义的联合统一的国家,没有新民主主义的国家经济的发展,没有私人资本主义经济和合作社经济的发展,没有民族的科学的大众的文化即新民主主义文化的发展,没有几万万人民的个性的解放和个性的发展,一句话,没有一个由共产党领导的新式的资产阶级性质的彻底的民主革命,要想在殖民地半殖民地半封建的废墟上建立起社会主

---

[1]毛泽东:《新民主主义论》,《毛泽东选集》第二卷,人民出版社1991年版,第672页。

[2]毛泽东:《新民主主义论》,《毛泽东选集》第二卷,人民出版社1991年版,第683—684页。

义社会来，那只是完全的空想。"[1]笔者特别推崇这段话的理由是：第一，它直白无疑地说明了"两步走"的根基是马克思的唯物史观，是马克思的"两个决不会"的判断，申明这是马克思主义的天经地义。试问，还有什么理论高于这个境界？第二，毛泽东同志一连串讲了六个"没有"之后，结论是：要想在殖民地半殖民地半封建的废墟上直接建立起社会主义社会来，那只是完全的空想。对民粹主义的驳斥真可谓切中要害、淋漓尽致。

毛泽东同志创造性地提出了"两步走"的战略思想，那么，"两步"之间是什么关系呢？毛泽东同志多次说明了两步之间的有机联系，是相辅相成的有机联系。

毛泽东同志说："这种新式的民主革命，虽然在一方面是替资本主义扫清道路，但在另一方面又是替社会主义创造前提。中国现时的革命阶段，是为了终结殖民地、半殖民地、半封建社会和建立社会主义社会之间的一个过渡的阶段，是一个新民主主义的革命过程。这个过程是从第一次世界大战和俄国十月革命之后才发生的，在中国则是从一九一九年五四运动开始的。所谓新民主主义的革命，就是在无产阶级领导之下的人民大众的反帝反封建的革命。中国的社会必须经过这个革命，才能进一步发展到社会主义的社会去，否则是不可能的。"[2]

所以，毛泽东同志在《中国革命和中国共产党》的最后，集中论述这篇文章的主题，要求全党明确自己双肩上担负的领导两重革命任务的历史使命。毛泽东同志号召："每个共产党员须知，中国共产党领导的整个中国革命运动，是包括民主主义革命和社会主义革命两个阶段在内的

---

〔1〕毛泽东：《论联合政府》，《毛泽东选集》第三卷，人民出版社1991年版，第1060页。
〔2〕毛泽东：《中国革命和中国共产党》，《毛泽东选集》第二卷，人民出版社1991年版，第647页。

全部革命运动；这是两个性质不同的革命过程，只有完成了前一个革命过程才有可能去完成后一个革命过程。民主主义革命是社会主义革命的必要准备，社会主义革命是民主主义革命的必然趋势。而一切共产主义者的最后目的，则是在于力争社会主义社会和共产主义社会的最后的完成。只有认清民主主义革命和社会主义革命的区别，同时又认清二者的联系，才能正确地领导中国革命。"[1]

毛泽东同志在《新民主主义论》中再一次阐述了"两步走"之间的辩证关系。他指出："如果说，两个革命阶段中，第一个为第二个准备条件，而两个阶段必须衔接，不容横插一个资产阶级专政的阶段，这是正确的，这是马克思主义的革命发展论。如果说，民主革命没有自己的一定任务，没有自己的一定时间，而可以把只能在另一个时间去完成的另一任务，例如社会主义的任务，合并在民主主义任务上面去完成，这个叫做'毕其功于一役'，那就是空想，而为真正的革命者所不取的。"[2]

我们学习毛泽东同志关于"两步走"的战略思想，可以得出以下认识。

——"两步走"是中国革命走向胜利唯一正确的战略选择，舍此没有他途。

——第一步是第二步不可或缺的必要准备，第二步是第一步发展的必然趋势。

——第一步不是旧式的资产阶级民主主义革命，而是新式的资产阶级民主主义革命，是无产阶级领导的资产阶级民主主义革命。

——没有第一步这样彻底的民主主义革命，在殖民地半殖民地半封

---

[1] 毛泽东：《中国革命和中国共产党》，《毛泽东选集》第二卷，人民出版社1991年版，第651—652页。
[2] 毛泽东：《新民主主义论》，《毛泽东选集》第二卷，人民出版社1991年版，第685页。

建的废墟上建立社会主义,那是完全的空想。

——"两步走"战略思想的针对性,主要是主张"毕其功于一役"的"左"倾机会主义、"民粹"主义,即认为中国可以绕过、跳过资本主义的发展,直接进入社会主义。

这里作一点说明:毛泽东同志在党的六届七中全会上对《论联合政府》作的说明中指出:"报告中……着重说明民主革命,指出只有经过民主主义,才能到达社会主义,这是马克思主义的天经地义。这就将我们同民粹主义区别开来,民粹主义在中国与我们党内的影响是很广大的。"[1]

党的七大召开时,因为已经把《论联合政府》印成书面报告发给大家,所以毛泽东同志没有再照本子念,而是作了一个口头报告,来解释书面报告的主要内容。其中提到"民粹派的思想"。他说:"对于这个问题,在我们党内有些人相当长的时间里搞不清楚,存在一种民粹派的思想。这种思想,在农民出身的党员占多数的党内是会长期存在的。所谓民粹主义,就是要直接由封建经济发展到社会主义经济,中间不经过发展资本主义的阶段。俄国的民粹派就是这样。"[2]

三、中国革命的纲领

本讲所说中国革命的纲领,特指中国新民主主义革命的纲领。关于

---

[1] 毛泽东:《对〈论联合政府〉的说明》,《毛泽东文集》第三卷,人民出版社1996年版,第275页。
[2] 毛泽东:《在中国共产党第七次全国代表大会上的口头政治报告》,《毛泽东文集》第三卷,人民出版社1996年版,第323页。

这个纲领，党的七大党章有完整表述，这个表述实际就是毛泽东新民主主义理论中关于纲领问题论述的党规体现："由于中国现时的社会，除了新民主主义的解放区外，还是一个半殖民地、半封建性质的社会，由于现时中国革命的动力是工人阶级、农民阶级、小资产阶级及其他民主分子，由于中国共产党的强大存在，并由于现时的国际条件，便规定了中国革命在目前阶段是新式资产阶级民主主义性质的革命，即无产阶级领导的人民大众的反帝反封建的新民主主义的革命。这个革命有国内外广泛的同盟军。因此，中国共产党在目前阶段的任务是：对内，组织与团结中国的工人、农民、小资产阶级、知识界和一切反帝反封建人们以及国内各少数民族同自己一道，对外，联合全世界无产阶级、被压迫人民及一切以平等待我之民族，为解除外国帝国主义对于中国民族的侵略，为肃清本国封建主义对于中国人民大众的压迫，为建立独立、自由、民主、统一与富强的各革命阶级联盟与各民族自由联合的新民主主义联邦共和国而奋斗，为实现世界的和平与进步而奋斗。"党的七大党章同时规定："在将来阶段，在中国民族革命与民主革命得到彻底胜利后，中国共产党的任务是：根据中国社会经济发展的需要与中国人民的意愿，经过必要步骤，为在中国实现社会主义与共产主义的制度而奋斗。"

党的七大党章的上述规定，高度概括、准确表达了当时中国社会的性质、中国革命的性质、中国革命的动力及同盟军、中国革命现阶段的任务和中国革命的远期目标、最终目标。

毫无疑问，所有这些都是以毛泽东新民主主义理论为依据的。毛泽东关于中国新民主主义具体纲领的论述，即关于中国新民主主义政治的论述、关于中国新民主主义经济的论述、关于中国新民主主义文化的论述等等，是毛泽东新民主主义理论不可或缺的重要组成部分，与前述关于中国革命的性质、关于中国革命的步骤一起，共同构成了毛泽东新民主主义理论的总体框架。如果说前面是要说明中国革命的性质、步骤，那么现在学习毛泽东同志关于中国革命的具体纲领的论述，就是要明确中国革命究竟要干什么，干成什么样就完成了中国新民主主义革命的任务。

首先，重温毛泽东关于中国新民主主义政治的论述。毛泽东同志在叙述中国革命的目标时，总是把政治问题摆在首位。因为不从政治上入手，其他的一切问题都无从谈起。

毛泽东《新民主主义论》第五个大问题就是专论"新民主主义政治"，毛泽东在党的七大政治报告《论联合政府》中，论述一般纲领和具体纲领的时候，都突出强调了新民主主义政治的问题。

毛泽东同志认为："无论如何，中国无产阶级、农民、知识分子和其他小资产阶级，乃是决定国家命运的基本势力。这些阶级，或者已经觉悟，或者正在觉悟起来，他们必然要成为中华民主共和国的国家构成和政权构成的基本部分，而无产阶级则是领导的力量。现在所要建立的中华民主共和国，只能是在无产阶级领导下的一切反帝反封建的人们联合专政的民主共和国，这就是新民主主义的共和国，也就是真正革命的三大政策的新三民主义共和国。"[1]我们注意到，其中关于"中华民主共和国"的提法，实际就是后来我们中华人民共和国国号的雏形。而核心语就是"无产阶级领导下的一切反帝反封建的人们联合专政的民主共和国"，这应该是对中国新民主主义政治核心内容的高度概括。

毛泽东同志指出："这种新民主主义共和国，一方面和旧形式的、欧美式的、资产阶级专政的、资本主义的共和国相区别，那是旧民主主义

---

[1] 毛泽东：《新民主主义论》，《毛泽东选集》第二卷，人民出版社1991年版，第674—675页。

的共和国,那种共和国已经过时了;另一方面,也和苏联式的、无产阶级专政的、社会主义的共和国相区别,那种社会主义的共和国已经在苏联兴盛起来,并且还要在各资本主义国家建立起来,无疑将成为一切工业先进国家的国家构成和政权构成的统治形式;但是那种共和国,在一定的历史时期中,还不适用于殖民地半殖民地国家的革命。因此,一切殖民地半殖民地国家的革命,在一定历史时期中所采取的国家形式,只能是第三种形式,这就是所谓新民主主义共和国。"[1]

在这个基础之上,毛泽东同志又谈了关于新民主主义国家的国体的实质与政体的设计。

毛泽东同志说:"这个国体问题,从前清末年起,闹了几十年还没有闹清楚。其实,它只是指的一个问题,就是社会各阶级在国家中的地位。"[2]据此,新中国的国体就是毛泽东同志说的,"无产阶级领导下的一切反帝反封建的人们联合专政的民主共和国"。9年之后,毛泽东在《论人民民主专政》中提出:"总结我们的经验,集中到一点,就是工人阶级(经过共产党)领导的以工农联盟为基础的人民民主专政。"[3]毛泽东同志所言,就是新中国的国体。

毛泽东同志接着指出:"至于还有所谓'政体'问题,那是指的政权构成的形式问题,指的一定的社会阶级取何种形式去组织那反对敌人保护自己的政权机关。没有适当形式的政权机关,就不能代表国家。中国现在可以采取全国人民代表大会、省人民代表大会、县人民代表大会、区人民代表大会直到乡人民代表大会的系统,并由各级代表大会选举政

---

[1] 毛泽东:《新民主主义论》,《毛泽东选集》第二卷,人民出版社1991年版,第675页。
[2] 毛泽东:《新民主主义论》,《毛泽东选集》第二卷,人民出版社1991年版,第676页。
[3] 毛泽东:《论人民民主专政》,《毛泽东选集》第四卷,人民出版社1991年版,第1480页。

府。但必须实行无男女、信仰、财产、教育等差别的真正普遍平等的选举制,才能适合于各革命阶级在国家中的地位,适合于表现民意和指挥革命斗争,适合于新民主主义的精神。这种制度即是民主集中制。"[1]这一段文字非常重要,使我们知道了毛泽东同志是中国人民代表大会制度的第一设计人,知道了现在作为我国根本政治制度的中国人民代表大会制度最初是如何设计的,知道了人民代表大会制度的基础是真正普遍平等的选举制度,知道了人民代表大会制度的实质是民主集中制,即人民代表大会制度的根本组织原则和领导原则是民主集中制。

毛泽东同志总结说:"国体——各革命阶级联合专政。政体——民主集中制。这就是新民主主义的政治,这就是新民主主义的共和国,这就是抗日统一战线的共和国,这就是三大政策的新三民主义的共和国,这就是名副其实的中华民国。"[2]

5年之后,在《论联合政府》的政治报告中,毛泽东同志对中国新民主主义政治同样有重要论述,相同的是重申了《新民主主义论》的一些基本提法,即以上所述。所不同的是,再讲政治问题,就显得非常紧迫、具体,就应该尽快启动了,极具鼓动性、可操作性。

报告明确提出,废止国民党的一党专政,建立民主的联合政府。这就点明了政治报告《论联合政府》的主题。毛泽东同志阐明:"我们共产党人提出结束国民党一党专政的两个步骤:第一个步骤,目前时期,经过各党各派和无党无派代表人物的协议,成立临时的联合政府;第二个步骤,将来时期,经过自由的无拘束的选举,召开国民大会,成立正式的联合政府。总之,都是联合政府,团结一切愿意参加的阶级和政党的

---

[1]毛泽东:《新民主主义论》,《毛泽东选集》第二卷,人民出版社1991年版,第677页。
[2]毛泽东:《新民主主义论》,《毛泽东选集》第二卷,人民出版社1991年版,第677页。

代表在一起，在一个民主的共同纲领之下，为现在的抗日和将来的建国而奋斗。"[1]

报告明确要求，实现人民的自由。毛泽东同志义正词严："自由是人民争来的，不是什么人恩赐的。""中国人民争得的自由越多，有组织的民主力量越大，一个统一的临时的联合政府便越有成立的可能。这种联合政府一经成立，它将转过来给予人民以充分的自由，巩固联合政府的基础。"毛泽东同志慷慨陈词："人民的言论、出版、集会、结社、思想、信仰和身体这几项自由，是最重要的自由。"他痛斥孙中山的不肖子孙压迫民众，将民众的言论、出版、集会、结社、思想、信仰和身体等项自由权利剥夺得干干净净，庄严申明："我们希望这种颠倒是非的时代快些过去。如果要延长这种颠倒是非的时间，中国人民将不能忍耐了。"[2]毛泽东同志的话为人民立命，为人民发声，真是浩然正气、所向披靡。

报告明确提出，实现人民的民主的统一。毛泽东同志说："经过了十六年的北洋军阀的统治，又经过了十八年的国民党的独裁统治，人民已经有了充分的经验，有了明亮的眼睛。他们要一个人民大众的民主的统一，不要独裁者的专制的统一。"[3]毛泽东同志清楚无疑地指明了，实现统一的基础是民主、自由，实现统一的路径是成立联合政府。他说："没有人民的自由，没有人民的民主政治，能够统一吗？有了这些，立刻就统一了。中国人民争自由、争民主、争联合政府的运动，同时就是争统一的运动。我们在具体纲领中提出了许多争自由争民主的要求，提出

---

[1]毛泽东：《论联合政府》，《毛泽东选集》第三卷，人民出版社1991年版，1068—1069页。

[2]毛泽东：《论联合政府》，《毛泽东选集》第三卷，人民出版社1991年版，第1070页。

[3]毛泽东：《论联合政府》，《毛泽东选集》第三卷，人民出版社1991年版，第1071页。

了联合政府的要求，同时就是为了这个目的。"[1]一句话，人民要求的统一，是民主的统一而决不是专制的统一，后一种统一，人民早已深受其害、不堪其苦了。

报告强调，建设和保持人民军队的极端重要性。毛泽东同志指出："中国人民要自由，要统一，要联合政府，要彻底地打倒日本侵略者和建设新中国，没有一支站在人民立场上的军队，那是不行的。"他说："世界上没有一个军队不是属于国家的。但是什么国家呢？大地主、大银行家、大买办的封建法西斯独裁的国家，还是人民大众的新民主主义的国家？中国只应该建立新民主主义的国家，并在这个基础之上建立新民主主义的联合政府；中国的一切军队都应该属于这个国家的这个政府，借以保障人民的自由，有效地反对外国侵略者。"这就是说，军队属于人民，如果国家是人民性质的国家，那么军队属于国家就是属于人民了，军队担负保卫人民的使命。毛泽东同志也表明："什么时候中国有一个新民主主义的联合政府出现了，中国解放区的军队将立即交给它。但是一切国民党的军队也必须同时交给它。"[2]

现在，我们学习毛泽东关于中国新民主主义经济的论述。经济是基础，发展新民主主义经济是中国革命的根本任务。只有经济发展了，才能实现人民的富裕和国家的强盛。

《新民主主义论》的第五个大问题"新民主主义的政治"之后，第六个大问题就是"新民主主义的经济"，毛泽东同志是把经济问题与政治问题紧紧地联系在一起加以研究的。

---

[1] 毛泽东：《论联合政府》，《毛泽东选集》第三卷，人民出版社1991年版，第1071—1072页。
[2] 毛泽东：《论联合政府》，《毛泽东选集》第三卷，人民出版社1991年版，第1072、1073页。

毛泽东同志的经济方针的内核，是关乎国民经济命脉的大银行、大工业、大商业归国家所有，私有资本不能操纵国民之生计。他提出，大银行、大工业、大商业，归这个共和国的国家所有。"凡本国人及外国人之企业，或有独占的性质，或规模过大为私人之力所不能办者，如银行、铁道、航路之属，由国家经营管理之，使私有资本制度不能操纵国民之生计，此则节制资本之要旨也。"[1]这也是国共合作的国民党的第一次全国代表大会宣言中的庄严的声明，这就是新民主主义共和国的经济构成的正确的方针。在无产阶级领导下的新民主主义共和国的国营经济是社会主义的性质，是整个国民经济的领导力量，但这个共和国并不没收其他资本主义的私有财产，并不禁止"不能操纵国民生计"的资本主义生产的发展，这是因为中国经济还十分落后。同时，没收地主的土地，分配给无地和少地的农民，实行孙中山先生"耕者有其田"的口号。

毛泽东同志说："中国的经济，一定要走'节制资本'和'平均地权'的路，决不能是'少数人所得而私'，决不能让少数资本家少数地主'操纵国民生计'，决不能建立欧美式的资本主义社会，也决不能还是旧的半封建社会。""这样的经济，就是新民主主义的经济。"[2]

由此观之，毛泽东同志1940年写《新民主主义论》时，他对新民主主义经济的考虑还不够细密具体，但是到了1945年作党的七大政治报告《论联合政府》之际，毛泽东同志论述经济问题，则充实丰满得多了，最重要的是思想更深刻、更鲜明了。

在党的七大召开之前的党的六届七中全会上，毛泽东同志的讲话中

---

[1] 毛泽东在《论联合政府》中引用孙中山的话，参见《毛泽东选集》第三卷，人民出版社1991年版，第1057页。

[2] 毛泽东：《新民主主义论》，《毛泽东选集》第二卷，人民出版社1991年版，第678—679页。

对《论联合政府》的报告作了说明,说明提到:"这个报告与《新民主主义论》不同的,是确定了需要资本主义的广大发展,又以反专制主义为第一。""资本主义的广大发展在新民主主义政权下是无害有益的,而且报告里也说明了有三种经济成分。"[1]

可以说,"需要资本主义的广大发展",是毛泽东新民主主义经济理论的一个重大突破、核心理念,与马克思的"而新的更高的生产关系,在它的物质存在条件在旧社会的胎胞里成熟以前,是决不会出现的"[2]判断,是非常契合的。既然我们未来的目标是走向社会主义,而社会主义的物质存在条件孕育成熟于资本主义社会的胎胞里,那么"资本主义的广大发展"不正是为社会主义准备物质条件吗?如若在殖民地半殖民地半封建的废墟上建立社会主义,那不是完全的空想吗?

对此,《论联合政府》作了充分论证。毛泽东同志说:"有些人怀疑中国共产党人不赞成发展个性,不赞成发展私人资本主义,不赞成保护私有财产,其实是不对的。民族压迫和封建压迫残酷地束缚着中国人民的个性发展,束缚着私人资本主义的发展和破坏着广大人民的财产。我们主张的新民主主义制度的任务,则正是解除这些束缚和停止这种破坏,保障广大人民能够自由发展其在共同生活中的个性,能够自由发展那些不是'操纵国民生计'而是有益于国民生计的私人资本主义经济,保障一切正当的私有财产。"他进一步说明:"按照孙先生的原则和中国革命的经验,在现阶段上,中国的经济,必须是由国家经营、私人经营和合作社经营三者组成的。"[3]

---

[1] 毛泽东:《对〈论联合政府〉的说明》,《毛泽东文集》第三卷,人民出版社1996年版,第275页。
[2] 马克思:《〈政治经济学批判〉序言》,《马克思恩格斯选集》第二卷,人民出版社2012年版,第3页。
[3] 毛泽东:《论联合政府》,《毛泽东选集》第三卷,人民出版社1991年版,第1058页。

意犹未尽，毛泽东同志又作了阐述："有些人不了解共产党人为什么不但不怕资本主义，反而在一定的条件下提倡它的发展。我们的回答是这样简单：拿资本主义的某种发展去代替外国帝国主义和本国封建主义的压迫，不但是一个进步，而且是一个不可避免的过程。它不但有利于资产阶级，同时也有利于无产阶级，或者说更有利于无产阶级。现在的中国是多了一个外国的帝国主义和一个本国的封建主义，而不是多了一个本国的资本主义，相反地，我们的资本主义是太少了。"[1]

这番话，我们难道不觉得耳熟吗？几乎就是列宁《社会民主党在民主革命中的两种策略》的中国解读。列宁这样说："在像俄国这样一些国家里，工人阶级与其说是苦于资本主义，不如说是苦于资本主义发展得不够。""资产阶级革命对无产阶级是极其有利的。从无产阶级的利益着想，资产阶级革命是绝对必要的。资产阶级革命进行得愈充分，愈坚决，愈彻底，无产阶级为争取社会主义而同资产阶级进行的斗争就愈有保证。只有不懂得科学社会主义的起码常识的人，才会觉得这是一个新的或者是奇怪的、荒诞的结论。"[2]

不言而喻，毛泽东的新民主主义理论与列宁的民主主义理论，当然也与马克思历史唯物主义理论，完全是同宗同脉、一脉相承的。

在我们复述了毛泽东关于新民主主义政治、经济的精辟论述之后，我们再来学习毛泽东关于新民主主义文化的理论。

其实，毛泽东新民主主义理论的鸿篇巨论，话头还是因文化问题而起的。《新民主主义论》是毛泽东1940年1月9日在陕甘宁边区文化协会第一次代表大会上的讲演，题为"新民主主义的政治与新民主主义

---

〔1〕毛泽东：《论联合政府》，《毛泽东选集》第三卷，人民出版社1991年版，第1060页。
〔2〕列宁：《社会民主党在民主革命中的两种策略》，《列宁选集》第一卷，人民出版社1995年版，第556页。

的文化"。1940年2月15日，由延安出版的《中国文化》创刊号上首次公开发表了这篇文章。同年2月20日，在延安出版的《解放》周刊第九十八、九十九期合刊上登载这篇文章时，将题目改为"新民主主义论"。

　　毛泽东同志为什么非常重视文化问题？为什么讲文化问题要与政治经济问题联系在一起？为什么在《新民主主义论》《论联合政府》中文化问题都摆在了相当重要的位置？毛泽东同志是这样说明的："一定的文化（当作观念形态的文化）是一定社会的政治和经济的反映，又给予伟大影响和作用于一定社会的政治和经济；而经济是基础，政治则是经济的集中的表现。这是我们对于文化和政治、经济的关系及政治和经济的关系的基本观点。"[1] 政治、经济、文化是一个有机的整体，共同构成了中国新民主主义的社会形态，毛泽东同志从来没有将它们彼此割裂，也没有顾此失彼过。毛泽东同志深谙辩证法，看问题既能照顾全面又能够抓住重点。依笔者所见，毛泽东新民主主义理论的重点，是首先解决政治问题，建立了新民主主义的政权，其他的问题便都可以迎刃而解了。这种用意在《新民主主义论》中就十分突出，到了《论联合政府》那就更为鲜明更为强烈了。之所以如此，完全是因为政治问题不能不占首位所决定的。帮助我们理解这个道理，《共产党宣言》的这几句话值得一读："共产党人的最近目的是和其他一切无产阶级政党的最近目的一样的：使无产阶级形成为阶级，推翻资产阶级的统治，由无产阶级夺取政权。""任何一个时代的统治思想始终都不过是统治阶级的思想。""无产阶级将利用自己的政治统治，一步一步地夺取资产阶级的全部资本，把

---

[1] 毛泽东：《新民主主义论》，《毛泽东选集》第二卷，人民出版社1991年版，第663—664页。

一切生产工具集中在国家即组织成为统治阶级的无产阶级手里，并且尽可能快地增加生产力的总量。"[1]政治问题、国家权力问题解决之后，经济问题、文化问题的解决就有了前提条件。

毛泽东同志指出，旧中国"这种社会的政治是殖民地、半殖民地、半封建的政治，其经济是殖民地、半殖民地、半封建的经济，而为这种政治和经济之反映的占统治地位的文化，则是殖民地、半殖民地、半封建的文化"。"我们要革除的，就是这种殖民地、半殖民地、半封建的旧政治、旧经济和那为这种旧政治、旧经济服务的旧文化。"[2]

毛泽东同志科学地阐明了新民主主义文化的定义："所谓新民主主义的文化，就是人民大众反帝反封建的文化；在今日，就是抗日统一战线的文化。这种文化，只能由无产阶级的文化思想即共产主义思想去领导，任何别的阶级的文化思想都是不能领导了的。所谓新民主主义的文化，一句话，就是无产阶级领导的人民大众的反帝反封建的文化。"[3]

毛泽东同志具体阐释了这个定义的内涵。他指出：

"这种新民主主义的文化是民族的。它是反对帝国主义压迫，主张中华民族的尊严和独立的。它是我们这个民族的，带有我们民族的特性。""中国应该大量吸收外国的进步文化，作为自己文化食粮的原料，这种工作过去还做得很不够。这不但是当前的社会主义文化和新民主主义文化，还有外国的古代文化，例如各资本主义国家启蒙时代的文化，凡属我们今天用得着的东西，都应该吸收。"但是，对外来文化"决不能生吞活剥地毫无批判地吸收。所谓'全盘西化'的主张，乃是一种错

---

[1] 马克思恩格斯：《共产党宣言》，《马克思恩格斯选集》第一卷，人民出版社 2012 年版，第 413、420、421 页。

[2] 毛泽东：《新民主主义论》，《毛泽东选集》第二卷，人民出版社 1991 年版，第 665 页。

[3] 毛泽东：《新民主主义论》，《毛泽东选集》第二卷，人民出版社 1991 年版，第 698 页。

误的观点。形式主义地吸收外国的东西,在中国过去是吃过大亏的"[1]。

"这种新民主主义的文化是科学的。它是反对一切封建思想和迷信思想,主张实事求是,主张客观真理,主张理论和实践一致的。""中国的长期封建社会中,创造了灿烂的古代文化。清理古代文化的发展过程,剔除其封建性的糟粕,吸收其民主性的精华,是发展民族新文化提高民族自信心的必要条件;但是决不能无批判地兼收并蓄。"

"这种新民主主义的文化是大众的,因而即是民主的。它应为全民族中百分之九十以上的工农劳苦民众服务,并逐渐成为他们的文化。""为达此目的,文字必须在一定条件下加以改革,言语必须接近民众,须知民众就是革命文化的无限丰富的源泉。"

毛泽东同志的结论是:"民族的科学的大众的文化,就是人民大众反帝反封建的文化,就是新民主主义的文化,就是中华民族的新文化。"[2]

重温毛泽东关于新民主主义文化的论述,我们不能不感到震撼,运用马克思主义的唯物史观,对中国文化作出如此透辟深刻的分析,以此为基础,为中国新民主主义文化作出准确的定位,在中国共产党的历史上,毛泽东确为第一人,就那个历史阶段而言,无人比肩、超越。

四、新民主主义理论的历史地位和现实意义

在近百年中国共产党的历史上,马克思主义中国化有两大成果,一

---

[1] 毛泽东:《新民主主义论》,《毛泽东选集》第二卷,人民出版社1991年版,第706、706—707、707页。
[2] 毛泽东:《新民主主义论》,《毛泽东选集》第二卷,人民出版社1991年版,第707—709页。

个是毛泽东思想,这个思想成功的标志是新民主主义理论,这个理论已经指引中国新民主主义革命取得了胜利。另一个重大成果就是中国特色社会主义理论体系,它的正确性已经被改革开放的实践所证明并将继续得到证明。

今天,我们学习和研究新民主主义理论,应该下功夫搞清楚以下两个问题:一个是新民主主义理论何以是马克思主义中国化的一大成果,也就是如何理解新民主主义理论与马克思主义的源流关系。另一个是新民主主义理论与中国特色社会主义理论体系的关系,弄明白前者是后者的思想源泉,后者是前者在新的历史条件下的创新发展。

先讨论前一个问题。

我们知道,马克思第一个伟大发现是唯物史观。唯物史观从观察生产力与生产关系、经济基础与上层建筑、社会存在与社会意识的矛盾运动入手,揭示了人类社会发展的普遍规律。生产力的发展水平对于社会的发展进步具有决定性的作用。马克思主义据此认为,社会主义应该在资本主义的发达国家先行实现。至于中国这样落后的东方大国究竟怎样走向社会主义,马克思主义里没有现成答案。中国的发展进步必然有其特殊性,但是特殊性里包含着普遍性。中国的发展进步决不会背离马克思主义揭示的普遍规律。就是说,人类社会发展进步的普遍规律,一定会以一种特殊的方式表现出来。这种方式是什么?毛泽东的新民主主义理论给出了中国解读。是的,中国由一个殖民地半殖民地半封建的社会走向社会主义,也一定要经历一个资本主义的发展阶段。但是,资本主义发达国家走过的路已经不适合中国,在中国走不通。那么走什么路?走新民主主义的革命道路,经过新民主主义的发展再走向社会主义。毛泽东的新民主主义理论正确地系统地回答了中国革命的一系列问题。就是这样,毛泽东思想与马克思主义一脉相承了。

与马克思主义相比较，列宁主义之于中国革命的指导意义就更为直接一些。因为列宁面临的俄国革命问题，与中国革命问题具有一定的可比性。当时的俄国虽然实行资本主义，但是资本主义发展缓慢，封建残余浓厚。在这样的国情之下，俄国怎样走向社会主义？俄国没有直通车，列宁的策略与我国的新民主主义道路具有相似性。列宁写于1905年的名著《社会民主党在民主革命中的两种策略》，充分说明了布尔什维克党应该如何领导俄国的资产阶级革命通向社会主义的道理。

列宁认为："马克思主义者绝对相信俄国革命是资产阶级性质的革命。""如果认为资产阶级革命完全不代表无产阶级的利益，那就是十分荒谬的想法。这种荒谬想法不是归结为陈旧的民粹主义理论，就是归结为无政府主义的思想，前者认为资产阶级革命同无产阶级的利益是矛盾的，因此我们不需要资产阶级的政治自由，后者认为无产阶级绝对不应当参加资产阶级政治，不应当参加资产阶级革命，不应当参加资产阶级议会。"列宁进一步指出："马克思主义教导我们，以商品生产为基础并且和文明的资本主义国家发生交换关系的社会，在发展到一定的阶段时，自己也必不可免地要走上资本主义的道路。民粹主义者和无政府主义者说什么俄国可以避免资本主义发展，可以不经过在资本主义的基础上和范围内进行阶级斗争的道路，而经过其他道路来跳出或跳过这个资本主义。马克思主义坚决摒弃了他们的这种荒诞言论。"列宁的结论是："马克思主义教导无产者不要避开资产阶级革命，不要对资产阶级革命漠不关心，不要把革命中的领导权交给资产阶级，相反地，要尽最大的努力参加革命，最坚决地为彻底的无产阶级民主主义、为把革命进行到底而奋斗。"[1]

---

[1] 列宁：《社会民主党在民主革命中的两种策略》，《列宁选集》第一卷，人民出版社2012年版，第554、555—556、556、558页。

为了便于理解，我们可以把列宁的上述思想归纳为三句话：俄国必须经历一场彻底的资产阶级革命，俄国无产阶级必须积极投身这场革命之中，无产阶级必须掌握这场革命的领导权。可以说，列宁主张的民主革命策略的全部内涵，其实质就在于此。任何读过列宁《社会民主党在民主革命中的两种策略》一书的人，都会在毛泽东的《新民主主义论》中感受到列宁主义的影响力。

毛泽东同志受到列宁《社会民主党在民主革命中的两种策略》一书的影响是有史料根据的。中共中央党校韩刚教授为于光远先生的力作《"新民主主义论"的历史命运：读史笔记》作过注释，很见其中共党史功底之深厚。其中有一段文字，是笔者见到过的相关论述中最为翔实给力的，现照录于此：据说，毛泽东是在1932年读到列宁的这部著作的。那年4月，中国工农红军第一方面军攻打福建漳州，在省立龙溪中学图书馆里找到一批书，其中就有《两种策略》。[1] 彭德怀同志在自述中回忆，大概是1933年秋天"接到毛主席寄给我的一本《两种策略》，上面用铅笔写着（大意）：此书要在大革命时读着，就不会犯错误。在这以后不久，他又寄给一本《'左派'幼稚病》（这两本书都是打漳州中学时得到的），他又在书上面写着：你看了以前送的那一本书，叫做知其一不知其二；你看了《'左派'幼稚病》才会知道'左'与右同样有危害性"[2]。又据延安时期给毛泽东看管图书的史敬棠回忆："毛泽东在延安经常读《两个策略》、《'左派'幼稚病》。他用的这两本书还是经过万里长征从中央苏区带来的，虽然破旧了，仍爱不释手。毛泽东在这两本书中写了一些批语，有几种不同颜色的笔划的圈、点和杠杠，写有某年

---

〔1〕中共中央文献研究室：《毛泽东传（1893—1949）》上册，中央文献出版社1993年版，第288—289页。

〔2〕《彭德怀自述》，人民出版社1981年版，第183页。

某月'初读',某年某月'二读',某年某月'三读'的字样。这说明,到那个时候为止,这两本书至少已经读过三遍了。"[1]

以上这些都是毛泽东的战友、部属的回忆及学者的研究,其实毛泽东本人的自述就更有说服力,他在党的七大上讲道:"加强理论学习至少要读五本书,我向大家推荐这五本书:《共产党宣言》、《社会主义从空想到科学的发展》、《在民主革命中社会民主党的两种策略》、《共产主义运动中的'左派'幼稚病》、《联共(布)党史简明教程》,这里马、恩、列、斯的都有了。如果有五千人到一万人读过了,并且有大体的了解,那就很好,很有益处。我们可以把这五本书装在干粮袋里,打完仗后,就读他一遍或者看他一两句,没有味道就放起来,有味道就多看几句,七看八看就看出味道来了。一年看不通看两年,如果两年看一遍,十年就可以看五遍,每看一遍在后面记上日子,某年某月某日看的。这个方法可以在各个地方介绍一下,我们不搞多了,只搞五本试试。"[2]

现在,我们再来讨论另一个问题,即新民主主义理论与中国特色社会主义理论体系的关系问题。

笔者的基本看法是,新民主主义理论是中国特色社会主义理论体系最为重要和直接的思想来源,后者是前者划时代的新发展,两者同为马克思主义中国化的重大成果。它们形成的时代背景、历史条件不同,所面临的任务也不同,但是两者又有共同性、相似性,后者对前者存在承继关系,一定意义上具有"补课"的性质,是毛泽东新民主主义理论的升级版,两者一脉相承、相得益彰的关系显而易见。

---

[1] 龚育之等:《毛泽东的读书生活》,生活·读书·新知三联书店1986年版,第23页。
[2] 毛泽东:《在中国共产党第七次全国代表大会上的结论》,《毛泽东文集》第三卷,人民出版社1996年版,第417—418页。

毛泽东同志在《新民主主义论》里强调："第一步，改变这个殖民地、半殖民地、半封建的社会形态，使之变成一个独立的民主主义的社会。第二步，使革命向前发展，建立一个社会主义的社会。中国现时的革命，是在走第一步。""中国革命不能不做两步走，第一步是新民主主义，第二步才是社会主义。而且第一步的时间是相当地长，决不是一朝一夕所能成就的。"[1]毛泽东同志在《论联合政府》中又强调："只有经过民主主义，才能到达社会主义，这是马克思主义的天经地义。而在中国，为民主主义奋斗的时间还是长期的。"[2]毛泽东关于新民主主义的长期性还有很多论述。那么这个"相当长"是多长？这个"长期的"是多长？恐怕不会是三年五年、十年八年。人类社会发展的长期性多是以几代人、几个世纪作计量，中国一个封建专制主义社会历史就长达2000多年。邓小平同志说，社会主义要经历五六代人、十几代人、几十代人。新民主主义革命的一大任务，是革封建专制主义的命，清除它的影响，怎么可能短时期就能完成。邓小平同志指出："我们进行了二十八年的新民主主义革命，推翻封建主义的反动统治和封建土地所有制，是成功的，彻底的。但是，肃清思想政治方面的封建主义残余影响这个任务，因为我们对它的重要性估计不足，以后很快转入社会主义革命，所以没有能够完成。现在应该明确提出继续肃清思想政治方面的封建主义残余影响的任务，并在制度上做一系列切实的改革，否则国家和人民还要遭受损失。"[3]邓小平同志在这里所说的"没有能够完成"，针对的是肃清思想政治方面的封建主义残余影响的任务。其实，"没有能够完成"的不止于

---

[1]毛泽东：《新民主主义论》，《毛泽东选集》第二卷，人民出版社1991年版，第666、683—684页。
[2]毛泽东：《论联合政府》，《毛泽东选集》第三卷，人民出版社1991年版，第1060页。
[3]邓小平：《党和国家领导制度的改革》，《邓小平文选》第二卷，人民出版社1994年版，第335页。

此。新民主主义革命的根本任务是解放生产力、发展生产力，也应该属于"没有能够完成"之列。可见，从严格意义上说，新民主主义革命和建设的功课"没有能够完成"。那么社会主义初级阶段具有某种补课的性质也就势所必然了。

党的十三大报告指出："因为我们的社会主义是脱胎于半殖民地半封建社会，生产力水平远远落后于发达的资本主义国家，这就决定了我们必须经历一个很长的初级阶段，去实现别的许多国家在资本主义条件下实现的工业化和生产的商品化、社会化、现代化。""我国社会主义的初级阶段，是一个什么样的历史阶段呢？它不是泛指任何国家进入社会主义都会经历的起始阶段，而是特指我国在生产力落后、商品经济不发达条件下建设社会主义必然要经历的特定阶段。我国从五十年代生产资料私有制的社会主义改造基本完成，到社会主义现代化的基本实现，至少需要上百年时间，都属于社会主义初级阶段。"党的十三大报告系统地提出了社会主义初级阶段的理论，科学地阐明了什么是社会主义初级阶段、这一阶段的历史必然性和长期性、这一历史阶段的主要任务。初级阶段是干什么的？"去实现别的许多国家在资本主义条件下实现的工业化和生产的商品化、社会化、现代化。"报告中还有一句话："商品经济的充分发展，是社会经济发展不可逾越的阶段，是实现生产社会化、现代化的必不可少的基本条件。"[1]这就从一个侧面说明了初级阶段是实现商品经济充分发展的阶段。按照毛泽东关于新民主主义的设计，工业化和生产的商品化、社会化、现代化这一任务应该是在"相当长"的第一阶段予以完成的。现在它被遗留到了我们的社会主义社会，党的十三大创

---

[1]《沿着有中国特色的社会主义道路前进》，《十一届三中全会以来党的历次全国代表大会中央全会重要文件选编》（上），中央文献出版社1997年版，第445、447、449页。

造性地提出了社会主义初级阶段的理论，既坚定不移地高扬了社会主义旗帜，又实事求是地确定了我们现阶段的目标任务。立足这个历史经纬，我们也能体会到社会主义初级阶段与新民主主义之间的贯通性。

更不要说，社会主义初级阶段的经济结构与新民主主义的经济结构也是一致的。根据毛泽东以及刘少奇、张闻天的设计论证，新民主主义是多种经济成分并存，是混合经济，包括国营经济、合作经济、国家资本主义经济、个体经济、民族资本主义经济，其中国营经济居于领导地位。此种经济结构，与我们现在以公有制为主体多种经济成分共同发展的经济结构没有根本的不同。所不同的是，旗帜不一样，规模、水平不一样，国有经济的体量也不一样。现在经济资源的配置方式是市场起到决定性作用。新民主主义经济是否由市场配置？毛泽东未曾提起。新民主主义经济实行市场经济应该是逻辑的必然。第一，在马克思主义的本本里，计划经济专属于社会主义，既然还不是社会主义，当然也就无从提起计划经济。第二，既然是混合经济，国有经济的体量很小，计划也就难以全面覆盖，实行市场经济是自然而然了。

一言以蔽之，新民主主义与社会主义初级阶段完全是一致的，不存在相互割裂、对立、冲突的内在逻辑。社会主义初级阶段理论是对毛泽东新民主主义理论最好的坚持和发展，是新民主主义理论在新的历史条件下与时俱进的充分体现。

■ 重要论述

中国共产党，以马克思列宁主义的理论与中国革命的实践统一的思想——毛泽东思想，作为自己一切工作的指针，反对任何教条主义的或经验主义的偏向。中国共产党以马克思主义的辩证唯物主义与历史唯物主义为基础，批判地接收中国的与外国的历史遗产，反对任何唯心主义的或机械唯物主义的世界观。

——《中国共产党章程》（1945年6月11日中国共产党第七次全国代表大会通过）

共产党员是国际主义的马克思主义者，但是马克思主义必须和我国的具体特点相结合并通过一定的民族形式才能实现。马克思列宁主义的伟大力量，就在于它是和各个国家具体的革命实践相联系的。对于中国共产党说来，就是要学会把马克思列宁主义的理论应用于中国的具体的环境。成为伟大中华民族的一部分而和这个民族血肉相联的共产党员，离开中国特点来谈马克思主义，只是抽象的空洞的马克思主义。因此，使马克思主义在中国具体化，使之在其每一表现中带着必须有的中国的特性，即是说，按照中国的特点去应用它，成为全党亟待了解并亟须解决的问题。洋八股必须废止，空洞抽象的调头必须少唱，教条主义必须休息，而代之以新鲜活泼的、为中国老百姓所喜闻乐见的中国作风和中国气派。

——毛泽东：《中国共产党在民族战争中的地位》（1938年10月14日），《毛泽东选集》第二卷，人民出版社1991年版，第534页

回想在一九二七年革命失败以后，如果没有毛泽东同志的卓越领导，中国革命有极大的可能到现在还没有胜利，那样，中国各族人民就还处在帝国主义、封建主义、官僚资本主义的反动统治之下，我们党就还在黑暗中苦斗。所以说没有毛主席就没有新中国，这丝毫不是什么夸张。毛泽东思想培育了我们整整一代人。我们在座的同志，可以说都是毛泽东思想教导出来的。没有毛泽东思想，就没有今天的中国共产党，这也丝毫不是什

么夸张。毛泽东思想永远是我们全党、全军、全国各族人民的最宝贵的精神财富。

——邓小平：《解放思想，实事求是，团结一致向前看》（1978年12月13日），《邓小平文选》第二卷，人民出版社1994年版，第148—149页

从革命斗争的这种失误教训中，毛泽东同志深刻认识到，面对中国的特殊国情，面对压在中国人民头上的三座大山，中国革命将是一个长期过程，不能以教条主义的观点对待马克思列宁主义，必须从中国实际出发，实现马克思主义中国化。毛泽东同志创造性地解决了马克思列宁主义基本原理同中国实际相结合的一系列重大问题，深刻分析中国社会形态和阶级状况，经过不懈探索，弄清了中国革命的性质、对象、任务、动力，提出通过新民主主义革命走向社会主义的两步走战略，制定了新民主主义革命总路线，开辟了以农村包围城市、最后夺取全国胜利的革命道路。

——习近平：《在纪念毛泽东同志诞辰一百二十周年座谈会上的讲话》（2013年12月26日），《十八大以来重要文献选编》（上），中央文献出版社2014年版，第689页

■ 讨论题

1. 毛泽东新民主主义理论的基本内容是什么？
2. 为什么说毛泽东思想是马克思主义中国化的重大成果？
3. 社会主义初级阶段论与新民主主义论是什么关系？

第六讲
中国特色社会主义理论体系的形成与发展

■ 学习目的、重点

中国特色社会主义理论体系，是在和平与发展成为当代世界主题的大背景下，立足我国社会主义初级阶段的基本国情，在认真总结我国建设社会主义的宝贵经验及深刻教训的基础上，我们党和人民坚持以马克思主义为指导，解放思想、实事求是、开拓创新，不断破除思想认识上的陈规陋习，不断对建设和发展社会主义的新实践、新经验加以科学总结的理论成果，是继毛泽东思想之后，我们党坚持马克思主义中国化、时代化、大众化所取得的又一重大理论成果。从本讲开始，就是逐一学习阐述这一理论体系的丰富内容与深刻意义。比照邓小平曾经提出的说法，如果说前几讲着重论述的是"老祖宗"不能丢的道理，"老祖宗"最重要的道理是什么，那么在这之后，是要说明我们是怎么样坚持和发展了马克思主义，发展马克思主义就是邓小平说的"讲新话"。本讲提纲挈领、突出重点，从党的十一届三中全会开始到党的十九大对这个理论体系形成发展的轨迹作一个大致的梳理。从中既可以看出这一理论体系来之不易，我们必须倍加珍惜，又可以实际体验到毛泽东所说的："客观现实世界的变化运动永远没有完结，人们在实践中对于真理的认识也就永远没有完结。马克思列宁主义并没有结束真理，而是在实践中不断地开辟认识真理的道路。"[1]

---

[1] 毛泽东：《实践论》，《毛泽东选集》第一卷，人民出版社1991年版，第296页。

马克思恩格斯曾经设想社会主义在发达的资本主义国家同时实现，在欧洲至少英法德同时实现，列宁提出了社会主义在资本主义的薄弱环节率先突破，他们都没有为中国这样的落后国家如何走向社会主义作过设计。

毛泽东同志创造性地系统地提出了中国经过新民主主义走向社会主义的理论。但是，在新民主主义革命胜利以后，我们以俄为师，长期滞留在苏联模式的所谓社会主义道路，曾一度误认歧路为正途。

中国发展的正确道路到底是什么？中国特色社会主义理论体系应运而生，回答了这个关乎国家前途命运的重大问题。

中国特色社会主义理论体系，是我们党在团结和领导全国各族人民进行改革开放、建设中国特色社会主义的伟大实践中，坚持马克思主义与中国具体实际相结合，逐步形成和发展完善的。展示这个理论体系的形成轨迹，应该特别注意以下节点。

一、党的十一届三中全会重新确立了
党的解放思想、实事求是的思想路线

1978年12月，党的十一届三中全会胜利召开。全会之于中国特色社会主义理论体系形成的最大贡献，就是重新确立了党的正确的思想路线，从而奠定了中国特色社会主义理论体系形成发展的思想基础。全会完成了新中国成立以来我党历史上具有深远意义的伟大转折，坚决批判了"两个凡是"的错误方针，充分肯定了必须完整地、准确地掌握毛泽东思想的科学体系，高度评价了对真理标准问题的讨论，确定了解放思想、开动脑筋、实事求是、团结一致向前看的指导方针，由此开启了中国特色社会主义的伟大征程。思想路线是发现和认识真理的必由路径，党的十一届三中全会实为中国特色社会主义理论体系形成的滥觞。

党的十一届三中全会之于中国特色社会主义理论体系的又一大贡献，就是作出了把全党的工作重心转移到社会主义现代化建设上来的战略决策。我们知道，党在社会主义初级阶段的基本路线，概括起来就是"一个中心，两个基本点"，这"一个中心"就肇始于党的十一届三中全会。

二、党的十二大第一次提出
中国特色社会主义的科学命题

1982年9月，邓小平同志在党的十二大开幕词中，首次提出了"建设有中国特色的社会主义"的科学命题。他说："把马克思主义的普遍真理同我国的具体实际结合起来，走自己的路，建设有中国特色的社会主义，这就是我们总结长期历史经验得出的基本结论。"[1]从此，使我们党在新的时代和历史条件下，进行理论建设有了主题和灵魂，为我们的事业树立和标示了旗帜。邓小平同志的开幕词言语不多，但分量很重，最有分量的就是这句"建设有中国特色的社会主义"，开天辟地、气吞山河！

---

[1]邓小平：《中国共产党第十二次全国代表大会开幕词》，《邓小平文选》第三卷，人民出版社1993年版，第3页。

三、党的十三大系统地阐明了社会主义初级阶段论

1987年10月，党的十三大明确指出党的十一届三中全会以来，我们党在对社会主义再认识的过程中，在哲学、政治经济学和科学社会主义等方面，发挥和发展了一系列科学理论观点。包括关于解放思想，实事求是，以实践作为检验真理的唯一标准的观点；关于建设社会主义必须根据本国国情，走自己的路的观点；关于在经济文化落后的条件下，建设社会主义必须有一个很长的初级阶段的观点；关于社会主义社会的根本任务是发展生产力，集中力量实现现代化的观点；关于社会主义经济是有计划商品经济的观点；关于改革是社会主义社会发展的重要动力，对外开放是实现社会主义现代化的必要条件的观点；关于社会主义民主政治和社会主义精神文明是社会主义重要特征的观点；关于坚持四项基本原则同坚持改革开放的总方针这两个基本点相互结合、缺一不可的观点；关于用"一个国家，两种制度"来实现国家统一的观点；关于执政党的党风关系到党的生死存亡的观点；关于按照独立自主、完全平等、互相尊重、互不干涉内部事务的原则，发展同外国共产党和其他政党的关系的观点；关于和平与发展是当代世界的主题的观点；等等。这些观点，构成了建设有中国特色的社会主义理论的轮廓，初步回答了我国社会主义建设的阶段、任务、动力、条件、布局和国际环境等基本问题，规划了我们前进的科学轨道。请注意，这是在我党的文献中，第一次出现了"建设有中国特色的社会主义理论"的提法，表现出极大政治勇气和理论气魄。这一表述，实际上为以后党的十四大正式提出"建设有中

国特色的社会主义理论"作了思想铺垫和舆论准备。

党的十三大最大的理论贡献,是首次明确而系统地提出社会主义初级阶段的理论。认为正确认识我国社会现在所处的历史阶段,是建设有中国特色的社会主义的首要问题,是我们制定和执行正确的路线和政策的根本依据。我国正处在社会主义的初级阶段这个论断,包括两层含义。第一,我国社会已经是社会主义社会。我们必须坚持而不能离开社会主义。第二,我国的社会主义社会还处在初级阶段。我们必须从这个实际出发,而不能超越这个阶段。在近代中国的具体历史条件下,不承认中国人民可以不经过资本主义充分发展阶段而走上社会主义道路,是革命发展问题上的机械论,是右倾错误的重要认识根源;以为不经过生产力的巨大发展就可以越过社会主义初级阶段,是革命发展问题上的空想论,是"左"倾错误的重要认识根源。

在党的文献史上,党的十三大报告第一次明确规定了党的基本路线:"在社会主义初级阶段,我们党的建设有中国特色的社会主义的基本路线是:领导和团结全国各族人民,以经济建设为中心,坚持四项基本原则,坚持改革开放,自力更生,艰苦创业,为把我国建设成为富强、民主、文明的社会主义现代化国家而奋斗。"同时指出:"坚持社会主义道路、坚持人民民主专政、坚持中国共产党的领导、坚持马克思列宁主义毛泽东思想这四项基本原则,是我们的立国之本。坚持改革开放的总方针,是党的十一届三中全会以来党的路线的新发展,它赋予四项基本原则以新的时代内容。坚持四项基本原则和坚持改革开放这两个基本点,相互贯通,相互依存,统一于建设有中国特色的社会主义的实践。"

党的十三大另一重大理论贡献,是系统地规划了我国政治体制改革的纲领、目标和阶段性的各项任务。强调政治体制和经济体制改革的目的,都是在党的领导下和社会主义制度下更好地发展社会生产力,充分发挥社会主义的优越性。也就是说，我们最终要在经济上赶上发达的资本主义国家，在政治上创造比这些国家更高更切实的民主，并且造就比这些国家更多更优秀的人才。要用这些要求来检验改革的成效。我国是人民民主专政的社会主义国家，基本政治制度是好的。但在具体的领导制度、组织形式和工作方式上，存在着一些重大缺陷，主要表现为权力过分集中，官僚主义严重，封建主义影响远未肃清。进行政治体制改革，就是要兴利除弊，建设有中国特色的社会主义民主政治。改革的长远目标，是建立高度民主、法制完备、富有效率、充满活力的社会主义政治体制。这是需要长期努力才能实现的。

邓小平的话掷地有声："十三大政治报告是经过党的代表大会通过的，一个字都不能动。"[1]

四、党的十四大确立了建设有中国特色社会主义理论的指导地位

1992年10月，党的十四大报告指出，我们党所以能够取得这样的胜利，根本原因是在14年的伟大实践中，坚持把马克思主义基本原理同中国具体实际相结合，逐步形成和发展了建设有中国特色社会主义的理论。14年来，社会主义在中国的新局面和新成就，更使我们从历史的比较和国际的观察中认识到，我们党建设有中国特色社会主义的理论是正确的，是符合最广大人民的利益和要求的。这个理论，第一次比较系统

---

[1] 邓小平：《组成一个实行改革的有希望的领导集体》，《邓小平文选》第三卷，人民出版社1993年版，第296页。

地初步回答了中国这样的经济文化比较落后的国家如何建设社会主义、如何巩固和发展社会主义的一系列基本问题，用新的思想、观点，继承和发展了马克思主义。

党的十四大报告精辟地概括了建设有中国特色社会主义理论的基本内容，共九个大问题：

在社会主义的发展道路问题上，强调走自己的路，不把书本当教条，不照搬外国模式，以马克思主义为指导，以实践作为检验真理的唯一标准，解放思想，实事求是，尊重群众的首创精神，建设有中国特色的社会主义。

在社会主义的发展阶段问题上，作出了我国还处在社会主义初级阶段的科学论断，强调这是一个上百年的很长的历史阶段，制定一切方针政策都必须以这个基本国情为依据，不能脱离实际，超越阶段。

在社会主义的根本任务问题上，指出社会主义的本质是解放生产力，发展生产力，消灭剥削，消除两极分化，最终达到共同富裕。强调现阶段我国社会的主要矛盾是人民日益增长的物质文化需要同落后的社会生产之间的矛盾，必须把发展生产力摆在首要位置，以经济建设为中心，推动社会全面进步。判断各方面工作的是非得失，归根到底，要以是否有利于发展社会主义社会的生产力，是否有利于增强社会主义国家的综合国力，是否有利于提高人民的生活水平为标准。科学技术是第一生产力，经济建设必须依靠科技进步和劳动者素质的提高。

在社会主义的发展动力问题上，强调改革也是一场革命，也是解放生产力，是中国现代化的必由之路，僵化停滞是没有出路的。经济体制改革的目标，是在坚持公有制和按劳分配为主体、其他经济成分和分配方式为补充的基础上，建立和完善社会主义市场经济体制。政治体制改革的目标，是以完善人民代表大会制度、共产党领导的多党合作和政治协商制度为主要内容,发展社会主义民主政治。同经济、政治的改革和发展相适应,以"有理想、有道德、有文化、有纪律"为目标,建设社会主义精神文明。

在社会主义建设的外部条件问题上,指出和平与发展是当代世界两大主题,必须坚持独立自主的和平外交政策,为我国现代化建设争取有利的国际环境。强调实行对外开放是改革和建设必不可少的,应当吸收和利用世界各国包括资本主义发达国家所创造的一切先进文明成果来发展社会主义,封闭只能导致落后。

在社会主义建设的政治保证问题上,强调坚持社会主义道路、坚持人民民主专政、坚持中国共产党的领导、坚持马克思列宁主义毛泽东思想。这四项基本原则是立国之本,是改革开放和现代化建设健康发展的保证,又从改革开放和现代化建设获得新的时代内容。

在社会主义建设的战略步骤问题上,提出基本实现现代化分三步走。在现代化建设的长过程中要抓住时机,争取出现若干个发展速度比较快、效益又比较好的阶段,每隔几年上一个台阶。贫穷不是社会主义,同步富裕又是不可能的,必须允许和鼓励一部分地区一部分人先富起来,以带动越来越多的地区和人逐步达到共同富裕。

在社会主义的领导力量和依靠力量问题上,强调作为工人阶级先锋队的共产党是社会主义事业的领导核心,党必须适应改革开放和现代化建设的需要,不断改善和加强对各方面工作的领导,改善和加强自身建设。执政党的党风,党同人民群众的联系,是关系党生死存亡的问题。必须依靠广大工人、农民、知识分子,必须依靠各民族人民的团结,必须依靠全体社会主义劳动者、拥护社会主义的爱国者和拥护祖国统一的爱国者的最广泛的统一战线。党领导的人民军队是社会主义祖国的保卫者和建设社会主义的重要力量。

在祖国统一的问题上,提出"一个国家,两种制度"的创造性构想。在一个中国的前提下,国家的主体坚持社会主义制度,香港、澳门、台湾保持原有的资本主义制度长期不变,按照这个原则来推进祖国和平统一大业的完成。

应该看到,党的十四大对中国特色社会主义理论基本内容、框架体系的概括是相当精辟的,十分全面、准确、完整、鲜明。这一概括,5年之后又被党的十五大所重申和确认。可以说,党的十四大的概括非常经典,具有重要和长远的指导意义。今天,对于研究中国特色社会主义理论体系,依然具有重要的定向和定位的意义。

党的十四大之于中国特色社会主义理论体系的形成发展的又一重要贡献,是由此确立了建立社会主义市场经济体制的目标模式,充分论证了建立这一体制的必要性、紧迫性和这一体制的内涵,并且具体规划了建立社会主义市场经济体制的实施步骤和政策措施。强调我国经济体制改革确定什么样的目标模式,是关系整个社会主义现代化建设全局的一个重大问题。这个问题的核心,是正确认识和处理计划与市场的关系。传统的观念认为,市场经济是资本主义特有的东西,计划经济才是社会主义经济的基本特征。党的十一届三中全会以来,随着改革的深入,我们逐步摆脱这种观念,形成新的认识,对推动改革和发展起了重要作用。党的十二大提出计划经济为主,市场调节为辅;党的十二届三中全会指出商品经济是社会经济发展不可逾越的阶段,我国社会主义经济是公有制基础上的有计划商品经济;党的十三大提出社会主义有计划商品经济的体制应该是计划与市场内在统一的体制;党的十三届四中全会后,提出建立适应有计划商品经济发展的计划经济与市场调节相结合的经济体制和运行机制。特别是邓小平同志进一步指出,计划经济不等于社会主义,资本主义也有计划;市场经济不等于资本主义,社会主义也有市场。

计划和市场都是经济手段。计划多一点还是市场多一点，不是社会主义与资本主义的本质区别。这个精辟论断，从根本上解除了把计划经济和市场经济看作属于社会基本制度范畴的思想束缚，使我们在计划与市场关系问题上的认识有了新的重大突破。实践的发展和认识的深化，要求我们明确提出，我国经济体制改革的目标是建立社会主义市场经济体制，以利于进一步解放和发展生产力。

在对建设有中国特色社会主义的理论作了充分阐述的基础上，党的十四大又高度评价了邓小平同志对于这一理论的创立所作出的巨大历史性贡献。

五、党的十五大把党的十四大提出的理论定名为邓小平理论

1997年9月，党的十五大最鲜明的标志，就是高举邓小平理论的伟大旗帜，并在这面旗帜的指引下把建设有中国特色社会主义事业全面推向21世纪。党的十五大把邓小平理论写入党章，成为党的指导思想。突出强调，在社会主义改革开放和现代化建设的新时期，在跨越世纪的新征途上，一定要高举邓小平理论的伟大旗帜，用邓小平理论来指导我们整个事业和各项工作。这是党从历史和现实中得出的不可动摇的结论。马克思列宁主义同中国实际相结合有两次历史性飞跃，产生了两大理论成果。第二次飞跃的理论成果是建设有中国特色社会主义理论，它的主要创立者是邓小平，我们党把它称为邓小平理论。在当代中国，只有把马克思主义同当代中国实践和时代特征结合起来的邓小平理论，而没有别的理论能够解决社会主义的前途和命运问题。邓小平理论是当代中国

的马克思主义,是马克思主义在中国发展的新阶段。

党的十五大论述了邓小平理论之所以能够成为马克思主义在中国发展的新阶段,是因为:第一,邓小平理论坚持解放思想、实事求是,在新的实践基础上继承前人又突破陈规,开拓了马克思主义的新境界。实事求是是马克思列宁主义的精髓,是毛泽东思想的精髓,也是邓小平理论的精髓。第二,邓小平理论坚持科学社会主义理论和实践的基本成果,抓住"什么是社会主义、怎样建设社会主义"这个根本问题,深刻地揭示社会主义的本质,把对社会主义的认识提高到新的科学水平。第三,邓小平理论坚持用马克思主义的宽广眼界观察世界,对当今时代特征和总体国际形势,对世界上其他社会主义国家的成败,发展中国家谋求发展的得失,发达国家发展的态势和矛盾,进行正确分析,作出了新的科学判断。第四,总体来说,邓小平理论形成了新的建设有中国特色社会主义理论的科学体系。它第一次比较系统地初步回答了中国社会主义的发展道路、发展阶段、根本任务、发展动力、外部条件、政治保证、战略步骤、党的领导和依靠力量以及祖国统一等一系列基本问题,指导我们党制定了在社会主义初级阶段的基本路线。它是贯通哲学、政治经济学、科学社会主义等领域,涵盖经济、政治、科技、教育、文化、民族、军事、外交、统一战线、党的建设等方面比较完备的科学体系,又是需要从各方面进一步丰富发展的科学体系。

党的十五大再次强调,邓小平是伟大的马克思主义者。他对党、对人民、对马克思主义的最大贡献,他留给我们的珍贵遗产,就是邓小平理论。这个理论,集中体现在党的十一届三中全会以来邓小平著作以及党和国家的重要文献中。在当代中国,坚持邓小平理论,就是真正坚持马克思列宁主义、毛泽东思想;高举邓小平理论的旗帜,就是真正高举马克思列宁主义、毛泽东思想的旗帜。

六、党的十六大要求
全面贯彻"三个代表"重要思想

2002年11月,党的十六大把"三个代表"重要思想列入了党的指导思想。党的十六大指出,开创中国特色社会主义事业新局面,必须高举邓小平理论伟大旗帜,坚持贯彻"三个代表"重要思想。"三个代表"重要思想是对马克思列宁主义、毛泽东思想和邓小平理论的继承和发展,反映了当代世界和中国的发展变化对党和国家工作的新要求,是加强和改进党的建设、推进我国社会主义自我完善和发展的强大理论武器,是全党集体智慧的结晶,是党必须长期坚持的指导思想。始终做到"三个代表",是我们党的立党之本、执政之基、力量之源。

党的十六大强调,贯彻"三个代表"重要思想,必须使全党始终保持与时俱进的精神状态,不断开拓马克思主义理论发展的新境界;必须把发展作为党执政兴国的第一要务,不断开创现代化建设的新局面;必须最广泛最充分地调动一切积极因素,不断为中华民族的伟大复兴增添新力量;必须以改革的精神推进党的建设,不断为党的肌体注入新活力。

七、党的十七大提出
中国特色社会主义理论体系的新概念

2007年10月,党的十七大得出了一个重要结论,即改革开放以来我们取得一切成绩和进步的根本原因，归结起来就是：开辟了中国特色社会主义道路，形成了中国特色社会主义理论体系。高举中国特色社会主义伟大旗帜，最根本的就是要坚持这条道路和这个理论体系。进一步说明，"中国特色社会主义理论体系，就是包括邓小平理论、'三个代表'重要思想以及科学发展观等重大战略思想在内的科学理论体系。这个理论体系，坚持和发展了马克思列宁主义、毛泽东思想，凝结了几代中国共产党人带领人民不懈探索实践的智慧和心血，是马克思主义中国化最新成果，是党最可宝贵的政治和精神财富，是全国各族人民团结奋斗的共同思想基础。中国特色社会主义理论体系是不断发展的开放的理论体系。《共产党宣言》发表以来近一百六十年的实践证明，马克思主义只有与本国国情相结合、与时代发展同进步、与人民群众共命运，才能焕发出强大的生命力、创造力、感召力。在当代中国，坚持中国特色社会主义理论体系，就是真正坚持马克思主义。"[1]

从党的十七大对党的理论成果的概括性表述中我们有所感悟。

一是，我们党对改革开放以来所取得的理论成果的认识，经历了一个不断探索、深化、完善的过程。从党的十四大首次提出"建设有中国特色社会主义理论"，到党的十七大重新提出"中国特色社会主义理论体系"，前后15年，经历了十四大、十五大、十六大、十七大4次代表大会，最终还是以党的十七大的提法为归结。实际上，党的十七大的提法是对十四大的提法的回归，不过是前面去掉了三个字"建设有"，后面加上了两个字"体系"，主体内容没有发生变化。这是思想认识上的

---

[1] 胡锦涛：《高举中国特色社会主义伟大旗帜，为夺取全面建设小康社会新胜利而奋斗》（2007年10月15日），《十七大以来重要文献选编》（上），中央文献出版社2009年版，第9页。

一个否定之否定、螺旋式上升的过程。其中的变化，反映了我们党在建设中国特色社会主义的伟大实践中，在理论上不断探索升华、与时俱进的精神。

二是，把我们党新的重大理论成果定名为"中国特色社会主义理论体系"，这个提法非常简约、鲜明，更加突出了我们党的基本理论的时代主题。"中国特色社会主义理论体系"的新说法，也顺应了广大党员、干部和群众要求简约党的基本理论提法的愿望。

八、党的十八大把科学发展观 确立为党的指导思想

2012年11月，党的十八大指出：科学发展观是马克思主义同当代中国实际和时代特征相结合的产物，是马克思主义关于发展的世界观和方法论的集中体现，对新形势下实现什么样的发展、怎样发展等重大问题作出了新的科学回答，把我们对中国特色社会主义规律的认识提高到新的水平，开辟了当代中国马克思主义发展新境界。科学发展观是中国特色社会主义理论体系最新成果，是中国共产党集体智慧的结晶，是指导党和国家全部工作的强大思想武器。科学发展观同马克思列宁主义、毛泽东思想、邓小平理论、"三个代表"重要思想一道，是党必须长期坚持的指导思想。

党的十八大在回顾了毛泽东、邓小平、江泽民等为代表的三代中央领导集体作出的历史贡献的基础上，指出新世纪新阶段，党中央抓住重要战略机遇期，在全面建设小康社会进程中推进实践创新、理论创新、制度创新，强调坚持以人为本、全面协调可持续发展，提出构建社会主

义和谐社会、加快生态文明建设，形成中国特色社会主义事业总体布局，着力保障和改善民生，促进社会公平正义，推动建设和谐世界，推进党的执政能力建设和先进性建设，在新的历史起点上成功坚持和发展了中国特色社会主义。这段文字实际上概述了科学发展观的一系列战略思想的具体内容。

党的十八大在对中国特色社会主义的道路、理论体系、制度——作了具体说明之后，总结提出："建设中国特色社会主义，总依据是社会主义初级阶段，总布局是五位一体，总任务是实现社会主义现代化和中华民族伟大复兴。"又进一步指出，在新的历史条件下夺取中国特色社会主义新胜利，必须牢牢把握八项基本要求，即必须坚持人民主体地位，必须坚持解放和发展社会生产力，必须坚持推进改革开放，必须坚持维护社会公平正义，必须坚持走共同富裕道路，必须坚持促进社会和谐，必须坚持和平发展，必须坚持党的领导。其中，关于公平正义的笔触如此浓重，在我们党历来的重要文本之中是第一次，意义十分重大。报告指出："公平正义是中国特色社会主义的内在要求。要在全体人民共同奋斗、经济社会发展的基础上，加紧建设对保障社会公平正义具有重大作用的制度，逐步建立以权利公平、机会公平、规则公平为主要内容的社会公平保障体系，努力营造公平的社会环境，保证人民平等参与、平等发展权利。"

总之，党的十八大把中国特色社会主义理论体系的不断创新又推向了一个新的发展水平。

九、党的十九大确立了习近平新时代中国特色社会主义思想的指导地位

2017年10月，党的十九大胜利召开。大会指出，经过长期努力，中国特色社会主义进入了新时代，这是我国发展新的历史方位。这标志着我国社会主要矛盾已经转化为人民日益增长的美好生活需要和不平衡不充分的发展之间的矛盾。我国社会主要矛盾的变化，没有改变我们对我国社会主义所处历史阶段的判断，我国仍处于并将长期处于社会主义初级阶段的基本国情没有变，我国是世界最大发展中国家的国际地位没有变。

大会认为，党的十八大以来，以习近平同志为主要代表的中国共产党人，顺应时代发展，从理论和实践结合上系统回答了新时代坚持和发展什么样的中国特色社会主义、怎样坚持和发展中国特色社会主义这个重大时代课题，创立了习近平新时代中国特色社会主义思想。习近平新时代中国特色社会主义思想是对马克思列宁主义、毛泽东思想、邓小平理论、"三个代表"重要思想、科学发展观的继承和发展，是马克思主义中国化最新成果，是党和人民实践经验和集体智慧的结晶，是中国特色社会主义理论体系的重要组成部分，是全党全国人民为实现中华民族伟大复兴而奋斗的行动指南，必须长期坚持并不断发展。在习近平新时代中国特色社会主义思想指导下，中国共产党领导全国各族人民，统揽伟大斗争、伟大工程、伟大事业、伟大梦想，推动中国特色社会主义进入了新时代。大会一致同意，在党章中把习近平新时代中国特色社会主义

思想同马克思列宁主义、毛泽东思想、邓小平理论、"三个代表"重要思想、科学发展观一道确立为党的行动指南。大会要求全党以习近平新时代中国特色社会主义思想统一思想和行动，增强学习贯彻的自觉性和坚定性，把习近平新时代中国特色社会主义思想贯彻到社会主义现代化建设全过程、体现到党的建设各方面。

习近平新时代中国特色社会主义思想包括"八个明确"：明确坚持和发展中国特色社会主义，总任务是实现社会主义现代化和中华民族伟大复兴，在全面建成小康社会的基础上，分两步走在本世纪中叶建成富强民主文明和谐美丽的社会主义现代化强国；明确新时代我国社会主要矛盾是人民日益增长的美好生活需要和不平衡不充分的发展之间的矛盾，必须坚持以人民为中心的发展思想，不断促进人的全面发展、全体人民共同富裕；明确中国特色社会主义事业总体布局是"五位一体"、战略布局是"四个全面"，强调坚定道路自信、理论自信、制度自信、文化自信；明确全面深化改革总目标是完善和发展中国特色社会主义制度、推进国家治理体系和治理能力现代化；明确全面推进依法治国总目标是建设中国特色社会主义法治体系、建设社会主义法治国家；明确党在新时代的强军目标是建设一支听党指挥、能打胜仗、作风优良的人民军队，把人民军队建设成为世界一流军队；明确中国特色大国外交要推动构建新型国际关系，推动构建人类命运共同体；明确中国特色社会主义最本质的特征是中国共产党领导，中国特色社会主义制度的最大优势是中国共产党领导，党是最高政治领导力量，提出新时代党的建设总要求，突出政治建设在党的建设中的重要地位。

大会确认，构成新时代坚持和发展中国特色社会主义基本方略的"十四条坚持"：坚持党对一切工作的领导；坚持以人民为中心；坚持全面深化改革；坚持新发展理念；坚持人民当家作主；坚持全面依法治国；

坚持社会主义核心价值体系；坚持在发展中保障和改善民生；坚持人与自然和谐共生；坚持总体国家安全观；坚持党对人民军队的绝对领导；坚持"一国两制"和推进祖国统一；坚持推动构建人类命运共同体；坚持全面从严治党。

党的十九大的胜利召开，特别是将习近平新时代中国特色社会主义思想写入党章，是正式宣称中国特色社会主义进入了新时代的重要标志，是马克思主义中国化的最新成果，是中国特色社会主义理论体系的重大发展。

■ 重要论述

我们的现代化建设，必须从中国的实际出发。无论是革命还是建设，都要注意学习和借鉴外国经验。但是，照抄照搬别国经验、别国模式，从来不能得到成功。这方面我们有过不少教训。把马克思主义的普遍真理同我国的具体实际结合起来，走自己的道路，建设有中国特色的社会主义，这就是我们总结长期历史经验得出的基本结论。

——邓小平：《中国共产党第十二次全国代表大会开幕词》（1982年9月1日），《邓小平文选》第三卷，人民出版社1993年版，第2—3页

那末，我国社会主义的初级阶段，是一个什么样的历史阶段呢？它不是泛指任何国家进入社会主义都会经历的起始阶段，而是特指我国在生产力落后、商品经济不发达条件下建设社会主义必然要经历的特定阶段。我国从五十年代生产资料私有制的社会主义改造基本完成，到社会

主义现代化的基本实现，至少需要上百年时间，都属于社会主义初级阶段。

——《沿着有中国特色社会主义道路前进——在中国共产党第十三次全国代表大会上的报告》（1987年10月25日）

建设有中国特色社会主义的理论，是在和平与发展成为时代主题的历史条件下，在我国改革开放和社会主义现代化建设的实践过程中，在总结我国社会主义胜利和挫折的历史经验并借鉴其他国家社会主义兴衰成败历史经验的基础上，逐步形成和发展起来的。

——江泽民：《加快改革开放和现代化建设步伐，夺取有中国特色社会主义事业的更大胜利——在中国共产党第十四次全国代表大会上的报告》（1992年10月12日）

马克思列宁主义同中国实际相结合有两次历史性飞跃，产生了两大理论成果。第一次飞跃的理论成果是被实践证明了的关于中国革命和建设的正确的理论原则和经验总结，它的主要创立者是毛泽东，我们党把它称为毛泽东思想。第二次飞跃的理论成果是建设有中国特色社会主义理论，它的主要创立者是邓小平，我们党把它称为邓小平理论。

——江泽民：《高举邓小平理论伟大旗帜，把建设有中国特色社会主义事业全面推向二十一世纪——在中国共产党第十五次全国代表大会上的报告》（1997年9月12日）

开创中国特色社会主义事业新局面，必须高举邓小平理论伟大旗帜，坚持贯彻"三个代表"重要思想。"三个代表"重要思想是对马克思列宁主义、毛泽东思想和邓小平理论的继承和发展，反映了当代世界和中国的发展变化对党和国家工作的新要求，是加强和改进党的建设、推进我国社会主义自我完善和发展的强大理论武器，是全党集体智慧的结晶，是党必须长期坚持的指导思想。始终做到"三个代表"，是我们党的立党之本、执政之基、力量之源。

——江泽民：《全面建设小康社会，开创中国特色社会主义事业新局面——在中国共产党第十六次全国代表大会上的报告》（2002年11月8日）

中国特色社会主义理论体系，就是包括邓小平理论、"三个代表"重要思想以及科学发展观等重大战略思想在内的科学理论体系。

——胡锦涛：《高举中国特色社会主义伟大旗帜，为夺取全面建设小康社会新胜利而奋斗——在中国共产党第十七次全国代表大会上的报告》（2007年10月15日）

科学发展观是中国特色社会主义理论体系最新成果，是中国共产党集体智慧的结晶，是指导党和国家全部工作的强大思想武器。科学发展观同马克思列宁主义、毛泽东思想、邓小平理论、"三个代表"重要思想一道，是党必须长期坚持的指导思想。

——胡锦涛：《坚定不移沿着中国特色社会主义道路前进，为全面建成小康社会而奋斗——在中国共产党第十八次全国代表大会上的报告》（2012年11月8日）

十八大以来，国内外形势变化和我国各项事业发展都给我们提出了一个重大时代课题，这就是必须从理论和实践结合上系统回答新时代坚持和发展什么样的中国特色社会主义、怎样坚持和发展中国特色社会主义，包括新时代坚持和发展中国特色社会主义的总目标、总任务、总体布局、战略布局和发展方向、发展方式、发展动力、战略步骤、外部条件、政治保证等基本问题，并且要根据新的实践对经济、政治、法治、科技、文化、教育、民生、民族、宗教、社会、生态文明、国家安全、国防和军队、"一国两制"和祖国统一、统一战线、外交、党的建设等各方面作出理论分析和政策指导，以利于更好坚持和发展中国特色社会主义。

围绕这个重大时代课题，我们党坚持以马克思列宁主义、毛泽东思想、邓小平理论、"三个代表"重要思想、科学发展观为指导，坚持解放思想、实事求是、与时俱进、求真务实，坚持辩证唯物主义和历史唯物主义，紧密结合新的时代条件和实践要求，以全新的视野深化对共产党执政规律、社会主义建设规律、人类社会发展规律的认识，进行艰辛理论探索，取得重大理论创新成果，形成了新时代中国特色社会主义思想。

——习近平：《决胜全面建成小康社会　夺取新时代中国特色社会主义伟大胜利——在中国共产党第十九次全国代表大会上的报告》（2017年10月18日）

■ 讨论题

1. 怎样理解中国特色社会主义理论体系产生的时代背景和历史条件？
2. 怎样理解中国特色社会主义理论体系各个组成部分的相互关系？

第七讲
邓小平理论

■ **学习目的、重点**

  邓小平理论是中国特色社会主义理论体系的重要组成部分，是这个理论体系的辉煌开篇。马克思主义中国化的第二次飞跃的理论成果，是建设有中国特色社会主义理论，它的主要创立者是邓小平同志，我们党把它称为邓小平理论。本讲紧紧抓住"什么是社会主义、怎样建设社会主义"这个首要的基本问题，具体说明了邓小平理论如何在新的时代背景和社会条件下，实现了马克思主义与当代中国实际相结合，把我们党的马克思主义水平推向一个崭新境界，从而开创了中国特色社会主义理论体系。以此为基础，进一步探讨了邓小平理论实事求是的精髓的深刻含义，简略总结了我们党坚持和发展邓小平理论所不断取得的新的理论成果。

一、邓小平理论是当代中国的马克思主义

党的十五大正式确立了邓小平理论在全党的指导地位。党的十五大指出，实践证明，作为毛泽东思想的继承和发展的邓小平理论，是指导中国人民在改革开放中胜利实现社会主义现代化的正确理论。在当代中国，只有把马克思主义同当代中国实践和时代特征结合起来的邓小平理论，而没有别的理论能够解决社会主义的前途和命运问题。邓小平理论是当代中国的马克思主义，是马克思主义在中国发展的新阶段。在当代中国，马克思列宁主义、毛泽东思想、邓小平理论，是一脉相承的统一的科学体系。坚持邓小平理论，就是真正坚持马克思列宁主义、毛泽东思想；高举邓小平理论的旗帜，就是真正高举马克思列宁主义、毛泽东思想的旗帜。

为什么说邓小平理论是当代中国的马克思主义？

这是因为，邓小平理论以马克思主义为指导，回答了从"老祖宗"的书本里找不到现成答案的当代中国的一系列重大问题，实践证明邓小平同志的回答是正确的。而且，所有这些回答已经远不是个别的经验、个别的结论，而是具有了比较系统、比较成熟的理论形态。于是，我们把邓小平理论称为当代中国的马克思主义。

1. 思考之一：什么是社会主义

马克思恩格斯依据唯物史观的原理，在深刻批判资本主义种种弊端

的基础上，充分论证了社会主义必然代替资本主义的历史必然性，为我们树立了未来社会的远大目标。就科学社会主义理论而言，马克思恩格斯的最大贡献，不在于对未来社会的具体设计，而在于阐明未来社会相对于资本主义社会的无比优越性和由此而来代替后者的历史必然性。如果说，马克思恩格斯对未来社会也有一些美好憧憬的话，那也多是建立在发达资本主义的基础之上的愿景。关于这一点，只要稍微用心领会一下恩格斯的《社会主义从空想到科学的发展》，就不难理解。未来社会究竟是什么样子？马克思恩格斯没有像大学的教授写教科书和课堂讲授那样具体告诉我们，也没有像毛泽东设计中国新民主主义社会那样作过具体描述。他们告诉我们的是人类社会的发展方向、发展过程、发展规律。一是，未来社会是自由人联合体。"代替那存在着阶级和阶级对立的资产阶级旧社会的，将是这样一个联合体，在那里，每个人的自由发展是一切人的自由发展的条件。"[1]关于人的自由发展，恩格斯作过明确的阐述："社会的每一个成员都能完全自由地发展和发挥他的全部才能和力量，并且不会因此而危及这个社会的基本条件。"[2]"他们的体力和智力获得充分的自由的发展和运用"。最终，"人终于成为自己的社会结合的主人，从而也就成为自然界的主人，成为自身的主人——自由的人"[3]。自由人联合体，应该是迄今为止，人类对自身社会发展目标的最高追求。二是，共产主义社会具有两个发展阶段。与其他的社会形态一样，共产主义社会也有一个从低级到高级、从不成熟到成熟、从不完善到完善的

---

[1] 马克思恩格斯：《共产党宣言》，《马克思恩格斯选集》第一卷，人民出版社 2012 年版，第 422 页。

[2] 恩格斯：《共产主义信条草案》，《马克思恩格斯全集》第四十二卷，人民出版社 1965 年版，第 373 页。

[3] 恩格斯：《社会主义从空想到科学的发展》，《马克思恩格斯选集》第三卷，人民出版社 2012 年版，第 814、817 页。

发展过程。马克思把这个发展过程明确区分为"第一阶段"和"高级阶段",经过长久阵痛刚刚从资本主义社会中脱胎出来的阶段,是共产主义社会的第一阶段;在这个阶段基础上经过充分发展了的阶段,称作共产主义社会的高级阶段。两个阶段同是共产主义社会,但发展的成熟程度有所不同。后来列宁把共产主义社会的第一阶段称为社会主义社会,把共产主义的高级阶段称为共产主义社会。这个关于共产主义社会的发展阶段论,揭示了实现共产主义社会是一个长期的历史过程。不然就无法解释,一个刚刚从资本主义社会中脱胎出来而不能不带有它的母体的痕迹的社会,怎么完成向自由人联合体的跳跃?三是,对未来社会的基本元素和特征作了一定的描述。这主要是关于随着生产力的高度发展而使物质财富极大涌现,消灭私有制、消灭阶级、消灭剥削,合理地分配财富,与传统观念彻底决裂,过渡时期实行无产阶级专政等的论述。这些原则,不是马克思恩格斯的头脑里固有的,而是他们在批判资本主义社会的种种弊端的过程中,在批判地继承空想社会主义的合理成果的基础上,逐步形成和发展起来的。马克思恩格斯提出的这些原则,总体上是正确的,其基本精神我们至今都要记取并坚持。但问题是,我们在过去很长一个时期里把这些原则神圣化、教条化、绝对化了,为此我们曾经付出过沉痛的代价。

在什么是社会主义的问题上,邓小平同志是怎样坚持和发展了马克思主义的呢?

第一,邓小平同志始终不渝地坚持社会主义方向。有两个突出的表现,一个是,在粉碎"四人帮"之后的一个时期里,不少的干部、党员、群众因为我国的社会主义事业曾经遭受过严重的挫折和损失,而对社会主义的前程产生了动摇。面对这种思想状态,邓小平同志反复地教育广大干部、党员和群众,必须坚定只有社会主义才能救中国,也只有社主义才能发展中国的信念。邓小平同志还指出，要让青年人相信社会主义，不仅要进行思想教育，更重要的是用社会主义发展的事实说话。他说，"但最终说服不相信社会主义的人要靠我们的发展"。[1]当今我国人民对社会主义的信心，不正是与改革开放引领我国社会主义不断取得巨大成功，使人民从中不断得到实惠紧密相连的吗？另一个是，20世纪80代末90年代初，随着东欧剧变，我国的社会主义事业也遇到了挫折，世界的社会主义运动的发展进入了低潮，社会主义难道真的就一蹶不振了吗？在这个紧要关头，邓小平同志高擎社会主义的大旗，义无反顾地带领中国人民坚持改革开放，把中国特色社会主义事业不断推向新的发展阶段。事实雄辩地说明，社会主义的旗帜决没有倒，它在神州大地上高高飘扬！邓小平说："我坚信，世界上赞成马克思主义的人会多起来，因为马克思主义是科学。它运用历史唯物主义揭示了人类社会发展的规律。封建社会代替奴隶社会，资本主义代替封建主义，社会主义经历一个长过程发展后必然代替资本主义。这是社会历史发展不可逆转的总趋势，但道路是曲折的。"他说，在曲折面前，"人民经受锻炼，从中吸收教训，将促使社会主义向着更加健康的方向发展。因此，不要惊慌失措，不要认为马克思主义就消失了，没用了，失败了。哪有这回事！"[2]

第二，邓小平同志提出了社会主义初级阶段的理论。这个理论是对科学社会主义学说的重大发展。马克思关于共产主义的阶段论，是把共产主义划分为两个阶段。而邓小平的社会主义初级阶段理论，则是从中国的实际出发，认为社会主义自身就有一个相当长的初级阶段。党的

---

[1]邓小平：《用中国的历史教育青年》，《邓小平文选》第三卷，人民出版社1993年版，第204页。
[2]邓小平：《在武昌、深圳、珠海、上海等地的谈话要点》，《邓小平文选》第三卷，人民出版社1993年版，第382—383、383页。

十三大前，邓小平同志指出："我们党的十三大要阐述中国社会主义是处在一个什么阶段，就是处在初级阶段，是初级阶段的社会主义。社会主义本身是共产主义的初级阶段，而我们中国又处在社会主义的初级阶段，就是不发达的阶段。"[1]这种情况，马克思恩格斯没有预见过，列宁、毛泽东也没有明确提出过。邓小平和中国共产党提出的社会主义初级阶段理论是一个重大创造，是对科学社会主义理论的重大发展。

第三，邓小平同志进一步揭示了社会主义的本质。所谓事物的本质，是指事物的根本属性、根本特点。揭示社会主义的本质，就是要抓住社会主义的根本属性、根本特点。邓小平同志非常明确地指出："社会主义的本质，是解放生产力，发展生产力，消灭剥削，消除两极分化，最终达到共同富裕。"[2]这一概括，是坚持了马克思主义，也是发展了马克思主义。社会主义必须发展生产力，发展生产力是社会主义的根本任务，这在经典著作中是经常强调的，尽管林彪、"四人帮"曾经把这攻击为"唯生产力论"。而在社会主义条件下也要解放生产力，过去我们没有这个意识，"老祖宗"也没有强调过。邓小平同志把解放生产力提到了社会主义本质的高度，这是具有开创性的。说明我们对社会主义社会存在的矛盾运动，对社会主义制度的完善过程有了深刻的认识，解决矛盾、完善制度必须进行改革，改革的目的是解放生产力，发展生产力。邓小平同志的这一小段话，言简意赅、严谨完整。"解放生产力"是摆在"发展生产力"之前，是一种强调。在"消灭剥削"之后，又有"消除两极分化"，后一层意思也有新意，消灭剥削是我们一贯的认识，一直都很明

---

[1] 邓小平：《一切从社会主义初级阶段的实际出发》，《邓小平文选》第三卷，人民出版社1993年版，第252页。
[2] 邓小平：《在武昌、深圳、珠海、上海等地的谈话要点》，《邓小平文选》第三卷，人民出版社1993年版，第373页。

确，而对于社会主义还会出现两极分化，我们恐怕缺乏足够的警惕。邓小平从社会主义本质的高度，提出"消除两极分化"，随着社会环境的发展变化，我们越来越感受到其中的深刻意义。而且，在"达到共同富裕"之前，还添有"最终"二字，表明达到共同富裕是需要经历一个过程的。所以，我们说邓小平的概括实在精辟。

也有同志提出，这个关于社会主义本质的概括，没有提到公有制，没有提到党的领导，也没有提到人民民主专政。如果照此推延，似乎还可以质疑，没有提到精神文明，没有提到社会和谐，等等。其实，这种担忧是没有必要的。上述这些文明的元素，理所当然地都属于社会主义的属性之列。但是，相比邓小平同志列举的社会主义属性，其根本性、重要性就显得不那么充分。比如，公有制确实十分重要，在生产关系中具有决定性。然而，它与消灭剥削、消除两极分化、实现共同富裕相比，就明显地表现出工具、手段的功能。共同富裕是目的，公有制是工具、手段。确实，在邓小平的论述之中，在强调社会主义优越性问题时，是多次并提公有制与共同富裕的，而在他的南方谈话中，没有提到公有制。这当然不能认为是一种偶然的疏漏。邓小平同志所着意表达的，是社会主义的本质，如果把社会主义的所有属性都顾及了，那就不是揭示社会主义的根本属性，就不是社会主义的本质了。因此，我们没有必要苛求邓小平同志的概括。相反，我们倒要着意去理解邓小平关于社会主义本质的概括的用心所在。

第四，邓小平同志澄清了对社会主义认识的很多谬误。在这方面，邓小平同志有很多重要贡献。择其要者，一是，彻底摒弃了"社会主义等于贫穷"的荒谬之见。邓小平同志振聋发聩提出，贫穷不是社会主义！社会主义要消灭贫穷。邓小平理论告诉我们，社会主义的特点不是穷，而是富，是人民的共同富裕。如果社会主义就是贫穷，大家过苦日子，哪还有什么吸引力？二是，坚决摒弃以阶级斗争为纲的错误理论。社会主义是逐步消灭阶级的社会。如果坚持以阶级斗争为纲，阶级斗争年年讲、月月讲、天天讲，社会将永无宁日，也就无法实现消灭阶级的目的。在邓小平同志的领导下，我们党果断地纠正了以阶级斗争为纲和无产阶级专政下继续革命的错误，把工作重心转移到社会主义现代化建设上来，一心一意搞经济建设，坚持发展是硬道理，始终不渝地把发展生产力作为社会主义的根本任务。三是，改变了固化社会主义优越性的旧观念。邓小平同志认为，充分发挥社会主义的优越性，应当在经济上，迅速发展社会生产力，逐步改善人民的物质文化生活；政治上，充分发扬人民民主，巩固和发展安定团结、生动活泼的政治局面；组织上，迫切需要培养、发现、提拔、使用社会主义现代化建设人才。所以，必须改革党和国家领导制度及其他制度，以充分发挥社会主义的优越性。在邓小平同志看来，改革是巩固和发展社会主义的根本动力，改革是决定中国命运的一招，不改革死路一条。四是，彻底改变了市场经济等于资产主义、计划经济等于社会主义的旧观念，确立了我国经济体制改革的目标是建立社会主义市场经济体制，从经济资源配置机制的重要领域，实现了马克思主义发展史上的一个重大飞跃，是社会主义理论发展的一个具有标志性的突破。

2. 思考之二：什么是中国的社会主义

这是一个与前一个问题有关联的问题。

"老祖宗"的理论，主要是阐述建立社会主义、发展社会主义的一般理论，阐明的是社会主义的一般规律，而且认为，社会主义应该是在欧美发达国家同时成为现实。至于在中国这样的贫穷落后的东方大国实现社会主义的问题，"老祖宗"没有着意探讨并给出答案。俄国率先进行了建立和建设社会主义的实践，我们曾经引以为师，后来的历史证明，俄国建设社会主义的实践并不成功。中国怎么办？资本主义的道路走不通，社会主义的道路又无成功的先例可循。

毛泽东同志和邓小平同志共同完成了这一伟大的历史性课题，从而贡献了两大理论成果。

毛泽东的新民主主义理论回答了这一课题的上半部分。中国革命必须分两步走，第一步是新民主主义革命，第二步是社会主义革命。在毛泽东同志看来，只有经过新民主主义才能达到社会主义，这是马克思主义的天经地义。毛泽东同志曾经预测过，新民主主义将是一个比较长的历史时期。围绕着新民主主义的目标，毛泽东完整地贡献出关于新民主主义革命的性质、任务、前途、动力、道路、策略、领导力量和依靠、团结力量的学说。在这个理论的指引下，中国革命成功地越过了所谓的"卡夫丁峡谷"。

完成这个课题后半部分的是邓小平同志。邓小平同志坚持解放思想、实事求是，在高举毛泽东思想旗帜的前提下，坚决纠正我们党既往建设社会主义的失误，同时借鉴各国社会主义建设的经验教训，从而创立了中国特色社会主义理论，比较系统地回答了关于社会主义的一系列基本问题。实践证明，邓小平理论确实是当代中国的马克思主义，它能够引导中国的现代化建设达到胜利的彼岸。

邓小平同志指出："我们的现代化建设，必须从中国的实际出发。无论是革命还是建设，都要注意学习和借鉴外国经验。但是，照抄照搬别国经验、别国模式，从来不能得到成功。这方面我们有过不少教训。把马克思主义的普遍真理同我国的具体实际结合起来，走自己的道路，建设有中国特色的社会主义，这是我们总结长期历史经验得出的基本结论。"[1]

邓小平同志强调：

"过去搞民主革命，要适合中国情况，走毛泽东同志开辟的农村包围城市的道路。现在搞建设，也要适合中国情况，走出一条中国式的现代化道路。"[2]

"我们搞的现代化，是中国式的现代化。我们建设的社会主义，是有中国特色的社会主义。"[3]

"马克思主义必须是同中国实际相结合的马克思主义，社会主义必须是切合中国实际的有中国特色的社会主义。"[4]

"革命是这样，建设也是这样。在革命成功后，各国必须根据自己的条件建设社会主义。固定的模式是没有的，也不可能有。"[5]

邓小平同志告诉我们，我们干的是全新的事业，马克思没有讲过，前人也没有做过。我们是在用创造性的实践丰富和发展马克思主义。邓小平同志以极大的政治勇气和彻底的唯物主义精神，高屋建瓴、势如破竹，毅然决然地打破了长期以来社会主义定于一尊的苏联模式的思想枷锁，实在是一个意义深刻广泛的创造。邓小平理论无愧为当代中国的马克思主义！

---

[1] 邓小平：《中国共产党第十二次全国代表大会开幕词》，《邓小平文选》第三卷，人民出版社1993年版，第2—3页。
[2] 邓小平：《坚持四项基本原则》，《邓小平文选》第二卷，人民出版社1994年版，第163页。
[3] 邓小平：《路子走对了，政策不会变》，《邓小平文选》第三卷，人民出版社1993年版，第29页。
[4] 邓小平：《建设有中国特色的社会主义》，《邓小平文选》第三卷，人民出版社1993年版，第63页。
[5] 邓小平：《结束过去，开辟未来》，《邓小平文选》第三卷，人民出版社1993年版，第292页。

二、邓小平理论的贡献与精髓

党的十四大对邓小平理论的历史贡献和基本内容作了经典性的概括。指出，这个理论第一次比较系统地初步回答了中国这样的经济文化比较落后的国家如何建设社会主义、如何巩固和发展社会主义的一系列基本问题，用新的思想、观点，继承和发展了马克思主义。

党的十五大继承党的十四大的上述评价，并作了一定的发挥，把我们对邓小平理论的深刻性、重要性、指导性的认识提升到一个新高度。党的十五大指出，邓小平理论之所以能够成为马克思主义在中国发展的新阶段，是因为：第一，邓小平理论坚持解放思想、实事求是，在新的实践基础上继承前人又突破陈规，开拓了马克思主义的新境界。第二，邓小平理论坚持科学社会主义理论和实践的基本成果，抓住"什么是社会主义、怎样建设社会主义"这个根本问题，深刻地揭示社会主义的本质，把对社会主义的认识提高到新的科学水平。第三，邓小平理论坚持用马克思主义的宽广眼界观察世界，对当今时代特征和总体国际形势，对世界上其他社会主义国家的成败，发展中国家谋求发展的得失，发达国家发展的态势和矛盾，进行正确分析，作出了新的科学判断。第四，总起来说，邓小平理论形成了新的建设有中国特色社会主义理论的科学体系。

从党的十四大、十五大的相关论述中，我们可以体会到，邓小平理论最大的历史贡献，就是它依据马克思主义的基本原理，适应时代的发展变化，总结各国建设社会主义的经验教训，坚持从中国的实际出发，初步回答了什么是社会主义及怎样建设社会主义的问题。马克思之前，人类的先进分子就有社会主义的理想，但是他们从来没有从科学理论上说明过究竟什么是社会主义，他们的描述多是停留在伦理道德的层面。马克思凭借他关于唯物史观和剩余价值论的两大发现，科学地论证了社会主义的必然性和合理性，与恩格斯共同创立了科学社会主义学说。马克思恩格斯在未来发展的很高层次上揭示了社会主义、共产主义的本质，也从批判资本主义弊端的过程中预言了未来社会的特征。但是，由于他们没有社会主义的具体实践，也就没有具体勾画社会主义的样式，并且认为作这种具体设计有弊无利。而他们之后，列宁以来的这个脉系上的各国领导人的探索鲜有成功的记录。马克思主义其他流脉一些领导人也尚在探索之中。就是在这样的历史大背景下，邓小平理论应运而生了，它在马克思主义发展史上留下了开创性的篇章。特别重要的是，邓小平理论已经远不只是一种止于书面的学说，而且是经过 40 年来改革开放实践证明的科学理论，是指引我们的事业无往而不胜的理论法宝和精神支柱。

邓小平同志之所以能够作出如此杰出的贡献，最关键的一条，就是他矢志不移地坚信实事求是。他说："实事求是是马克思主义的精髓。要提倡这个，不要提倡本本。我们改革开放的成功，不是靠本本，而是靠实践，靠实事求是。""实践是检验真理的唯一标准。我读的书并不多，就是一条，相信毛主席讲的实事求是。"[1]马克思主义的精髓是实事求是，毛泽东思想的精髓也是实事求是，邓小平理论的精髓同样是实事求是。正是这个精髓的一致性，才有了马克思主义、毛泽东思想、邓小平理论的一脉相承、与时俱进。

实事求是一词，源自东汉班固的《汉书》，延绵传承，原本指一种

---

[1] 邓小平：《在武昌、深圳、珠海、上海等地的谈话要点》，《邓小平文选》第三卷，人民出版社 1993 年版，第 382 页。

严谨的治学态度和方法,被中国古代学者视为治学治史的座右铭。毛泽东同志把它借用到党的建设上来,赋予它新的内涵和意境,使之成为马克思主义学风的标志,成为马克思主义精髓的标志。关于实事求是的内涵,毛泽东同志的论述极为精辟,他强调用马克思列宁主义之"矢"射中国革命之"的","这种态度,就是实事求是的态度。'实事'就是客观存在的一切事物,'是'就是客观事物的内部联系,即规律性,'求'就是我们去研究"[1]。所谓规律,就是事物内在的本质的联系。实事求是的真谛,就是去研究事物自身的发展规律,即事物内在的本质的联系,尊重规律,按规律办事。今天,邓小平理论就是用马克思主义之"矢",去射建设中国特色社会主义之"的",一切从社会主义初级阶段的实际出发,即从这个"实事"出发,去"求",即研究当代中国发展、改革和稳定之"是","是"即其中的规律性,其中内在的本质的联系,也就是建设中国特色社会主义的规律性。这就是我们今天所要求的实事求是,也就是贯穿邓小平理论的精髓。

邓小平同志的实事求是论精彩纷呈、含义深刻、特色鲜明,极富感染力和启发性,简述如下:

1. "两个凡是"[2] 不符合马克思主义

邓小平同志指出,把毛泽东同志在这个问题上讲的移到另外的问题上,在这个地点讲的移到另外的地点,在这个时间讲的移到另外的时间,

---

[1] 毛泽东:《改造我们的学习》,《毛泽东选集》第三卷,人民出版社 1991 年版,第 801 页。
[2] "两个凡是",指 1977 年 2 月 7 日《人民日报》、《红旗》杂志、《解放军报》社论《学好文件抓住纲》中提出的"凡是毛主席作出的决策,我们都坚决维护;凡是毛主席的指示,我们都始终不渝地遵循"。

在这个条件下讲的移到另外的条件下，这样做，不行嘛！毛泽东同志自己多次说过，他有些话讲错了。他说，一个人只要做工作，没有不犯错误的。又说，马恩列斯都犯过错误，如果不犯错误，为什么他们的手稿常常改了又改呢？改了又改就是因为原来有些观点不完全正确，不那么完备、准确嘛。提出"两个凡是"的实质，就是要坚持毛泽东同志晚年的错误，不准改正错误。我们现在所干的是全新的事业，要么是毛泽东同志曾经反对过的，要么是毛泽东同志没有讲过的，如果按照"两个凡是"逻辑，那么我们就什么都不能干，就只能依旧停留在以阶级斗争为纲的错误之中。"两个凡是"从思想方法上说，就是坚持主观唯心主义、本本主义，反对实践是检验真理的唯一标准。本本不是判断我们的行为是否正确的标准，相反，实践却是检验所有本本是否正确的唯一标准。不管什么人，包括"老祖宗"、毛泽东同志说对的，我们都要坚持，绝不能丢；他们说的不对的，我们就要加以改正；他们说的不完备的，我们就要加以完备。这就是邓小平同志告诉我们的非常朴实的道理，是我们解放思想、开动脑筋的锐利武器。

破除"两个凡是"，逻辑的结果必然是树立实践是检验真理的唯一标准。邓小平同志充分肯定了真理标准问题的大讨论，有力地促使了全党重新确立马克思主义的思想路线。邓小平同志说，从争论的情况看，越看越重要。他极其尖锐地指出："一个党，一个国家，一个民族，如果一切从本本出发，思想僵化，迷信盛行，那它就不能前进，它的生机就停止了，就要亡党亡国。""从这个意义上说，关于真理标准问题的争论，的确是个思想路线问题，是个政治问题，是个关系到党和国家的前途和命运的问题。"[1] 这些话极有警醒性，现在读来都感到十分真切。

---

[1] 邓小平：《解放思想，实事求是，团结一致向前看》，《邓小平文选》第二卷，人民出版社1994年版，第143页。

2. 能抓住耗子就是好猫

"猫论",原是四川的一句俗语。天府之国,田多粮多鼠也多,农家养猫,为的是灭鼠护粮,当然不在乎猫的肤色。首先用这句俗语来表达一种思想观点的,是邓小平同志的同乡、多年的搭档刘伯承元帅。战争年代刘帅常常引用它,无非是说打仗不能拘泥于教条、形式,而必须实事求是确定克敌制胜的战略战术。20世纪60年代初期,邓小平同志为了说明农村的生产关系的形式要适应生产力水平,要有利于调动广大农民的生产积极性时,借用了这一比喻。不过,刘帅和邓小平都没有用"白猫",而是用的"黄猫"。可能是因为"白"与"黑"更有对比性,更因为毛泽东批"猫论"用的也是"白猫黑猫",所以现在流行的版本就是"白猫黑猫"了。因为,邓小平同志运用"猫论",是针对重大现实问题,影响不同一般,加上中国大众又喜欢邓小平如同"猫论"中表现的思想方法和价值标准,所以"猫论"的发明权便非邓小平莫属了。

后来,正式记录并公之于世的,是1962年7月,邓小平同志在提到农村中的各种生产方式,包括公社所有制,以生产大队为核算单位,以生产队为核算单位,和"包产到户"时,说:"生产关系究竟以什么形式为最好,恐怕要采取这样一种态度,就是哪种形式在哪个地方能够比较容易比较快地恢复和发展农业生产,就采取哪种形式;群众愿意采取哪种形式,就应该采取哪种形式,不合法的使它合法起来。……刘伯承同志经常讲一句四川话:'黄猫、黑猫,只要捉住老鼠就是好猫。'这是说的打仗。我们之所以能够打败蒋介石,就是不讲老规矩,不按老路子打,一切看情况,打赢算数。现在要恢复农业生产,也要看情况,就是在生产关系上不能完全采取一种固定不变的形式,看用哪种形式能够调动群众的积极性就采用哪种形式。"[1]

显而易见，邓小平同志在这里借用"猫论"，其基本精神是要从实际出发，实事求是地解决我国农村生产关系的实现方式问题，什么方式有利于生产并为群众所接受，就用什么方式，这是唯物论的态度，是坚持生产力标准的态度，也是走群众路线的态度。它的本意，生产关系一定要适合生产力。把它推延到其他领域，作为提倡从实际出发，实事求是地选择完成任务的方式，以完成任务的实效来检验方式得当与否的一种象征，也是很自然的，正说明了"猫论"寓意之普遍。需要清楚，邓小平同志的"猫论"，丝毫也没有涉及姓"社"姓"资"的问题，更没有可以不管姓"社"姓"资"的问题。说"猫论"就是不管姓"社"姓"资"，把"猫论"诬为阶级斗争熄灭论、唯生产力论，纯属"四人帮"之流对邓小平的恶毒攻击。如果有人现在还持这种看法，不是目无事实，颠倒是非，至少是无知了。还有一种说法，说"猫论"本身不是一种理论，不是哲学观点，不是方法论原则，因而对于我们分析事物不具有普遍的指导意义。问题根本就不在"猫论"本身，而在"猫论"的实质，在它所反映出来的精神。如果仅仅是就猫论猫，仅仅是只适合针对某一具体的问题，会那样令"四人帮"之流大动肝火、大张挞伐吗？如果它不表现出一种理论、哲学和方法论原则，它能够为广大干部群众所普遍认同、喜闻乐见吗？"猫论"的底蕴，是生产关系一定要适合生产力，一定要从实际出发确定生产关系的具体形式，难道这不是理论，不具有普遍的指导意义吗？任何理论都有一个发轫、发展和成熟的过程。"猫论"的实质，就是生产力标准，直露无遗地表现出历史唯物论真理的锋芒。

---

[1] 邓小平：《怎样恢复农业生产》，《邓小平文选》第一卷，人民出版社1994年版，第323页。

唯其如此，过去才那么令"四人帮"之流畏惧和憎恶。

3. 判断的标准是"三个是否有利于"

为了破除"改革开放迈不开步子，不敢闯，说来说去就是怕资本主义的东西多了，走了资本主义道路"的思想阻碍，解放人们的思想，加快发展和改革的步子，邓小平同志明确提出："判断的标准，应该主要看是否有利于发展社会主义社会的生产力，是否有利于增强社会主义国家的综合国力，是否有利于提高人民的生活水平。"[1]这一标准，如同实践是检验真理的唯一标准一样，在加快发展、深化改革的关键时刻，又一次破除了束缚人们手脚的各种思想樊篱，有力地推动了20世纪90年代新一轮的思想解放运动。

有的同志认为，上述标准并不是直接回答姓"资"还是姓"社"问题的，即不是划分社会主义与资本主义的标准。如果说，这样提出问题，是考虑到邓小平同志在什么是社会主义、什么是资本主义的问题上，还有更直接更具体的说法，比如邓小平同志常常说贫穷不是社会主义，常常说社会主义必须坚持公有制和共同富裕，尤其是他关于社会主义本质的论述，这当然是可以理解的。但是，如果以为邓小平同志的"三个是否有利于"，同他关于对姓"资"姓"社"问题的认识毫不相干，就大谬不然了。"三个是否有利于"，的确不是从具体的社会形态上给社会主义和资本主义定性，却是从推动社会生产力发展这个根本问题上，从思想方法论上，为我们确定姓"社"姓"资"的是非，提供了正确的指导。所以说，"三个是否有利于"不仅同回答姓"资"姓"社"的问题有关

---

[1] 邓小平：《在武昌、深圳、珠海、上海等地的谈话要点》，《邓小平文选》第三卷，人民出版社1993年版，第372页。

系，而且至为密切。把"三个是否有利于"同回答姓"资"姓"社"的问题完全割裂开来，是不正确的。

还是让我们来向邓小平同志的著作请教吧。"三个是否有利于"是在南方谈话的第二部分中提出来的，通观全文，是这一部分的核心内容。在"三个是否有利于"之前，邓小平同志先论述了改革开放要敢试敢闯，不可能一开始就百分之百正确，建设中国式的社会主义有一个逐步成熟、定型的过程。这是引言，引出了不敢闯的要害还是姓"资"姓"社"的问题，于是就点出了"三个是否有利于"的命题。接着，邓小平联系我们改革开放走过的路子，对"三个是否有利于"的标准进行了充分的论证。他举了三个例子。第一个是办特区，担心是不是搞资本主义，他说："特区姓'社'不姓'资'。"第二个是计划和市场的关系，计划和市场都是经济手段，不是社会主义和资本主义的本质区别。就在这里，邓小平同志指出了："社会主义的本质，是解放生产力，发展生产力，消灭剥削，消除两极分化，最终达到共同富裕。"并对共同富裕的构想作了具体解释。第三个是农村改革，邓小平说他的一个发明是不搞争论，不争论，是为了争取时间干。农村改革取得了巨大的成功。最后，又指出："现在，有右的东西影响我们，也有'左'的东西影响我们，但根深蒂固的还是'左'的东西。""中国要警惕右，但主要是防止'左'。"[1]这实际上是揭示了我们不断受姓"资"还是姓"社"问题困扰的原因，主要是受"左"的影响。

邓小平同志举的三个例子，有哪一个离开了姓"资"姓"社"问题的争论？一个也没有。三个例子，全是针对姓"社"姓"资"的问题而

---

[1] 邓小平：《在武昌、深圳、珠海、上海等地的谈话要点》，《邓小平文选》第三卷，人民出版社1993年版，第372、373、375页。

举的。邓小平同志以"三个是否有利于"为标准,高瞻远瞩、正气凛然地指明了办特区、搞市场经济和农村家庭联产承包这三项改革,都不姓"资"而姓"社"。"三个是否有利于"的提出,打开了我们进一步解放思想的闸门,不仅具有重大的现实意义,而且具有长久的指导意义。因为我们还需要继续闯和试,继续探索和前进。

4. 民主是解放思想的重要条件

中央党校耸立着一座著名的校训碑,毛泽东同志题写的四个大字"实事求是"被金光闪闪地镌刻在上。可是,在这里学习的学员却常常纳闷:实事求是,为什么就说起来容易做起来难?其实,邓小平同志早在1978年党的十一届三中全会的报告中给出了答案,他提出:"解放思想,开动脑筋,一个十分重要的条件就是要真正实行无产阶级的民主集中制。""当前这个时期,特别需要强调民主。因为过去一个相当长的时间内,民主集中制没有真正实行,离开民主讲集中,民主太少。"他还要求,要创造民主的条件,要重申"三不主义":不抓辫子,不扣帽子,不打棍子。在党内和人民内部的政治生活中,只能采取民主手段,不能采取压制、打击的手段。宪法和党章规定的公民权利、党员权利、党委委员的权利,必须坚决保障,任何人不得侵犯。他还特别提醒:"一个革命政党,就怕听不到人民的声音,最可怕的是鸦雀无声。"[1]他重提毛泽东同志说过的,动辄打压不同意见,是软弱的表现,是神经衰弱的表现。陈云同志也讲过相同的话,他说,如果鸦雀无声,一点意见也没有,事情就不妙。我过去说过,不怕人家讲错话,就怕人家不说话。讲错话不

---

[1]邓小平:《解放思想,实事求是,团结一致向前看》,《邓小平文选》第二卷,人民出版社1994年版,第144—145页。

要紧，要是开起会来，大家都不说话，那就天下不妙。

我们改革开放已经 40 年了，广大党员、群众的民主法治意识有了极大的增强，思想舆论也比以前开放多了，但是还很不够，与人民群众的要求还有很大距离。实事求是说易行难的根源就在于缺乏民主法治的保障。有了切实的民主条件，人们就不会有思想顾虑，就会畅所欲言，解放思想，开动脑筋，实事求是也就自然而然地由口号成为事实了。

5. 尊重群众和集体的智慧

理论来自实践，来自千百万人民群众的社会实践。发展理论，必须尊重人民群众的社会实践，尊重群众的智慧、集体的智慧。在这方面，邓小平同志堪为楷模。邓小平同志多次说过："其实很多事是别人发明的，群众发明的，我只不过是把它们概括起来，提出了方针政策。"[1] 他还说："农村搞家庭联产承包，这个发明权是农民的。农村改革中的好多东西，都是基层创造出来，我们把它拿来加工提高作为全国的指导。"[2] 1992 年 7 月，在对十四大报告送审稿的意见中，邓小平同志指出："改革开放中许许多多的东西，都是由群众在实践中提出来的。报告中讲我的功绩，一定要放在集体领导的范围内，绝不是一个人的脑筋就可以钻出什么新东西来，是群众的智慧，集体的智慧。我的功劳是把这些新事物概括起来，加以提倡。要写得合乎实际。"[3] 可见，坚持实事求是就必须尊重群众的实践和智慧，闭目塞听，阻断言路，听喜不听忧，

---

[1] 邓小平：《总结历史是为了开辟未来》，《邓小平文选》第三卷，人民出版社 1993 年版，第 272 页。

[2] 邓小平：《在武昌、深圳、珠海、上海等地的谈话要点》，《邓小平文选》第三卷，人民出版社 1993 年版，第 382 页。

[3] 《伟大的实践，光辉的篇章》，《人民日报》1992 年 10 月 24 日。

实事求是那就只能停留在校训碑上而不能落地了。

三、继续坚持和发展邓小平理论

既然邓小平理论是当代中国的马克思主义，坚持邓小平理论就是坚持马克思主义，既然邓小平理论能够解决社会主义的前途和命运问题，那我们就必须义无反顾地高举邓小平理论的旗帜。坚持基本路线100年不动摇，坚持邓小平理论的指导同样100年不动摇。从党的十五大正式确立邓小平理论为指导思想，至今只有20年，如果从党的十四大提出建设有中国特色的社会主义理论算起，至今也就不到30年，邓小平理论的精神力量远远没有发挥到尽头，社会主义越发展，我们越能感受到这个理论指导意义的重要性。我们贯彻邓小平理论已经取得很多重大成果，但是也还有一定的差距。比如，邓小平同志一再强调的共同富裕，邓小平同志着重提出的党和国家领导制度改革，等等，只是开了一个题目，文章并没有做完。只要中国特色社会主义的事业继续向前发展，我们坚持邓小平理论的指导就不能动摇。任何贬低邓小平理论的说法，任何把我们今天遇到的问题归咎于邓小平理论的说法，都是不正确的，有害的。

我们这样说，也丝毫不意味着我们把邓小平理论看成是终极真理，已经尽善尽美、不需要发展了。相反，我们始终认为，理论的生命力在于它的开放和发展，邓小平理论也是如此。事实正是如此。1997年2月，邓小平离开了我们，但是邓小平理论依然在发展。邓小平同志是邓小平理论的主创者，但这个理论并不是他一个人的理论，而是全党智慧的结晶，亿万群众智慧的结晶。党的十四大、十五大报告关于邓小平理论的论述，就是集体智慧的重要成果。完成邓小平同志未竟事业的一个重要方面，就是把他所开创的理论继续推向前进。

实际上，江泽民同志关于"三个代表"重要思想和胡锦涛同志关于科学发展观的提出，就是对邓小平理论的重要发展。"三个代表"重要思想和科学发展观，与邓小平理论是同一个理论，是发展邓小平理论的新成果，而不是与邓小平理论不相干的别的什么理论，它们同属于中国特色社会主义理论体系。

党的十七大作了这样的概括："中国特色社会主义理论体系，就是包括邓小平理论、'三个代表'重要思想以及科学发展观等重大战略思想在内的科学理论体系。""在当代中国，坚持中国特色社会主义理论体系，就是真正坚持马克思主义。"

党的十八大以来，以习近平同志为主要代表的中国共产党人，顺应时代发展，从理论和实践结合上系统回答了新时代坚持和发展什么样的中国特色社会主义、怎样坚持和发展中国特色社会主义这个重大时代课题，创立了习近平新时代中国特色社会主义思想。这是对马克思列宁主义、毛泽东思想、邓小平理论、"三个代表"重要思想、科学发展观的继承和发展，是马克思主义中国化最新成果，是党和人民实践经验和集体智慧的结晶，是中国特色社会主义理论体系的重要组成部分，是全党全国人民为实现中华民族伟大复兴而奋斗的行动指南，必须长期坚持并不断发展。习近平新时代中国特色社会主义思想作为马克思主义中国化最新成果，具有深厚的理论逻辑、现实逻辑和实践逻辑。

■ 重要论述

建设有中国特色社会主义理论的主要内容是：

在社会主义的发展道路问题上，强调走自己的路，不把书本当教条，不照搬外国模式,以马克思主义为指导,以实践作为检验真理的唯一标准,解放思想,实事求是,尊重群众的首创精神,建设有中国特色的社会主义。

在社会主义的发展阶段问题上,作出了我国还处在社会主义初级阶段的科学论断,强调这是一个至少上百年的很长的历史阶段,制定一切方针政策都必须以这个基本国情为依据,不能脱离实际,超越阶段。

在社会主义的根本任务问题上,指出社会主义的本质是解放生产力,发展生产力,消灭剥削,消除两极分化,最终达到共同富裕。强调现阶段我国社会的主要矛盾是人民日益增长的物质文化需要同落后的社会生产之间的矛盾,必须把发展生产力摆在首要位置,以经济建设为中心,推动社会全面进步。判断各方面工作的是非得失,归根到底,要以是否有利于发展社会主义社会的生产力,是否有利于增强社会主义国家的综合国力,是否有利于提高人民的生活水平为标准。科学技术是第一生产力,经济建设必须依靠科技进步和劳动者素质的提高。

在社会主义的发展动力问题上,强调改革也是一场革命,也是解放生产力,是中国现代化的必由之路,僵化停滞是没有出路的。经济体制改革的目标,是在坚持公有制和按劳分配为主体、其他经济成分和分配方式为补充的基础上,建立和完善社会主义市场经济体制。政治体制改革的目标,是以完善人民代表大会制度、共产党领导的多党合作和政治协商制度为主要内容,发展社会主义民主政治。同经济、政治的改革和发展相适应,以"有理想、有道德、有文化、有纪律"为目标,建设社会主义精神文明。

在社会主义建设的外部条件问题上,指出和平与发展是当代世界两大主题,必须坚持独立自主的和平外交政策,为我国现代化建设争取有利的国际环境。强调实行对外开放是改革和建设必不可少的,应当吸收和利用世界各国包括资本主义发达国家所创造的一切先进文明成果来发展社会主义，封闭只能导致落后。

在社会主义建设的政治保证问题上，强调坚持社会主义道路、坚持人民民主专政、坚持中国共产党的领导、坚持马克思列宁主义毛泽东思想。这四项基本原则是立国之本，是改革开放和现代化建设健康发展的保证，又从改革开放和现代化建设获得新的时代内容。

在社会主义建设的战略步骤问题上，提出基本实现现代化分三步走。在现代化建设的长过程中要抓住时机，争取出现若干个发展速度比较快、效益又比较好的阶段，每隔几年上一个台阶。贫穷不是社会主义，同步富裕又是不可能的，必须允许和鼓励一部分地区一部分人先富起来，以带动越来越多的地区和人们逐步达到共同富裕。

在社会主义的领导力量和依靠力量问题上，强调作为工人阶级先锋队的共产党是社会主义事业的领导核心，党必须适应改革开放和现代化建设的需要，不断改善和加强对各方面工作的领导，改善和加强自身建设。执政党的党风，党同人民群众的联系，是关系党生死存亡的问题。必须依靠广大工人、农民、知识分子，必须依靠各民族人民的团结，必须依靠全体社会主义劳动者、拥护社会主义的爱国者和拥护祖国统一的爱国者的最广泛的统一战线。党领导的人民军队是社会主义祖国的保卫者和建设社会主义的重要力量。

在祖国统一的问题上，提出"一个国家、两种制度"的创造性构想。在一个中国的前提下，国家的主体坚持社会主义制度，香港、澳门、台湾保持原有的资本主义制度长期不变，按照这个原则来推进祖国和平统一大业的完成。

——江泽民：《加快改革开放和现代化建设步伐，夺取有中国特

色社会主义事业的更大胜利——在中国共产党第十四次全国代表大会上的报告》(1992年10月12日)

实践证明,作为毛泽东思想的继承和发展的邓小平理论,是指导中国人民在改革开放中胜利实现社会主义现代化的正确理论。在当代中国,只有把马克思主义同当代中国实践和时代特征结合起来的邓小平理论,而没有别的理论能够解决社会主义的前途和命运问题。邓小平理论是当代中国的马克思主义,是马克思主义在中国发展的新阶段。

——江泽民:《高举邓小平理论伟大旗帜,把建设有中国特色社会主义事业全面推向二十一世纪——在中国共产党第十五次全国代表大会上的报告》(1997年9月12日)

邓小平同志留给我们的最重要的思想和政治遗产,就是他带领党和人民开创的中国特色社会主义,就是他创立的邓小平理论。马克思说:"人们自己创造自己的历史,但是他们并不是随心所欲地创造,并不是在他们自己选定的条件下创造,而是在直接碰到的、既定的、从过去承继下来的条件下创造。"邓小平同志最鲜明的思想和实践特点,就是从实际出发、从世界大势出发、从国情出发,始终坚持我们党一贯倡导的实事求是、群众路线、独立自主。

——习近平:《在纪念邓小平同志诞辰一百一十周年座谈会上的讲话》(2014年8月20日),《十八大以来重要文献选编》(中),中央文献出版社2016年版,第47—48页

■ 讨论题

1. 为什么说邓小平理论是马克思主义中国化第二次飞跃的重要成果？
2. 怎样理解邓小平理论的基本内容？
3. 为什么实事求是是邓小平理论的精髓？

第八讲
"三个代表"重要思想

■ 学习目的、重点

"三个代表"重要思想,是中国特色社会主义理论体系的重要组成部分之一,是坚持和发展邓小平理论的重要成果,也是之后科学发展观的一个思想来源。这个重要思想,实际上就是邓小平同志之后,直到胡锦涛同志担任总书记之前的这一个时间段里,我们党继续开创建设中国特色社会主义伟大实践所取得的重大理论成果。用这个理论提升全党的思想水平,是很有必要的。理论创新不是重复原有的理论结论,而是作出新的并且被实践证明是正确的理论判断。本讲认为,认识"三个代表"重要思想的创新价值,需要着重理解这些重要思想:关于初级阶段基本经济制度的论述;关于非公有制经济地位作用的论述;关于分配制度的论述;关于社会主义建设者的论述;关于建立现代企业制度的论述;关于依法治国的论述;关于尊重和保障人权的论述;关于正确处理现代化建设若干重大关系的论述;等等。这些,都是邓小平所未言或者所言不多的特别是邓小平尚未作出正式结论的,可以说是对邓小平理论的重要发展。

"三个代表"重要思想，是中国特色社会主义理论体系的重要组成部分之一，是坚持和发展邓小平理论的重要成果，也是之后科学发展观的一个思想来源。深入研究、正确把握这个思想，有助于我们全面完整地理解中国特色社会主义理论体系。

一、"三个代表"重要思想的内涵

　　2000年2月，江泽民同志在广东考察时第一次明确提出："总结我们党七十多年的历史，可以得出一个重要的结论，这就是：我们党所以赢得人民的拥护，是因为我们党在革命、建设、改革的各个历史时期，总是代表着中国先进生产力的发展要求，代表着中国先进文化的前进方向，代表着中国最广大人民的根本利益，并通过制定正确的路线方针政策，为实现国家和人民的根本利益而不懈奋斗。人类又来到一个新的世纪之交和新的千年之交。在新的历史条件下，我们党如何更好地做到这'三个代表'，是一个需要全党同志特别是党的高级干部深刻思考的重大课题。"[1]经过一个时期的宣传教育，2002年11月，党的十六大把"三个代表"重要思想确立为我们党的指导思想，指出："'三个代表'重要思想是对马克思列宁主义、毛泽东思想和邓小平理论的继承和发展，反映了当代世界和中国的发展变化对党和国家的新要求，是加强和改进党

---

[1]江泽民：《在新的历史条件下更好地做到"三个代表"》，《江泽民文选》第三卷，人民出版社2006年版，第2页。

的建设、推进我国社会主义自我完善和发展的强大理论武器,是全党集体智慧的结晶,是党必须长期坚持的指导思想。"

由于这个重要思想的表述,与我们常说的党的指导思想其他的各个组成部分的提法,即马克思主义、列宁主义、毛泽东思想、邓小平理论的提法都不同,不是以领袖的名字冠称的,与大家既往的认知习惯不吻合,这就在一定程度上影响了一些同志对这个重要思想的理解,他们不习惯用"三句话"来表达一个重要思想的提法。

那么,究竟怎样理解"三个代表"重要思想的科学内涵?"三个代表"重要思想,是在邓小平理论的基础上,进一步回答了什么是社会主义、怎样建设社会主义的问题,着重回答了建设什么样的党、怎样建设党的问题,集中起来就是深化了对建设中国特色社会主义的认识。"中国共产党始终代表中国先进生产力的发展要求,代表中国先进文化的前进方向,代表中国最广大人民的根本利益。"这是从执政和改革开放条件下加强党的先进性建设的视角,集中概括了"三个代表"重要思想的深刻内涵。[1]

这个重要思想的集中概括是"三句话",但这个重要思想的覆盖面却远远不止于对党的建设三个方面的要求,它在改革发展稳定、内政外交国防、治党治国治军各个方面,提出了一系列的新思想、新观点、新论断,构成了一个比较系统的框架。用通俗的语言讲,这个重要思想,实际上就是邓小平同志之后,直到胡锦涛同志担任总书记之前的这一个时间段里,我们党继续开创建设中国特色社会主义伟大实践的重大理论成果,其突出标志和集中概括是有关"三个代表"的论述,所以我们把

---

[1] 参见中共中央宣传部:《"三个代表"重要思想学习纲要》,学习出版社 2003 年版,第 2、9、10 页。

这个重大理论成果表述为"三个代表"重要思想。我们熟知,《邓小平文选》第三卷所收录的最后一篇,集邓小平理论之大成的那一篇,是邓小平1992年1月18日至2月21日在武昌、深圳、珠海、上海等地的谈话要点,那么从这之后,我们党的理论继续发展了没有?理论发展的成果可不可以称作"中国化"的新的重大成果?笔者的看法是肯定的。我们党坚持了邓小平理论,同时也发展了邓小平理论,讲了很多新话,把它们概括起来,就统称为"三个代表"重要思想。怎么称谓这一理论成果固然重要,但更重要的是这一理论成果的具体内容的含金量。

二、"三个代表"重要思想的体系

这个重要思想的体系是什么?请看胡锦涛同志两次重要讲话的相关内容。

第一次,2003年7月1日,胡锦涛同志作《在"三个代表"重要思想理论研讨会上的讲话》。他在讲话中指出:"'三个代表'重要思想创造性地运用马克思列宁主义、毛泽东思想特别是邓小平理论,紧密结合新的实践,提出了关于建立社会主义市场经济体制的思想,关于公有制为主体、多种所有制经济共同发展是我国社会主义初级阶段的基本经济制度的思想,关于按劳分配为主体、多种分配方式并存的思想,关于实行全方位对外开放战略的思想,关于社会主义物质文明、政治文明和精神文明协调发展的思想,关于正确处理改革发展稳定关系的思想,关于建设社会主义法治国家的思想,关于依法治国和以德治国相结合的思想,关于走中国特色精兵之路的思想,关于巩固党的阶级基础和扩大党的群众基础的思想，等等。这些都是对马克思主义理论的重大贡献。"[1]胡锦涛同志的讲话列举了10个方面，应该说是比较全面地概括了"三个代表"重要思想的体系框架，很有助于我们学习理解。笔者有两点体会，一是，这10个方面不能等量齐观，要具体分析、正确理解。比如社会主义市场经济体制首创者是邓小平同志，"三个代表"重要思想是贯彻邓小平同志的这一重大战略决策。同理，走中国特色精兵之路也首先是邓小平的战略决策（现在习近平总书记强调的是中国特色强军之路）。二是，是否还应加一条，加上以改革的精神加强和改进党的建设。这一条与"三个代表"重要思想特别注重党的建设的意向最为贴近。

第二次，2006年8月，胡锦涛同志在学习《江泽民文选》报告会的讲话中又对"三个代表"重要思想的科学体系作了新的概括，可以作为我们深入学习"三个代表"重要思想的指导。他指出："'三个代表'重要思想提出了关于实现好、维护好、发展好最广大人民的根本利益的思想，关于把发展作为党执政兴国的第一要务的思想，关于全面建设惠及十几亿人口的更高水平的小康社会的思想，关于坚持和完善社会主义公有制为主体、多种所有制经济共同发展的基本经济制度的思想，关于坚持和完善按劳分配为主体、多种分配方式并存的分配制度的思想，关于建立社会主义市场经济体制的思想，关于推进经济结构战略性调整和经济增长方式转变的思想，关于推进西部大开发、促进区域协调发展的思想，关于实施'引进来'和'走出去'相结合的开放战略的思想，关于建设社会主义政治文明、发展社会主义民主政治的思想，关于实行依法治国基本方略、建设社会主义法治国家的思想，关于发展社会主义先进

---

[1] 胡锦涛：《在"三个代表"重要思想研讨会上的讲话》，《十六大以来重要文献选编》（上），中央文献出版社2011年版，第365页。

文化的思想，关于实行依法治国和以德治国相结合的思想，关于推动社会主义物质文明、政治文明、精神文明协调发展的思想，关于促进人的全面发展的思想，关于正确处理改革发展稳定关系的思想，关于正确处理新时期人民内部矛盾的思想，关于贯彻新时期军事战略方针、推进中国特色军事变革的思想，关于现阶段发展两岸关系、推进祖国和平统一进程的思想，关于促进世界多极化和国际关系民主化的思想，关于正确应对和驾驭经济全球化、促进共同发展的思想，等等。这些重大思想，进一步回答了建设中国特色社会主义的发展道路、发展阶段、发展战略、根本目的、根本任务、发展动力、依靠力量、国际战略等重大问题，是对马克思主义理论的重大贡献。"[1]

比较胡锦涛同志的以上概括与他 2003 年的表述，还有一个新特点，就是着重指出了"三个代表"重要思想中关于党的建设的思想，指出学习《江泽民文选》必须紧紧抓住党的建设这个关键。胡锦涛同志指出："'三个代表'重要思想强调，在新的历史条件下加强党的建设，重点是要把握好党的历史方位，以改革精神加强和改进党的建设，切实解决好提高党的领导水平和执政水平、提高拒腐防变和抵御风险能力这两大历史性课题。'三个代表'重要思想提出了关于中国共产党是中国工人阶级的先锋队、同时是中国人民和中华民族的先锋队的思想，关于坚持立党为公、执政为民的思想，关于坚持把加强党的思想理论建设放在首位、不断推进马克思主义中国化的思想，关于加强党的执政能力建设、改革和完善党的领导方式和执政方式的思想，关于坚持民主集中制、以党内民主带动人民民主的思想，关于大力培养忠诚于马克思主义、坚持走中

---

[1] 胡锦涛：《在学习〈江泽民文选〉报告会上的讲话》，《胡锦涛文选》第二卷，人民出版社 2016 年版，第 491—492 页。

国特色社会主义道路、会治党治国的政治家的思想，关于领导干部一定要讲学习、讲政治、讲正气的思想，关于始终保持党同人民群众的血肉联系、不断增强党的阶级基础和扩大党的群众基础的思想，关于治国必先治党、治党务必从严的思想，关于反对腐败是关系党和国家生死存亡的严重政治斗争的思想，等等。这些重大思想，是在新的历史条件下对马克思主义党建理论的重大发展，为把党建设成为用邓小平理论武装起来、全心全意为人民服务、思想上政治上组织上完全巩固、能够经受住各种风险、始终走在时代前列、领导全国人民建设中国特色社会主义的马克思主义政党，指明了前进方向和现实途径。"[1]

胡锦涛同志的这次讲话，概括了"三个代表"重要思想的具体构成，着意显示这个重要思想的全面性和丰富性。我们注意到胡锦涛同志讲话中最后的一句话，十分艺术地照应了这个重要思想与邓小平理论的继承和发展关系，讲话强调"这些重大思想，进一步回答了建设中国特色社会主义的发展道路、发展阶段、发展战略、根本目的、根本任务、发展动力、依靠力量、国际战略等重大问题，是对马克思主义理论的重大贡献"。人所共知，"进一步回答了"的一系列重大问题，一般而言，邓小平理论都有铺垫在前。

三、"三个代表"重要思想的创新

学习"三个代表"重要思想，从理论创新的视角，特别需要着重理解以下几点：关于社会主义初级阶段基本经济制度的论述；关于非公有制经

---

[1] 胡锦涛：《在学习〈江泽民文选〉报告会上的讲话》，《胡锦涛文选》第二卷，人民出版社 2016 年版，第 493—494 页。

济地位作用的论述；关于分配制度的论述；关于社会主义建设者的论述；关于建立现代企业制度的论述；关于依法治国的论述；关于尊重和保障人权的论述；关于正确处理现代化建设若干重大关系的论述；等等。这些，都是邓小平同志所未言或者所言不多的，是对邓小平理论的重要发展。

1. 关于社会主义初级阶段基本经济制度的论述

一般认为，经济制度的核心问题是所有制问题。党的十一届三中全会召开以前，我们长期秉承"一大二公三纯"的信念，把公有制绝对化，不加分析地限制一切个体经济、私有经济，束缚和挫伤了生产力的发展。党的十一届三中全会后，我们在所有制问题上逐步放开了思想和手脚，非公有制经济有了一定发展，同时伴随着市场因素的日益活跃，我们的经济生活的活力得到增强。到了党的十四大，我们对我国现阶段基本经济制度的认识有了新发展：在所有制结构上，以公有制包括全民所有制和集体所有制经济为主体，个体经济、私营经济、外资经济为补充，多种经济成分长期共同发展。这里，虽然提出了多种经济成分长期共同发展，但还是把非公经济成分的补充地位强调得非常明确。党的十五大关于这个问题的提法，出现了重大的突破和飞跃。这就是开天辟地地确定：公有制经济为主体、多种所有制经济共同发展，是我国社会主义初级阶段的一项基本经济制度。非公有制经济不再处于原来意义上的补充地位，第一次被正名为我国基本经济制度的组成部分。与此相适应，我国宪法中原来关于"中华人民共和国的社会主义经济制度的基础是生产资料的社会主义公有制，即全民所有制和劳动群众集体所有制"的规定，被修改为"国家在社会主义初级阶段，坚持公有制为主体、多种所有制经济共同发展的基本经济制度"。应该说，这个对我国基本经济制度的全新概括，是对邓小平理论的发展，尽管邓小平同志也允许和鼓励非公经济的发展，但是还没有把非公经济的发展融入基本经济制度的范畴的说法，这说明我们对社会主义所有制的认识又大大深化了一步。

党的十五大在所有制问题上的突破，还在于对公有制的内涵作出了新的解释。公有制经济不仅包括国有经济和集体经济，还包括混合所有制经济中的国有成分和集体成分。公有制的主体地位主要体现在：公有资产在社会总资产中占优势；国有经济控制国民经济命脉，对经济发展起主导作用。这是就全国而言，有的地方、有的产业可以有所差别。公有资产占优势，要有量的优势，更要注重质的提高。国有经济起主导作用，主要体现在控制力上。要从战略上调整国有经济布局。对关系国民经济命脉的重要行业和关键领域，国有经济必须占支配地位。在其他领域，可以通过资产重组和结构调整，以加强重点，提高国有资产的整体质量。公有制实现形式可以而且应当多样化，一切反映社会化生产规律的经营方式和组织形式都可以大胆利用，要努力寻找能够极大促进生产力发展的公有制实现形式。

2. 关于对社会主义初级阶段非公有制经济地位作用的论述

与上述所有制问题紧密相关联、最具姓"社"姓"资"问题挑战性的，就是如何看待非公有制经济，即私营经济的问题。在"左"的思想居于统治地位的时期，我们教条式地笃信和奉行"共产党人可以把自己的理论概括为一句话：消灭私有制"，确信小生产是每时每刻地产生着新的资产阶级，把"私"看作万恶之源，狂热地破私立公，"割资本主义的尾巴"。为此我们曾经吃了很大的亏。殊不知，马克思还告诉我们："无论哪一个社会形态，在它所能容纳的全部生产力发挥出来以前，是决不会灭亡的；而新的更高的生产关系，在它的物质存在条件在旧社会的胎胞里成熟以前，是决不会出现的。"[1]我们真正认识到这个真理是在党的十一届三中全会以后，而且经历了一个逐步解放思想的过程。党的十五大前，我们对私有制经济一直定位在社会主义经济的"必要补充"上，总给人一种有别于社会主义经济的另类的感觉，说到底是姓"资"不姓"社"。不免会有担忧，不定何时又会将它陷于灭顶之灾！党的十五大与这种陈腐的观念进行了彻底的决裂，旗帜鲜明地宣称：非公有制经济是我国社会主义市场经济的重要组成部分。说得多么斩钉截铁，现阶段我国的非公有制经济姓"社"不姓"资"。从"必要补充"到"重要组成部分"，不仅仅是量的变化，而且是质的飞跃。作为"补充"，是可补充也可不补充，是可多补充也可少补充。现在不同了，是必须补充，必须"鼓励、引导，使之健康发展"，因为它已经是社会主义市场经济的重要组成部分，没有这个重要组成部分，也就没有了社会主义市场经济。宪法中原有的相关内容也被相应地修改为："在法律规定范围内的个体经济、私营经济等非公有制经济，是社会主义市场经济的重要组成部分。""国家保护个体经济、私营经济等非公有制经济的合法权利和利益。国家鼓励、支持和引导非公有制经济的发展，并对非公有制经济依法实行引导、监督和管理。"这个新认识、新论断，无疑是对邓小平理论的新发展。

3. 关于中国特色社会主义事业建设者的论述

与私营经济、民营经济的出现和发展直接相联系的，是出现了一个

---

[1] 马克思：《〈政治经济学批判〉序言》，《马克思恩格斯选集》第二卷，人民出版社 2012 年版，第 3 页。

具有相当规模的私营企业主、民营企业家群体，怎么看待这个群体，怎么给这个群体定位？这是一个很大的问题，关系到我国社会的和谐发展。邓小平同志说过，改革开放不能出现新的资产阶级，如果出现了新的资产阶级，改革就失败了。他也说过，我们的改革不会出现新的资产阶级，当然这在很大程度上取决于我们把握政策。他曾经3次具体举例提到"傻子瓜子"，被誉为佳谈。《邓小平文选》第三卷注释第43条，这样解释"傻子瓜子"："指安徽省芜湖市的一家个体户，他雇工经营，制作和销售瓜子，称为'傻子瓜子'，得以致富。"邓小平同志的这个"三谈"，第一次是1980年，在中央农村工作会议上，安徽省农委散发了200份关于安徽芜湖"傻子瓜子"的调查材料，介绍了其有几名雇工，但企业效益、社会效益都较好的经营状况，提出了应该允许其存在发展的意见。时任中央农村政策研究室主任的杜润生看了这份材料，认为很有典型意义，于是把它呈送给邓小平同志。邓小平同志看后，当即就对个体私营经济的发展给予肯定，并就一些人对姓"资"姓"社"的争论，指出要"放一放""看一看"。这是邓小平同志最早谈到的"傻子瓜子"问题。第二次是1984年10月，邓小平同志在中顾委第三次全体会议上说："还有的事情用不着急于解决。前些时候那个雇工问题，相当震动呀，大家担心得不得了。我的意见是放两年再看。那个能影响到我们的大局吗？如果你一动，群众就说政策变了，人心就不安了。你解决了一个'傻子瓜子'，会牵动人心不安，没有益处。让'傻子瓜子'经营一段，怕什么？伤害了社会主义吗？"[1]第三次是1992年年初，邓小平同志在南方谈话中再次谈到了"傻子瓜子"问题："农村改革初期，安

---

[1] 邓小平：《在中央顾问委员会第三次全体会议上的讲话》，《邓小平文选》第三卷，人民出版社1993年版，第91页。

徽出了个'傻子瓜子'问题。当时许多人不舒服，说他赚了一百万，主张动他。我说不能动，一动人们就会说政策变了，得不偿失。像这一类的问题还有不少，如果处理不当，就很容易动摇我们的方针，影响改革的全局。"[1] 请看，邓小平对"傻子瓜子"这样的私营企业没有定论，主张"放一放""看一看""放两年再看"。又过了近10年，江泽民同志在庆祝中国共产党成立80周年大会上的讲话中，对这个问题作出了一个结论。他说："改革开放以来，我国的社会阶层构成发生了新的变化，出现了民营科技企业的创业人员和技术人员、受聘于外资企业的管理技术人员、个体户、私营企业主、中介组织的从业人员、自由职业人员等社会阶层。""他们与工人、农民、知识分子、干部和解放军指战员团结在一起，他们也是有中国特色社会主义事业的建设者。"[2] 私营企业主也是有中国特色社会主义事业的建设者，是回答了邓小平同志曾经思考、需要观察但是没有作出结论的问题，是对邓小平理论的发展。应该说，这个判断得到了社会各个层面的认可，对推进社会生产力的发展、促进社会和谐起了重要作用。

4. 关于社会主义初级阶段的分配制度的论述

按劳分配是马克思为社会主义设定的分配制度。在以阶级斗争为纲和搞计划经济的时代，我国分配制度的实际运行背离了按劳分配的原则。在这个问题上，邓小平同志的主要贡献，一是，坚决纠正在分配方

---

[1] 邓小平：《在武昌、深圳、珠海、上海等地的谈话要点》，《邓小平文选》第三卷，人民出版社1993年版，第371页。
[2] 江泽民：《在庆祝中国共产党成立八十周年大会上的讲话》，《江泽民文选》第三卷，人民出版社2006年版，第286页。

面"吃大锅饭"、绝对平均主义的严重倾向,使按劳分配回归本位,严格按照所付出的劳动量获取报酬,多劳多得、少劳少得、不劳不得。二是,纠正把按劳分配搞成了按政治态度分配的错误,从分配领域里消除以阶级斗争为纲的不良影响。三是,强调尊重知识、尊重人才,实际上就促使我们在分配问题上提升了复杂劳动、知识性劳动、创造性劳动的回报份额。除此以外,按照邓小平理论的逻辑,也承认和允许在政策法律范围内的其他分配形式,但并没有作出理论上的概括。党的十四届三中全会决定首次提出:"允许属于个人的资本等生产要素参与收益分配。"党的十五大进一步明确提出:"把按劳分配和按生产要素分配结合起来,……允许和鼓励资本、技术等生产要素参与收益分配。"在这个基础上,党的十六大重申:"确立劳动、资本、技术和管理等生产要素按贡献参与分配的原则,完善按劳分配为主体、多种分配方式并存的分配制度。"党的十七大作了总结性的表述:"要坚持和完善按劳分配为主体、多种分配方式并存的分配制度,健全劳动、资本、技术、管理等生产要素按贡献参与分配的制度,初次分配和再分配都要处理好效率和公平的关系,再分配更加注重公平。"应该说,党的十七大的表述更为规范、准确、全面,并根据现实生活把强调的重心向公平方面发生了一定的倾斜。与此同时,我国宪法之中,关于"实行各尽所能、按劳分配"的规定,也被修改为"坚持按劳分配为主体、多种分配方式并存的分配制度"。可以认为,这是在分配理论方面对邓小平理论,对马克思主义的又一重要发展。

5. 关于建立现代企业制度的论述

改革开放以来,我们党先后制定了三个关于经济体制改革的决定。

在得到邓小平同志高度评价的第一个决定,即党的十二届三中全会决定中,已经明确提出了增强企业活力是经济体制改革的中心环节。但是,究竟怎样增强企业活力?企业改革的样式是什么?这个决定并没有作出明确的回答,说明企业改革尚在起步阶段。以后,1988年出台了《中华人民共和国全民所有制工业企业法》。再以后,又按照三句话,即按照实行厂长(经理)负责制、企业党组织发挥政治核心作用、全心全意依靠工人阶级的要求,探索企业改革。企业改革面临着许多困惑。真正发生实质性突破的,是在党的十四大把经济体制改革的目标正式确立为建立社会主义市场经济体制之后。

1993年十四届三中全会决定,即本书称之为第二个关于经济体制改革的决定,第一次旗帜鲜明地提出:建立现代企业制度,是发展社会化大生产和市场经济的必然要求,是我国国有企业改革的方向。其基本特征,一是产权关系明晰,企业中的国有资产所有权属于国家,企业拥有包括国家在内的出资者投资形成的全部法人财产权,成为享有民事权利、承担民事责任的法人实体。二是企业以其全部法人财产,依法自主经营,自负盈亏,照章纳税,对出资者承担资产保值增值的责任。三是出资者按投入企业的资本额享有所有者的权益,即资产受益、重大决策和选择管理者等权利。企业破产时,出资者只以投入企业的资本额对企业债务负有限责任。四是企业按照市场需求组织生产经营,以提高劳动生产率和经济效益为目的,政府不直接干预企业的生产经营活动。企业在市场竞争中优胜劣汰,长期亏损、资不抵债的应依法破产。五是建立科学的企业领导体制和组织管理制度,调节所有者、经营者和职工之间的关系,形成激励和约束相结合的经营机制。所有企业都要向这个方向努力。这就非常明确地规划了国有企业改革的目标模式和具体要求,在我国企业发展史上具有十分重要的里程碑意义。在这之后,1999年党的十五届四中全会作出的《中共中央关于国有企业改革和发展若干重大问题的决定》，2003年党的十六届三中全会作出的《中共中央关于完善社会主义市场经济体制若干问题的决定》，都进一步强调，完善公司法人治理结构。按照现代企业制度要求，规范公司股东会、董事会、监事会和经营管理者的权责，完善企业领导人员的聘任制度。股东会决定董事会和监事会成员，董事会选择经营管理者，经营管理者行使使用权，并形成权力机构、决策机构、监督机构和经营管理者之间的制衡机制。党的十四大以后，我们党对企业改革目标模式的确立和对这一模式的具体解读，不仅科学地总结了我国企业改革的基本经验，而且也积极容纳了世界上企业管理的合理成果，从而丰富和发展了邓小平理论。邓小平同志是大政治家，也是经济管理的行家里手。打开《邓小平文选》第二卷，邓小平同志关于顶住压力抓经济、抓企业整顿的篇目赫然在列：《全党讲大局，把国民经济搞上去》《当前钢铁工业必须解决的几个问题》《关于国防工业企业的整顿》《关于发展工业的几点意见》《坚持按劳分配》《用先进技术和管理方法改造企业》等等，就是明证，邓小平对计划经济下国有企业的状况和缺陷，确有十分清醒、深刻的认识。但是，邓小平同志很少或者基本没有提及过现代企业制度，尽管他非常积极大胆地倡导企业改革，他是我国国有企业改革的最大动力源。我们党关于建立现代企业制度的理论，确实是发展邓小平理论的一个新成果。

6.关于依法治国、建设社会主义法治国家的论述

注重依靠制度和法律的力量，是邓小平治国理政的要义所在。他在党的十一届三中全会的讲话中就极其精辟地指出："为了保障人民民主，必须加强法制。必须使民主制度化、法律化，使这种制度和法律不因领

导人的改变而改变,不因领导人的看法和注意力的改变而改变。""做到有法可依,有法必依,执法必严,违法必究。"[1]在《党和国家领导制度的改革》的重要讲话中,他又着力强调:"不是说个人没有责任,而是说领导制度、组织制度问题更带有根本性、全局性、稳定性和长期性。这种制度问题,关系到党和国家是否改变颜色,必须引起全党的高度重视。"[2]正是在这个重要思想的指导下,党的十二大提出党必须在宪法和法律范围内活动的原则,党的十三大又提出了党要善于通过法定程序使自己的主张成为国家意志,并向政权组织推荐人选,党的十五大集邓小平民主法制理念和执政新经验之大成,第一次完整地、科学地提出了依法治国的基本方略。依法治国,就是广大人民群众在党的领导下,依照宪法和法律规定,通过各种途径和形式管理国家事务,管理经济文化事业,管理社会事务,保证国家各项工作都依法进行,逐步实现社会主义民主的制度化、法律化,使这种制度和法律不因领导人的改变而改变,不因领导人看法和注意力的改变而改变。这一阐释完整、准确、深刻、严谨、周密地显示了依法治国的各个环节及其有机联系,是我们把握依法治国科学含义的圭臬。依法治国的主体是广大人民群众;依法治国的客体是国家事务、经济文化事业和社会事务;依法治国的根据是国家的宪法和法律;依法治国的方针是有法可依,有法必依,执法必严,违法必究;依法治国的根本保证是加强和改善党的领导。值得庆幸的是,党的十五大这一重大理论成果也被写入了宪法之中:"中华人民共和国实行依法治国,建设社会主义法治国家。"

---

[1]邓小平:《解放思想,实事求是,团结一致向前看》,《邓小平文选》第二卷,人民出版社1994年版,第146、146—147页。
[2]邓小平:《党和国家领导制度的改革》,《邓小平文选》第二卷,人民出版社1994年版,第333页。

7. 关于尊重和保障人权的论述

尊重和保障人权是人类政治文明的一项重要成果。但是，由于历史的原因特别是受"左"的思想的影响，在一段时间内人权建设在我们的政治和社会生活的领域里并没有得到足够的重视。这种状况在党的十一届三中全会以后才发生转变。在邓小平理论中，关于人权问题的论述并不多，这些论述也反映出我们的人权理念发生转变的过程。一是，邓小平同志讲人权，旗帜十分鲜明地回击西方国家对我们的人权攻击。邓小平同志慷慨陈词："西方的一些国家拿什么人权、什么社会主义制度不合理不合法等做幌子，实际上是要损害我们的国权。搞强权政治的国家根本就没有资格讲人权，他们伤害了世界上多少人的人权！从鸦片战争侵略中国开始，他们伤害了中国多少人的人权！"[1]邓小平同志强调，国家的主权、国家的安全要始终放在第一位，中国不能乱，稳定压倒一切。二是，邓小平同志重视划清两种人权的界限。他指出："什么是人权？首先一条，是多少人的人权？是少数人的人权，还是多数人的人权，全国人民的人权？西方世界的所谓'人权'和我们讲的人权，本质上是两回事，观点不同。"[2]三是，明确提出："人们支持人权，但不要忘记还有一个国权。谈到人格，但不要忘记还有一个国格。"[3]在邓小平同志看来，没有国家的主权，没有政权的稳固，没有国家的稳定，什么人权也谈不上。邓小平同志的这些论述是非常必要和及时的，无论是当年还是

---

[1]邓小平：《国家的主权和安全要始终放在第一位》，《邓小平文选》第三卷，人民出版社1993年版，第348页。

[2]邓小平：《搞资产阶级自由化就是走资本主义道路》，《邓小平文选》第三卷，人民出版社1993年版，第125页。

[3]邓小平：《结束严峻的中美关系要由美国采取主动》，《邓小平文选》第三卷，人民出版社1993年版，第331页。

当前都有其重要的指导意义。到了党的十五大，我们对人权问题的认识产生了新的飞跃。党的十五大报告指出："共产党执政就是领导和支持人民掌握管理国家的权力，实行民主选举、民主决策、民主管理和民主监督，保证人民依法享有广泛的权利和自由，尊重和保障人权。"在党的重要文献中出现尊重和保障人权这是第一次，是具有重要意义的思想理论突破。2004 年修宪，将"国家尊重和保障人权"写入宪法，首次将"人权"由一个政治概念提升为法律概念，将尊重和保障人权由党和政府的意志上升为人民和国家的意志，由党和政府执政行政的理念和价值上升为国家建设和发展的政治法律价值，由党和政府文件的政策性规定上升为国家根本大法的一项原则。这一重要举措，是对社会主义建设理论和实践的一大创新，是对马克思主义的丰富和发展。

8. 关于正确处理现代化建设若干重大关系的论述

中国是一个发展中的大国，改革发展稳定面临的各种矛盾错综复杂，如何保持中国社会协调、和谐、稳定、持续发展，是摆在我们面前必须高度重视、审慎解决的重大问题。1995 年 9 月，江泽民同志在党的十四届五中全会闭幕时的讲话《正确处理社会主义现代化建设中的若干重大关系》，对这一重大问题作了全面论述。讲话分别论述了 12 个问题：改革、发展、稳定的关系；速度和效益的关系；经济建设和人口、资源、环境的关系；第一、二、三产业的关系；东部地区和中西部地区的关系；市场机制和宏观调控的关系；公有制经济和其他经济成分的关系；收入分配中国家、企业和个人的关系；扩大对外开放和坚持自力更生的关系；中央和地方的关系；国防建设和经济建设的关系；物质文明建设和精神文明建设的关系。这些论述，结合新的时代特征，直面新的形势任务，总揽全局、统筹兼顾，对我国社会发展中的各种重大关系作出了恰当分析和妥善安排，是对毛泽东、邓小平建设和发展社会主义思想理论的重大创新。对此作一下回顾，对当前形势下帮助我们加深理解科学发展观，特别是加深理解习近平新时代中国特色社会主义思想，是很有益处的。

■ 重要论述

加强和改进党的建设，一定要高举邓小平理论伟大旗帜，全面贯彻"三个代表"重要思想，保证党的路线方针政策全面反映人民的根本利益和时代发展的要求；一定要坚持党要管党、从严治党的方针，进一步解决提高党的领导水平和执政水平、提高拒腐防变和抵御风险能力这两大历史性课题；一定要准确把握当代中国社会前进的脉搏，改革和完善党的领导方式和执政方式、领导体制和工作制度，使党的工作充满活力；一定要把思想建设、组织建设和作风建设有机结合起来，把制度建设贯穿其中，既立足于做好经常性工作，又抓紧解决存在的突出问题。通过锲而不舍的努力，保证我们党始终是中国工人阶级的先锋队，同时是中国人民和中华民族的先锋队，始终是中国特色社会主义事业的领导核心，始终代表中国先进生产力的发展要求，代表中国先进文化的前进方向，代表中国最广大人民的根本利益。

——江泽民：《全面建设小康社会，开创中国特色社会主义事业新局面——在中国共产党第十六次全国代表大会上的报告》（2002年11月8日）

改革开放以来，我国的社会阶层构成发生了新的变化，出现了民营科技企业的创业人员和技术人员、受聘于外资企业的管理技术人员、个体户、私营企业主、中介组织的从业人员、自由职业人员等社会阶层。而且，许多人在不同所有制、不同行业、不同地域之间流动频繁，人们的职业、身份经常变动。这种变化还会继续下去。在党的路线方针政策指引下，这些新的社会阶层中的广大人员，通过诚实劳动和工作，通过合法经营，为发展社会主义社会的生产力和其他事业作出了贡献。他们与工人、农民、知识分子、干部和解放军指战员团结在一起，他们也是有中国特色社会主义事业的建设者。

——江泽民：《在庆祝中国共产党成立八十周年大会上的讲话》（2001年7月1日），《江泽民文选》第三卷，人民出版社2006年版，第286页

来自工人、农民、知识分子、军人、干部的党员是党的队伍最基本的组成部分和骨干力量，同时也应该把承认党的纲领和章程、自觉为党的路线和纲领而奋斗、经过长期考验、符合党员条件的社会其他方面的优秀分子吸收到党内来，并通过党这个大熔炉不断提高广大党员的思想政治觉悟，从而不断增强我们党在全社会的影响力和凝聚力。

——江泽民：《在庆祝中国共产党成立八十周年大会上的讲话》（2001年7月1日），《江泽民文选》第三卷，人民出版社2006年版，第286页

随着经济的发展，广大人民群众的生活水平不断提高，个人的财产也逐渐增加。在这种情况下，不能简单地把有没有财产、有多少财产当作判断人们政治上先进与落后的标准，而主要应该看他们的思想政治状

况和现实表现,看他们的财产是怎么得来的以及对财产怎么支配和使用,看他们以自己的劳动对建设有中国特色社会主义事业所作的贡献。

——江泽民:《在庆祝中国共产党成立八十周年大会上的讲话》(2001年7月1日),《江泽民文选》第三卷,人民出版社2006年版,第287页

■ 讨论题

1. 怎样具体理解党是中国先进生产力发展要求的代表、中国先进文化前进方向的代表、中国最广大人民的根本利益的代表?

2. 怎样理解"三个代表"重要思想与时俱进地坚持和发展了邓小平理论?

第九讲
科学发展观

■ 学习目的、重点

科学发展观是继"三个代表"重要思想之后，坚持和发展中国特色社会主义理论体系的又一重要成果。科学发展观是党的十六大之后逐步形成的，党的十七大对科学发展观的含义和基本内容作了全面阐述，党的十八大把科学发展观同马克思列宁主义、毛泽东思想、邓小平理论、"三个代表"重要思想一道，列为党必须长期坚持的指导思想。科学发展观，第一要义是发展，核心是以人为本，基本要求是全面协调可持续，根本方法是统筹兼顾。本讲认为，科学发展观的创新点、亮点，一是"以人为本"的新境界；二是统筹兼顾的广泛性和深刻性；三是突出表现了对人民的幸福和尊严的追求；四是进一步明确了加快转变经济发展方式的思路，即必须更加注重以人为本，更加注重全面协调可持续发展，更加注重统筹兼顾，更加注重保障和改善民生，促进社会公平正义。根据党的十八大精神，本讲特别关注科学发展观等一系列战略思想，主要包括强调坚持以人为本、全面协调可持续发展，提出构建社会主义和谐社会、加快生态文明建设，形成中国特色社会主义事业总体布局，着力保障和改善民生，促进社会公平正义，推动建设和谐世界，推进党的执政能力建设和先进性建设以及社会主义核心价值观等方面的基本点。并且强调了科学发展观与邓小平的发展理论侧重或有不同，但在根本问题上是一致的，是继承发展、与时俱进的关系。无论是邓小平的发展观，还是科学发展观的发展观，包括以后我们党不断创新的发展理念，都是中国特色社会主义理论体系的发展观，这是我们必须秉持的基本态度。

胡锦涛同志指出："党的十六大以来，党中央紧密结合新世纪新阶段国际国内形势的发展变化，提出以人为本、实现科学发展、构建社会主义和谐社会、建设社会主义新农村、建设创新型国家、树立社会主义荣辱观、推动建设和谐世界、加强党的先进性建设等重大战略思想和重大战略任务，就是我们在邓小平理论和'三个代表'重要思想指导下取得的重要成果。"[1]以科学发展观为核心内容的理论创新体系逐步成形，正在成为我们党继续推进中国特色社会主义的理论与实践的一个新阶段、新标志。

一、科学发展观的初步形成

在这里，追溯一下科学发展观的形成轨迹，列举科学发展观的基本点，把这些基本点最初提出的情况梳理清楚，有利于加深对科学发展观的认识。

1. 关于树立和落实科学发展观

2003年10月，党的十六届三中全会明确提出"坚持以人为本，树立全面、协调、可持续的发展观，促进经济社会和人的全面发展"；强

---

[1] 胡锦涛：《在学习〈江泽民文选〉报告会上的讲话》，《胡锦涛文选》第二卷，人民出版社2016年版，第499页。

调"按照统筹城乡发展、统筹区域发展、统筹经济社会发展、统筹人与自然和谐发展、统筹国内发展和对外开放的要求"。2004年2月，中央在中央党校举办了省部级主要领导干部"树立和落实科学发展观"专题研讨班，胡锦涛、温家宝同志作了重要讲话。由此，科学发展观便气势如虹地成了我国经济社会发展的主旋律。2007年10月，党的十七大在总结树立和贯彻科学发展观初步经验的基础上，更加全面深入地阐述了科学发展观的理论内涵，把它列为中国特色社会主义理论体系的重要组成部分之一，要求全党深入贯彻落实科学发展观。由此，把贯彻落实科学发展观活动推向了一个新阶段。

2. 关于加强党的执政能力和先进性建设

2004年9月，党的十六届四中全会作出了《中共中央关于加强党的执政能力建设的决定》，提出大力加强执政能力建设"是关系中国社会主义事业兴衰成败、关系中华民族前途命运、关系党的生死存亡和国家长治久安的重大战略课题"，"执政能力建设是党执政后的一项根本建设"，并且确立了加强执政能力建设的总体目标和主要任务。2005年1月，根据党中央的决定，在全党开展了以实践"三个代表"重要思想为主要内容的保持共产党员先进性教育活动。2006年6月的中央政治局会议认为，这次活动基本实现了提高党员素质、加强基层组织、服务人民群众、促进各项工作的目标，取得了显著的实践成果、制度成果、理论成果。

3. 关于社会主义和谐社会

在党的十六届四中全会的决定中，首次提出了"不断提高构建社会主义和谐社会的能力","要适应我国社会的深刻变化,把和谐社会建设摆在重要位置,注重激发社会活力,促进社会公平和正义,增强全社会的法律意识和诚信意识,维护社会安定团结"。2006年10月,党的十六届六中全会作出《中共中央关于构建社会主义和谐社会若干重大问题的决定》。

4. 关于推进建设和谐世界

2005年9月,胡锦涛同志在联合国成立60周年首脑会议上发表讲话,强调"坚持包容精神,共建和谐世界","文明多样性是人类社会的基本特征,也是人类文明进步的重要动力。在人类历史上,各种文明都以自己的方式为人类文明进步作出了积极贡献。存在差异,各种文明才能相互借鉴、共同提高;强求一律,只会导致人类文明失去动力、僵化衰落。各种文明有历史长短之分,无高低优劣之别。历史文化、社会制度和发展模式的差异不应成为各国交流的障碍,更不应成为相互对抗的理由"。"让我们携手合作,共同为建设一个持久和平、共同繁荣的和谐世界而努力!"

5. 关于建设社会主义新农村

2005年10月,党的十六届五中全会通过"十一五"规划的建议,其中特别强调"积极推进城乡统筹发展。建设社会主义新农村是我国现代化进程中的重大历史任务。要按照生产发展、生活宽裕、乡风文明、村容整洁、管理民主的要求,坚持从各地实际出发,尊重农民意愿,扎实稳步推进新农村建设"。

6. 关于建设创新型国家

2006年伊始，全国科学技术大会胜利召开，吹响了自主创新的号角。胡锦涛同志在会上发表了题为"坚持走中国特色自主创新道路，为建设创新型国家而努力奋斗"的讲话。温家宝同志发表了题为"实施科技发展规划纲要，开创新局面"的讲话。这次会议使我们深化和拓展了对科学发展观丰富内涵的认识。

7. 关于树立社会主义荣辱观

2006年3月，在全国政协民盟民进联组会上胡锦涛同志作了《树立社会主义荣辱观》的讲话。要引导广大干部群众特别是青少年树立社会主义荣辱观，坚持以热爱祖国为荣、以危害祖国为耻，以服务人民为荣、以背离人民为耻，以崇尚科学为荣、以愚昧无知为耻，以辛勤劳动为荣、以好逸恶劳为耻，以团结互助为荣、以损人利己为耻，以诚实守信为荣、以见利忘义为耻，以遵纪守法为荣、以违法乱纪为耻，以艰苦奋斗为荣、以骄奢淫逸为耻。

二、科学发展观的基本含义

以上关于科学发展观初步形成的若干基本点，是对科学发展观的广义说明。现在，要讨论的科学发展观的基本含义，是狭义而言，是说科学发展观本身的内涵。自党的十六届三中全会首次提出科学发展观后，它被不断地演绎和深化，终于在党的十七大上集其大成，得到全面系统的阐发，成为我们党的基本理论的重要内容和最新成果。

先来讨论它的基本含义。

关于科学发展观的核心、实质、要义，党的十七大报告作了概括："科学发展观，第一要义是发展，核心是以人为本，基本要求是全面协调可持续，根本方法是统筹兼顾。"

这是四层含义，党的十七大报告一一作了阐述。首先是强调发展，必须坚持把发展作为党执政兴国的第一要务。发展，对于全面建设小康社会、加快推进社会主义现代化，具有决定性意义。坚持聚精会神搞建设、一心一意谋发展，努力实现以人为本、全面协调可持续的科学发展、和谐发展、和平发展。接着，说明必须坚持以人为本，这是发展的宗旨、目的、出发点、立脚点、落脚点，舍此的发展就会背离正确方向。继之，强调必须坚持全面协调可持续发展，具体解释了全面协调可持续的内涵，还提出了文明发展、永续发展的新概念。最后，阐明了必须坚持统筹兼顾，要正确认识和妥善处理中国特色社会主义事业中的各种重大关系，从思想方法论和政策策略的视角阐述了把握科学发展的操作性。

四层含义是一个有机整体，它们之间相互关联、相互依靠、相互贯通，甚至相互重合。第三层和第四层的含义表现得尤为明显，内容非常相近、相似，报告把它们安排在不同的位置，或者说给它们赋予不同的角度。从内容的关系上讲，一致性显而易见。试想，全面协调可持续，不就是统筹兼顾的过程和结果吗？而统筹兼顾，不也就是坚持全面协调可持续吗？所以说，科学发展观的各层含义是不可分割的。我们也可以这样表述，科学发展观就是坚持发展的硬道理，以人为本、统筹兼顾、全面协调可持续地发展。

再来讨论科学发展观的创新点、亮点。

创新之一，是"以人为本"的境界之新高。这个境界既继承前人又超越前人。所谓继承,是坚持我们党全心全意为人民服务的宗旨,一切从人民的利益出发,代表、维护、实现、发展人民的利益,从群众中来,到群众中去,一切为了群众,一切依靠群众,时刻关注最广大人民的利益和愿望,把"人民拥护不拥护""人民赞成不赞成""人民高兴不高兴""人民答应不答应"作为制定各项方针政策的出发点和归宿。所谓超越,是深化、提升、拓展了党的宗旨的境界,把以人为本的境界定位在为了人民的幸福和尊严上。这种定位,体现了社会主义的本质要求,顺应人类文明的发展潮流,也回应了老祖宗当年对人的自由发展的呼唤。人民的幸福和尊严,当然属于人民的利益和愿望的范畴,但它不是一般的组成部分,而是处于高端、上层的部位,十分接近人的自由全面发展的目标。人民的幸福和尊严重于一切、高于一切,这是多么崇高的精神境界和执政理念!

创新之二,是统筹兼顾的广度和深度。统筹兼顾的方针,最初是当年毛泽东同志在作《关于正确处理人民内部矛盾的问题》的讲话中提出来的,毛泽东同志讲了12个问题,其中第七个问题的题目就是"统筹兼顾、适当安排",这里所说的统筹兼顾,是指对于6亿人口的统筹兼顾。我们作计划、办事、想问题,都要从我国有6亿人口这一点出发,千万不要忘记这一点。50年之后,党的十七大用的是"根本方法",我们是从毛泽东同志那里学来的,不过我们现在所讲的统筹兼顾的覆盖面远比当年宽广、深入。一是统筹城乡、区域、经济社会发展;二是统筹经济、政治、文化、社会体制的改革;三是中央与地方、地方与地方、地方与部门、当前与长远、群体与群体、个人与集体之间的利益关系;四是统筹国内发展与对外开放;五是统筹人与环境、生态、资源的关系。这是一个宏大的系统工程。党的十七大作了概括:"要正确认识和妥善处理中国特色社会主义事业中的重大关系,统筹城乡发展、区域发展、经济社会发展、人与自然和谐发展、国内发展和对外开放，统筹中央和地方关系，统筹个人利益和集体利益、局部利益和整体利益、当前利益和长远利益，充分调动各方面积极性。统筹国内国际两个大局，树立世界眼光，加强战略思维，善于从国际形势发展变化中把握发展机遇、应对风险挑战，营造良好国际环境。既要总揽全局、统筹规划，又要抓住牵动全局的主要工作、事关群众利益的突出问题，着力推进、重点突破。"把统筹兼顾定位为贯彻落实科学发展观的根本方法，对于强化我们的战略思维、系统思维、辩证思维，把握现代化建设的全局，善于统筹、善于协调，做好各项实际工作是非常有益的。

创新之三，提出为了人民的幸福和尊严。2010年2月，在中共中央、国务院举行的2010年春节团拜会上，温家宝同志在致辞中说，"我们所做的一切，都是为了让人民生活得更加幸福、更有尊严"。同年3月，温家宝同志在政府工作报告中重申，"我们所做的一切都是要让人民生活得更加幸福、更有尊严，让社会更加公正、更加和谐"。所谓幸福，温家宝同志认为，就是要通过我们不断的发展生产和改革开放，使人们的生活水平不断提高，使每一个人都能过上更加体面的生活。他说明尊严主要指三个方面：第一，每个公民在宪法和法律规定的范围内，都享有宪法和法律赋予的自由和权利，国家要保护每个人的自由和人权。无论是什么人，在法律面前，都享有平等。第二，国家的发展最终目的是满足人民群众日益增长的物质文化需求，除此之外，没有其他。第三，整个社会的全面发展必须以每个人的发展为前提，因此，我们要给人的自由和全面发展创造有利的条件，让他们的聪明才智竞相迸发。

创新之四，是形成了加快转变经济发展方式的思路。党的十七届五中全会对坚持科学发展提出了更高的要求，即四个"更加"和一个"促进"："在当代中国，坚持发展是硬道理的本质要求，就是坚持科学发展,更加注重以人为本,更加注重全面协调可持续发展,更加注重统筹兼顾,更加注重保障和改善民生,促进社会公平正义。"进而指出,以加快转变经济发展方式为主线,是推动科学发展的必由之路,符合我国基本国情和发展阶段性新特征。加快转变经济发展方式是我国经济社会领域的一场深刻变革,必须贯穿经济社会发展全过程和各领域,提高发展的全面性、协调性、可持续性,坚持在发展中促转变、在转变中谋发展,实现经济社会又好又快发展。基本要求是:坚持把经济结构战略性调整作为加快转变经济发展方式的主攻方向;坚持把科技进步和创新作为加快转变经济发展方式的重要支撑;坚持把保障和改善民生作为加快转变经济发展方式的根本出发点和落脚点;坚持把建设资源节约型、环境友好型社会作为加快转变经济发展方式的重要着力点;坚持把改革开放作为加快转变经济发展方式的强大动力。这样,就围绕转变经济发展方式,把调整经济结构、加快科技进步、保障和改善民生、依靠改革开放这些重要因素有机地整合在一起,要点鲜明、各有侧重、相互促进。如此完整清晰地勾画出我们新的发展思路,可以被视为科学发展观得以深化的一个显著标志,当然也就是科学发展观的又一个创新之处。

三、科学发展观的历史定位

综上所述,在总结党的十六大以来党治国理政的基本经验的基础上,党的十七大浓墨重彩地阐述了科学发展观的基本含义,与此同时高度评价了科学发展观的历史地位和现实意义。指出:"中国特色社会主义理论体系,就是包括邓小平理论、'三个代表'重要思想以及科学发展观等重大战略思想在内的科学理论体系。"进而指出：科学发展观"是我国经济社会发展的重要指导方针，是发展中国特色社会主义必须坚持和贯彻的重大战略思想"。在这个背景下，科学发展观顺理成章地被写入了党的章程之中。

党的十七大之后，经过五年深入贯彻科学发展观的实践，加上中央领导新老交替的背景，党的十八大顺势而为，把科学发展观也写入了党的指导思想之列，最终确定了科学发展观的历史定位，也为承前启后、继往开来提供了理论前提。在党的十八大《关于十七届中央委员会报告的决议》之中就讲得非常清楚，报告确立了科学发展观的历史地位。其实，党的十八大报告本身就已经旗帜鲜明地提出："大会的主题是：高举中国特色社会主义伟大旗帜，以邓小平理论、'三个代表'重要思想、科学发展观为指导，解放思想，改革开放，凝聚力量，攻坚克难，坚定不移沿着中国特色社会主义道路前进，为全面建成小康社会而奋斗。"在这里，科学发展观第一次被突出地提到了指导思想的位置上。为此报告之中作了充分的论述，论述如下："总结十年奋斗历程，最重要的就是我们坚持以马克思列宁主义、毛泽东思想、邓小平理论、'三个代表'重要思想为指导，勇于推进实践基础上的理论创新，围绕坚持和发展中国特色社会主义提出一系列紧密相连、相互贯通的新思想、新观点、新论断，形成和贯彻了科学发展观。科学发展观是马克思主义同当代中国实际和时代特征相结合的产物，是马克思主义关于发展的世界观和方法论的集中体现，对新形势下实现什么样的发展、怎样发展等重大问题作出了新的科学回答，把我们对中国特色社会主义规律的认识提高到新的水平，开辟了当代中国马克思主义发展新境界。科学发展观是中国特色社会主义理论体系最新成果，是中国共产党集体智慧的结晶，是指导党和国家全部工作的强大思想武器。科学发展观同马克思列宁主义、毛泽东思想、邓小平理论、'三个代表'重要思想一道，是党必须长期坚持的指导思想。"这一论述确凿无疑地表明，在中国特色社会主义理论体系之中，科学发展观与邓小平理论、"三个代表"重要思想已经完全比肩同高，并列为指导思想了。这是集十年之大成，形成和贯彻科学发展观的必然结果。

围绕科学发展观指导地位的彰显，党的十八大报告在三个方面的着力十分突出。其一，对党的十七大关于科学发展观基本含义的论述作了充分肯定及深化，即四个"必须更加自觉"，"全党必须更加自觉地把推动经济社会发展作为深入贯彻落实科学发展观的第一要义"，"必须更加自觉地把以人为本作为深入贯彻落实科学发展观的核心立场"；"必须更加自觉地把全面协调可持续作为深入贯彻落实科学发展观的基本要求"，"必须更加自觉地把统筹兼顾作为深入贯彻落实科学发展观的根本方法"。

其二，在肯定既往关于科学发展观相关论述的基础上又提出了一些新的说法。比如，关于"五位一体"的总体布局，提出"必须更加自觉地把全面协调可持续作为深入贯彻落实科学发展观的基本要求，全面落实经济建设、政治建设、文化建设、社会建设、生态文明建设五位一体总体布局，促进现代化建设各方面相协调，促进生产关系与生产力、上层建筑与经济基础相协调，不断开拓生产发展、生活富裕、生态良好的文明发展道路"。这样，生态文明建设就第一次进入了总体布局之中。再如，关于中国特色社会主义的构成，指出它是中国特色社会主义道路、中国特色社会主义理论体系、中国特色社会主义制度三者的有机构成。中国特色社会主义道路是实现途径，中国特色社会主义理论体系是行动指南，中国特色社会主义制度是根本保障，三者统一于中国特色社会主义伟大实践。建设中国特色社会主义，总依据是社会主义初级阶段，总布局是五位一体,总任务是实现社会主义现代化和中华民族伟大复兴。并且强调了在新的历史条件下夺取中国特色社会主义新胜利,必须牢牢把握的十项基本要求。又如关于社会主义核心价值观,对究竟什么是社会主义核心价值观作了具体的说明,即"三倡导",也就是倡导富强、民主、文明、和谐,倡导自由、平等、公正、法治,倡导爱国、敬业、诚信、友善,积极培育和践行社会主义核心价值观。如此等等,表明在对科学发展观的阐发上,党的十八大并不是仅仅停留在党的十七大的水平上,而是非常着力于能够有所创新的。

其三,对科学发展观的一系列重大战略思想的具体内容作了较大调整。2006年8月15日,胡锦涛同志在中共中央举行的学习《江泽民文选》报告会上的讲话中,把重大战略思想和重大战略任务具体表述为以人为本、实现科学发展、构建社会主义和谐社会、建设社会主义新农村、建设创新型国家、树立社会主义荣辱观、推动建设和谐世界、加强党的先进性建设等。如果按照党的十七大的解释,除了以人为本视为科学发展观的核心要义,那就是七项。再看党的十八大的说法,党的十八大指出围绕坚持和发展中国特色社会主义提出一系列紧密相连、相互贯通的新思想、新观点、新论断,形成和贯彻了科学发展观。那么科学发展观究竟包括哪些新思想、新观点、新论断?报告没有直接回答。但是,有一段论述可以找到路径。这就是报告在表述了以胡锦涛同志为总书记的党中央领导集体的历史功绩时,指出:"新世纪新阶段,党中央抓住重要战略机遇期,在全面建设小康社会进程中推进实践创新、理论创新、制度创新,强调坚持以人为本、全面协调可持续发展,提出构建社会主义和谐社会、加快生态文明建设,形成中国特色社会主义事业总体布局,着力保障和改善民生,促进社会公平正义,推动建设和谐世界,推进党的执政能力建设和先进性建设,成功在新的历史起点上坚持和发展了中国特色社会主义。"这段话中强调了七点，可以视作对科学发展观的一系列新思想、新观点、新论断的一种表述，当然除了理论创新之外，也适用于实践创新、制度创新。

其四，明确揭示了科学发展观的实质是坚持实事求是。报告指出，解放思想、实事求是、与时俱进、求真务实，是科学发展观最鲜明的精神实质。实践发展永无止境，认识真理永无止境，理论创新永无止境。全党一定要勇于实践、勇于变革、勇于创新，把握时代发展要求，顺应人民共同愿望，不懈探索和把握中国特色社会主义规律，永葆党的生机活力，永葆国家发展动力，在党和人民创造性实践中奋力开拓中国特色社会主义更为广阔的发展前景。记得党的十五大报告是这样揭示邓小平理论的实质的，党的十五大报告指出，邓小平理论坚持解放思想、实事求是，在新的实践基础上继承前人又突破陈规，开拓了马克思主义的新境界。实事求是是马克思列宁主义的精髓，是毛泽东思想的精髓，也是邓小平理论的精髓。同样，党的十六大报告又是这样指出"三个代表"重要思想的实质的，贯彻"三个代表"重要思想，必须使全党始终保持与时俱进的精神状态，不断开拓马克思主义理论发展的新境界。坚持党的思想路线，解放思想、实事求是、与时俱进，是我们党坚持先进性和增强创造力的决定性因素。与时俱进，就是党的全部理论和工作要体现时代性，把握规律性，富于创造性。能否始终做到这一点，决定着党和国家的前途命运。可见，正是在实事求是这个实质上，科学发展观与邓小平理论、"三个代表"重要思想的一脉相承、与时俱进的关系建立起来的。

四、科学发展观的理论渊源

如同中国特色社会主义理论体系与毛泽东思想，是一脉相承、与时俱进的关系，而不是相互割裂、对立的关系一样，科学发展观与邓小平理论、"三个代表"重要思想也是这样的关系。

科学发展观不是无源之水、无本之木，其源头就是邓小平理论和"三个代表"重要思想，就是马克思列宁主义、毛泽东思想。不能把科学发展观同邓小平理论和"三个代表"重要思想割裂开来，更不能对立起来，特别是不能把科学发展观同邓小平理论割裂和对立起来。过去我们说邓小平理论与马克思列宁主义、毛泽东思想是一脉相承的，后来我们说"三个代表"重要思想与马克思列宁主义、毛泽东思想、邓小平理论是一脉相承的，现在我们应该说科学发展观与马克思列宁主义、毛泽东思想、邓小平理论、"三个代表"重要思想也是一脉相承的。这个脉就是实事求是。而这个实事求是的"是"，说到底就是唯物史观。邓小平理论、"三个代表"重要思想、科学发展观共有一个一以贯之的主题——中国特色社会主义，同时又随着这一主题阶段性的发展变化而有所侧重。

科学发展观与邓小平的发展观是承继的关系，深化、发展的关系。邓小平理论告诉我们，社会主义的根本任务是解放发展生产力，发展的动力和必由之路是改革，发展的根本目的是改善人民群众的物质文化生活，最终实现共同富裕。这就是邓小平发展观的基本点。早在党的十四大报告中就载明，邓小平理论第一次比较系统地初步回答了如何建设、巩固、发展社会主义的一系列基本问题，其中就有关于发展的道路问题、阶段问题、任务问题、动力问题、战略问题等等。正因为这个回答是"第一次",而且是"初步"的,我们才有可能也更有必要树立和落实科学发展观,以更好更快地发展。更何况,在毛泽东、邓小平和江泽民同志的一系列相关论述中,都不难看到科学发展观的发轫点。例如,毛泽东同志早就极为突出地提出过"统筹兼顾"方针,邓小平同志就提出过"两个大局"的思想,江泽民同志也专篇论述过现代化建设的若干重大关系。我们不能割断这个历史。

科学发展观是以邓小平的发展观为基础的发展观。科学发展观的首要前提,就是以邓小平的"发展是硬道理"为圭臬,从来没有动摇、偏移。请看,党的十七大报告是这样描述的,"必须坚持把发展作为党执政兴国的第一要务。发展,对于全面建设小康社会、加快推进社会主义现代化,具有决定性意义。要牢牢扭住经济建设这个中心,坚持聚精会神搞建设、一心一意谋发展,不断解放和发展社会生产力"。强调发展的极端重要性、第一位的重要性,是邓小平理论的一个标志性特点,科学发展观是在突出发展的基础上提出来科学发展的问题。再看,党的十七届五中全会的相关论述,"在当代中国,坚持发展是硬道理的本质要求,就是坚持科学发展,更加注重以人为本,更加注重全面协调可持续发展,更加注重统筹兼顾,更加注重保障和改善民生,促进社会公平正义"。文中明明白白地告诉我们,科学发展观是源自邓小平的发展观,是为了更好地体现发展是硬道理的本质要求。科学发展是以发展为宗旨的科学,离开发展还有什么科学可言?同样,离开科学的发展也就不成其为硬道理。从另一个角度看,强调发展是硬道理,强调社会主义的根本任务是发展生产力,本身就具有科学性,因为它符合唯物史观。再者,在发展之初,人们对发展还处于疑虑观望状态,邓小平同志用他特有的语言"硬道理",酣畅淋漓地表达了发展的重要性,是势所必然、顺应民意的。以后，发展过程中的矛盾逐步暴露、突出，把发展的科学性提请全党高度重视，也是自然而然的了。科学发展观与邓小平的发展观，确凿无疑是一脉相承的，存在各自所处环境的侧重，绝无任何根本性的冲突。

科学发展观的富裕论与邓小平的富裕论也是承继的关系，深化、发展的关系。这本来应是不言而喻的。但竟也有人像发现新大陆似的寻觅出，邓小平理论是"先富论"，而科学发展观是"共富论"。这完全是误读，怎么能不完整地解读邓小平同志多次阐明的先富带动后富、最终实现共同富裕的道理呢？邓小平同志在南方谈话中就这样说："共同富裕的构想是这样提出的：一部分地区有条件先发展起来，一部分地区发展慢点，先发展起来的地区带动后发展的地区，最终达到共同富裕。"[1]他认为，突出地提出和解决地区间贫富差距的问题，有一个"什么时候"和"在什么基础上"的问题，他设想这个时间应是在 20 世纪末达到小康水平的时候。他说过："中国发展到一定程度后，一定要考虑分配问题。""要研究提出分配这个问题和它的意义。到本世纪末就应该考虑这个问题了。"[2]现在，在 21 世纪初，当我们已经实现了较低水平的小康、开始全面建设小康社会之际，提出树立和落实科学发展观、实行统筹兼顾，正是适逢其时、非常必要，与邓小平同志的设想十分相契合。而且，突出地解决这个问题，也不是抽肥补瘦、重吃"大锅饭"，不能把"共富"理解为"均富"。1993 年 9 月 16 日，邓小平同志在与他弟弟邓垦的谈话中说："十二亿人口怎样实现富裕，富裕起来以后财富怎样分配，这都是大问题。题目已经出来了，解决这个问题比解决发展起来的问题还

---

[1]邓小平：《在武昌、深圳、珠海、上海等地的谈话要点》，《邓小平文选》第三卷，人民出版社 1993 年版，第 373—374 页。
[2]中共中央文献研究室：《邓小平年谱》（下），中央文献出版社 2004 年版，第 1356、1357 页。

困难。分配的问题大得很。我们讲要防止两极分化,实际上两极分化自然出现。要利用各种手段、各种方法、各种方案来解决这些问题。""中国人能干,但是问题也会越来越多,越来越复杂,随时都会出现新问题。比如刚才讲的分配问题。少数人获得那么多财富,大多数人没有,这样发展下去总有一天会出问题。分配不公,会导致两极分化,到一定时候问题就会出来。这个问题要解决。过去我们讲先发展起来。现在看,发展起来以后的问题不比不发展时少。"[1] 从这个记录看,在邓小平同志的心中共同富裕的问题占有极重的分量,早就在思考富裕起来以后财富怎样分配的大问题。现在,科学发展观之所以能够如此强烈地引起大家的共鸣,最为根本的原因,是它对遏制两极分化、谋求公平正义所表现出的意向及措施。

科学发展观的改革论与邓小平的改革论同样是承继的关系,深化、发展的关系。强调树立和落实科学发展观,确实要正视解决我们当前面临的一系列社会问题,特别是老百姓关注的一些民生问题,这些问题很大程度上是公共服务供给不足的问题,但是,我们不能把问题的产生归咎于改革和发展。如果问题都是改革之过,改革成了百病之根,那么解决问题的结论就只能是终止改革、放弃改革。认为改革过程中遭遇的问题就是改革造成的,这是一种什么样的逻辑?我们认真思考一下就会明白,眼前的种种问题,是一定历史条件的产物,是存在弊端的旧体制残余的表现,是发展得还不够、改革还不到位的反映,当然有的也与我们把握改革的水平不尽人意有关。正因为如此,我们就更需要坚定改革的信念,坚定发展的步伐,依靠改革和发展破解我们正在面临、今后还会面临的种种难题。坚持改革开放是决定中国命运的一招,不坚持社会主

---

[1] 中共中央文献研究室:《邓小平年谱》(下),中央文献出版社2004年版,第1364页。

义，不坚持改革开放，不发展经济，不改善人民生活，只能是死路一条。我们应该永远铭记邓小平同志的这些教诲。党的十七届五中全会提出："坚持把改革开放作为加快转变经济发展方式的强大动力。坚定推进经济、政治、文化、社会等领域改革，加快构建有利于科学发展的体制机制。实施互利共赢的开放战略，与国际社会共同应对全球性挑战、共同分享发展机遇。"这又一次表明，科学发展观是坚持改革开放的发展观。如果离开改革开放，不改革，或者实际上不改革，或者实际上不全面改革，这样的发展，绝不是科学发展。只有坚决、全面地贯彻邓小平的改革观，在发展中改革，通过改革谋发展，这才是科学发展观的题中应有之义。

同样，科学发展观与"三个代表"重要思想之间，也是坚持与发展的关系。在我们学习这个重要思想的过程中，尽管没有看到科学发展观这样的明确提法，但是已经看到了构成这个重要思想的一些元素，由此而论，也可以说科学发展观发轫于"三个代表"重要思想。比如，江泽民同志曾经指出：国民经济要保持持续、快速、健康发展，健康这两个字很重要。持续、快速、健康这六个字，我们一直要坚持下去，这是积多年正反两方面经验才确立起来的我国经济顺利运行的唯一正确的路子。江泽民同志突出的是"健康"两个字，健康发展当然可以理解为科学发展。所谓科学，是说反映了事物发展规律的理论及由此而来的理念、技术、方法等等。它也包含了健康的理论、理念、技术、方法等等。再如，江泽民同志在党的十四届五中全会上所作的讲话，系统阐述了社会主义现代化建设中必须正确处理的十二个重大关系，为科学发展观的统筹兼顾思想提供了直接的思想原料。之后，中央组织实施的"西部大开发""振兴东北""中部崛起"等一系列重大战略，也都为科学发展观的推出准备了实践经验。所以，我们不能割断历史，要看到科学发展观的理论源头，是邓小平理论和"三个代表"重要思想。同时，我们还应看到，树立和落实科学发展观，按客观规律组织和推动发展，即按发展的规律组织和推动发展，显而易见，是更好地满足了中国先进生产力的发展要求，指引了先进文化的前进方向，更好地实现了最广大人民群众的根本利益。总之，贯彻落实科学发展观，就是与时俱进地坚持和发展"三个代表"重要思想，坚持和发展邓小平理论。

党的十八大以来，以习近平同志为核心的党中央坚持发展是硬道理，坚持科学发展、推动发展、创新发展，在坚持科学发展观的基础上，创造性地提出了五大发展理念，即创新、协调、绿色、开放、共享的新理念，把我们党自改革开放以来逐步形成的发展观提升到一个新的水平，视野、格局、境界焕然一新，引领我国的现代化建设迈上了新的发展起点。

■ 重要论述

中国特色社会主义理论体系，就是包括邓小平理论、"三个代表"重要思想以及科学发展观等重大战略思想在内的科学理论体系。

——胡锦涛：《高举中国特色社会主义伟大旗帜，为夺取全面建设小康社会新胜利而奋斗——在中国共产党第十七次全国代表大会上的报告》（2007年10月15日）

科学发展观，第一要义是发展，核心是以人为本，基本要求是全面协调可持续，根本方法是统筹兼顾。

——必须坚持把发展作为党执政兴国的第一要务。发展，对于全面建设小康社会、加快推进社会主义现代化，具有决定性意义。要牢牢扭住经济建设这个中心，坚持聚精会神搞建设、一心一意谋发展，不断解放和发展社会生产力。更好实施科教兴国战略、人才强国战略、可持续发展战略，着力把握发展规律、创新发展理念、转变发展方式、破解发展难题，提高发展质量和效益，实现又好又快发展，为发展中国特色社会主义打下坚实基础。努力实现以人为本、全面协调可持续的科学发展，实现各方面事业有机统一、社会成员团结和睦的和谐发展，实现既通过维护世界和平发展自己、又通过自身发展维护世界和平的和平发展。

——必须坚持以人为本。全心全意为人民服务是党的根本宗旨，党的一切奋斗和工作都是为了造福人民。要始终把实现好、维护好、发展好最广大人民的根本利益作为党和国家一切工作的出发点和落脚点，尊重人民主体地位，发挥人民首创精神，保障人民各项权益，走共同富裕道路，促进人的全面发展，做到发展为了人民、发展依靠人民、发展成果由人民共享。

——必须坚持全面协调可持续发展。要按照中国特色社会主义事业总体布局，全面推进经济建设、政治建设、文化建设、社会建设，促进现代化建设各个环节、各个方面相协调，促进生产关系与生产力、上层建筑与经济基础相协调。坚持生产发展、生活富裕、生态良好的文明发展道路，建设资源节约型、环境友好型社会，实现速度和结构质量效益相统一、经济发展与人口资源环境相协调，使人民在良好生态环境中生产生活，实现经济社会永续发展。

——必须坚持统筹兼顾。要正确认识和妥善处理中国特色社会主义事业中的重大关系，统筹城乡发展、区域发展、经济社会发展、人与自然和谐发展、国内发展和对外开放，统筹中央和地方关系，统筹个人利益和集体利益、局部利益和整体利益、当前利益和长远利益，充分调动各方面积极性。统筹国内国际两个大局，树立世界眼光，加强战略思维，善于从国际形势发展变化中把握发展机遇、应对风险挑战，营造良好国际环境。既要总揽全局、统筹规划，又要抓住牵动全局的主要工作、事关群众利益的突出问题，着力推进、重点突破。

——胡锦涛：《高举中国特色社会主义伟大旗帜，为夺取全面建设小康社会新胜利而奋斗——在中国共产党第十七次全国代表大会上的报告》（2007年10月15日）

总结十年奋斗历程，最重要的就是我们坚持以马克思列宁主义、毛泽东思想、邓小平理论、"三个代表"重要思想为指导，勇于推进实践基础上的理论创新，围绕坚持和发展中国特色社会主义提出一系列紧密相连、相互贯通的新思想、新观点、新论断，形成和贯彻了科学发展观。科学发展观是马克思主义同当代中国实际和时代特征相结合的产物，是马克思主义关于发展的世界观和方法论的集中体现，对新形势下实现什么样的发展、怎样发展等重大问题作出了新的科学回答，把我们对中国特色社会主义规律的认识提高到新的水平，开辟了当代中国马克思主义发展新境界。科学发展观是中国特色社会主义理论体系最新成果，是中国共产党集体智慧的结晶，是指导党和国家全部工作的强大思想武器。科学发展观同马克思列宁主义、毛泽东思想、邓小平理论、"三个代表"重要思想一道，是党必须长期坚持的指导思想。

——胡锦涛：《坚定不移沿着中国特色社会主义道路前进，为全面建成小康社会而奋斗——在中国共产党第十八次全国代表大会上的报告》（2012年11月8日）

■ 讨论题

1. 什么是科学发展观?
2. 科学发展观与邓小平的发展理论是什么关系?

第十讲
习近平新时代中国特色社会主义思想

■ 学习目的、重点

　　党的十九大的重大贡献，是把党的十八大以来党的理论创新成果概括为习近平新时代中国特色社会主义思想，并在党章中把这一思想确立为我们党的行动指南，实现了党的指导思想的又一次与时俱进，把中国特色社会主义理论体系的发展推向一个新的时代境界。习近平新时代中国特色社会主义思想，是对马克思列宁主义、毛泽东思想、邓小平理论、"三个代表"重要思想、科学发展观的继承和发展，是马克思主义中国化最新成果，是党和人民实践经验和集体智慧的结晶，是中国特色社会主义理论体系的重要组成部分，是全党全国人民为实现中华民族伟大复兴而奋斗的行动指南，必须长期坚持并不断发展。这一思想的主要创立者是习近平同志。坚持和发展中国特色社会主义，是改革开放以来我们党全部理论和实践的鲜明主题，也是习近平新时代中国特色社会主义思想的核心要义。党的十九大报告用"八个明确"阐述了这个思想的丰富内涵，又用"十四条坚持"阐述了围绕、贯彻这个思想的基本方略。本讲着重论述这个思想的核心要义、丰富内涵，着力于探讨产生这个思想的时代背景，充分肯定这个思想的历史地位，坚信在习近平新时代中国特色社会主义思想的指引下，决胜全面建成小康社会，实现伟大复兴，夺取新时代中国特色社会主义的伟大胜利。

一、习近平新时代
中国特色社会主义思想是时代的产物

时代是思想之母，实践是理论之源。

实践没有止境，理论创新也没有止境。

上面两句话我们耳熟能详，它们具有鲜明的习近平语言风格。习近平同志在党的十九大报告中论述新时代中国特色社会主义思想的时候再一次作了强调。

这两句话体现了马克思主义唯物史观的原理，体现了马克思主义认识论的原理。

马克思曾经说过："物质生活的生产方式制约着整个社会生活、政治生活和精神生活的过程。不是人们的意识决定人们的存在，相反，是人们的社会存在决定人们的意识。"[1]

毛泽东同志说过："人的正确思想是从哪里来的？是从天上掉下来的吗？不是。是自己头脑里固有的吗？不是。人的正确思想，只能从社会实践中来，只能从社会的生产斗争、阶级斗争和科学实验这三项实践中来。人们的社会存在，决定人们的思想。而代表先进阶级的正确思想，

---

[1] 马克思：《〈政治经济学批判〉序言》，《马克思恩格斯选集》第二卷，人民出版社2012年版，第2页。

一旦被群众掌握，就会变成改造社会、改造世界的物质力量。"[1]

毛泽东同志早就告诉我们："社会实践中的发生、发展和消灭的过程是无穷的，人的认识的发生、发展和消灭的过程也是无穷的。""客观现实世界的变化运动永远没有完结，人们在实践中对于真理的认识也就永远没有完结。马克思列宁主义并没有结束真理，而是在实践中不断地开辟认识真理的道路。"[2]

正因为如此，中国新民主主义革命的伟大时代、伟大实践，产生了我们党马克思主义中国化第一个成果——毛泽东思想。

正因为如此，中国特色社会主义的伟大时代、改革开放的伟大实践，产生了我们党马克思主义中国化的第二个成果——邓小平理论，继而产生了"三个代表"重要思想、科学发展观。

也正因为如此，中国特色社会主义新时代、决胜全面建成小康社会、夺取新时代中国特色社会主义伟大胜利的实践，产生了习近平新时代中国特色社会主义思想，这是马克思主义中国化的最新成果，把中国特色社会主义理论体系推向了一个新的更高境界。

党的十九大报告指出："十八大以来，国内外形势变化和我国各项事业发展都给我们提出了一个重大时代课题，这就是必须从理论和实践结合上系统回答新时代坚持和发展什么样的中国特色社会主义、怎样坚持和发展中国特色社会主义，包括新时代坚持和发展中国特色社会主义的总目标、总任务、总体布局、战略布局和发展方向、发展方式、发展动力、战略步骤、外部条件、政治保证等基本问题，并且要根据新的实践对经济、政治、法治、科技、文化、教育、民生、民族、宗教、社会、

---

[1] 毛泽东：《人的正确思想是从哪里来的？》，《毛泽东著作选读》（下册），人民出版社1986年版，第839页。
[2] 毛泽东：《实践论》，《毛泽东选集》第一卷，人民出版社1991年版，第295、296页。

生态文明、国家安全、国防和军队、'一国两制'和祖国统一、统一战线、外交、党的建设等各方面作出理论分析和政策指导,以利于更好坚持和发展中国特色社会主义。"

报告进一步指出:"围绕这个重大时代课题,我们党坚持以马克思列宁主义、毛泽东思想、邓小平理论、'三个代表'重要思想、科学发展观为指导,坚持解放思想、实事求是、与时俱进、求真务实,坚持辩证唯物主义和历史唯物主义,紧密结合新的时代条件和实践要求,以全新的视野深化对共产党执政规律、社会主义建设规律、人类社会发展规律的认识,进行艰辛理论探索,取得重大理论创新成果,形成了新时代中国特色社会主义思想。"

上述两段论述,第一段是讲党的十八大以来,国内外形势变化和我国各项事业发展都给我们提出了一个重大时代课题,这就是新时代坚持和发展什么样的中国特色社会主义、怎样坚持和发展中国特色社会主义的重大课题。第二段是讲围绕这个重大时代课题进行艰辛理论探索,取得重大理论创新成果,形成了习近平新时代中国特色社会主义思想。这就告诉我们,中国特色社会主义新时代提出了重大时代课题,习近平新时代中国特色社会主义思想,就是要从理论上全面系统地回答这个重大时代课题。

习近平新时代中国特色社会主义思想的形成并被确立为党的指导思想,说明了马克思主义的强大生命力、中国特色社会主义理论体系的强大生命力,我们党的理论具有不断向前发展的强大生命力。在习近平新时代中国特色社会主义思想指导下,中国共产党领导全国各族人民,统揽伟大斗争、伟大工程、伟大事业、伟大梦想,推动中国特色社会主义进入了新时代。

二、习近平新时代
中国特色社会主义思想的历史地位

关于习近平新时代中国特色社会主义思想的历史地位，党的十九大报告作了全面准确的评价。这一评价原封不动地被引入了党的十九大通过的《中国共产党章程（修正案）》中，有关学习宣传党的十九大精神的辅导读物阐述这个思想的历史地位时，也几乎无一例外地引述了这一评价。这些表述说明了党的十九大的评价的权威性。但是，从各种辅导版本看，多是停留在逐字逐句的引用原文上，没有对原文的阐发。在笔者看来，这与习近平同志要求的学懂弄通党的十九大精神似有距离。本讲作一点尝试。

原汁原味的文本极为重要，先照录于下：

"新时代中国特色社会主义思想，是对马克思列宁主义、毛泽东思想、邓小平理论、'三个代表'重要思想、科学发展观的继承和发展，是马克思主义中国化最新成果，是党和人民实践经验和集体智慧的结晶，是中国特色社会主义理论体系的重要组成部分，是全党全国人民为实现中华民族伟大复兴而奋斗的行动指南，必须长期坚持并不断发展。"

党的十九大报告关于习近平新时代中国特色社会主义思想历史地位的评价，全面、准确、精辟、到位，非常有利于广大党员与人民群众充分认识和正确理解这个思想的历史地位，增强他们学习贯彻这个思想的自觉性、积极性。所谓全面，这一评价用六句话、从六个方面揭示了这个思想的所处地位。准确，是说评价客观公正、实事求是。精辟，是言简意赅、要言不烦。到位,是说评价得没有过位也没有缺位,没有拔高也没有低估,做到了恰如其分、名副其实。人们频频引述这一评价,说明得到了普遍的认同。

以下,逐句做一点学习理解。

第一句"是对马克思列宁主义、毛泽东思想、邓小平理论、'三个代表'重要思想、科学发展观的继承和发展",这一句把这个思想与我们党既往指导思想表述的关系讲清楚了,这个思想在我们党整个指导思想的体系中居于承前启后、继往开来的历史地位,不忘渊源、继承前人又超越前人。在马克思主义向前发展的理论长河中,后浪推动前浪超过前浪,是符合理论自身发展规律的。

第二句"是马克思主义中国化最新成果","最新成果"一说,应该是当之无愧的。习近平新时代中国特色社会主义思想持有的一系列重大理论判断,在邓小平理论、"三个代表"重要思想和科学发展观中是没有出现过的,其创新意义不容置疑。但是要知道这个"最新成果"是"马克思主义中国化最新成果",作出如此评价就非同一般。

我们看一下党的十五大、十六大、十七大、十八大关于毛泽东思想、邓小平理论、"三个代表"重要思想、科学发展观的评价,细细品味就可以体会出党的十九大评价这个思想的分量之重。

党的十五大报告指出:"中国人民找到了马克思列宁主义,中国革命的面貌为之一新。马克思列宁主义同中国实际相结合有两次历史性飞跃,产生了两大理论成果。第一次飞跃的理论成果是被实践证明了的关于中国革命和建设的正确的理论原则和经验总结,它的主要创立者是毛泽东,我们党把它称为毛泽东思想。第二次飞跃的理论成果是建设有中国特色社会主义理论,它的主要创立者是邓小平,我们党把它称为邓小平理论。"

党的十六大报告指出："'三个代表'重要思想是对马克思列宁主义、毛泽东思想和邓小平理论的继承和发展，反映了当代世界和中国的发展变化对党和国家工作的新要求，是加强和改进党的建设、推进我国社会主义自我完善和发展的强大理论武器，是全党集体智慧的结晶，是党必须长期坚持的指导思想。"

党的十七大报告指出："科学发展观，是对党的三代中央领导集体关于发展的重要思想的继承和发展，是马克思主义关于发展的世界观和方法论的集中体现，是同马克思列宁主义、毛泽东思想、邓小平理论和'三个代表'重要思想既一脉相承又与时俱进的科学理论，是我国经济社会发展的重要指导方针，是发展中国特色社会主义必须坚持和贯彻的重大战略思想。"

党的十八大报告指出："科学发展观是中国特色社会主义理论体系最新成果，是中国共产党集体智慧的结晶，是指导党和国家全部工作的强大思想武器。科学发展观同马克思列宁主义、毛泽东思想、邓小平理论、'三个代表'重要思想一道，是党必须长期坚持的指导思想。"

很显然，党的全国代表大会对毛泽东思想、邓小平理论的评价尺度同一，并称"两次历史性飞跃""两大理论成果"，之后评价"三个代表"重要思想、科学发展观均没有使用"马克思主义中国化最新成果"的提法。仅此一点，就可以看出党的全国代表大会对习近平新时代中国特色社会主义思想的评价是很高的。

第三句"是党和人民实践经验和集体智慧的结晶"，可以说这是评价指导思想的必备要件。作这样的评价符合唯物史观的基本原理，也是实际情况的反映。

第四句"是中国特色社会主义理论体系的重要组成部分"，这个评价同样非常重要、不可或缺。习近平新时代中国特色社会主义思想，是居于中国特色社会主义理论体系之中而不是之外的思想，它与这个理论体系的其他组成部分是一脉相承的关系。习近平新时代中国特色社会主义思想的核心、主题，就是中国特色社会主义理论体系的全部主题，它的一系列新的重要判断，是在邓小平理论、"三个代表"重要思想、科学发展观的基础上发展起来的。比如新的"五大发展理念"与科学发展观的关系就非常紧密。党的十九大报告的这一评价，就是要求我们用唯物辩证法联系的观点看待中国特色社会主义理论体系各个组成部分之间的关系。

第五句"是全党全国人民为实现中华民族伟大复兴而奋斗的行动指南"，这句话强调了这个思想的现实指导意义。"行动"是贯彻执行，"指南"就是指导思想，就是政治方向、政治决策。一般而言，指导思想都有指导意义，但是立足中国特色社会主义新时代的历史方位，当前和今后很长一个时期，中心任务就是要认真学习贯彻习近平新时代中国特色社会主义思想，做实党的十九大精神的贯彻执行。

第六句"必须长期坚持并不断发展"，这是把这个思想写入党章，作为党必须长期坚持的指导思想的预示，并且昭示了这个思想的未来发展。

刘云山同志在论述这个思想的历史地位时，有一句话值得注意，他说："这一思想的主要创立者是习近平同志。党的十八大以来，习近平总书记以非凡的政治智慧、顽强的意志品质、强烈的历史担当，团结带领全党全国各族人民进行具有许多新的历史特点的伟大斗争，统筹推进'五位一体'总体布局，协调推进'四个全面'战略布局，推动改革开放和社会主义现代化建设取得新的重大成就，推动党和国家事业全面开创新局面、发生历史性变革，赢得全党全军全国各族人民高度评价和衷心爱戴，成为党中央的核心、全党的核心。在领导全党全国推进党和国家事业的实践中,习近平总书记以马克思主义政治家、理论家的深刻洞察力、敏锐判断力和战略定力,提出了一系列具有开创性意义的新理念新思想新战略,为新时代中国特色社会主义思想的创立发挥了决定性作用、作出了决定性贡献。"[1]

放眼看,习近平新时代中国特色社会主义思想是一棵理论大树,把它置于马克思主义理论的大树林中,就更能看出它的特点、创新点及生命力。诚然,随着时代的发展与进步,它还有很大的发展空间。

三、习近平新时代中国特色社会主义思想的核心要义与丰富内涵

正如党的十九大报告指出的,坚持和发展中国特色社会主义,是改革开放以来我们党全部理论和实践的鲜明主题。那么,作为中国特色社会主义理论体系重要组成部分的习近平新时代中国特色社会主义思想,它的核心要义理所当然也就是坚持和发展中国特色社会主义。报告也正是这样阐述的。报告指出党的十八大以来,国内外形势变化和我国各项事业发展都给我们提出了一个重大时代课题,这个重大时代课题要求必须从理论和实践结合上系统回答新时代坚持和发展什么样的中国特色社会主义、怎样坚持和发展中国特色社会主义,习近平新时代中国特色社会主义思想正是针对这个重大时代课题,作出了艰辛的理论探索,从而取得了重大成果,为党的十九大所认同,被确立为党的指导思想。

---

[1] 刘云山:《深入学习贯彻习近平新时代中国特色社会主义思想》,《党的十九大报告辅导读本》,人民出版社 2017 年版,第 6 页。

第十讲　习近平新时代中国特色社会主义思想

自 1982 年党的十二大邓小平同志首次提出中国特色社会主义的命题以来，中国特色社会主义就始终不渝地成为我们党高举的旗帜，成为我们党全部理论和实践的主题。习近平同志不忘初心，不辱使命，高举旗帜，不畏艰辛，砥砺前行，把中国特色社会主义理论体系推向了一个新的时代方位，即习近平新时代中国特色社会主义思想的理论方位。学习贯彻这一思想必须紧紧地抓住中国特色社会主义这个核心要义，矢志不渝、方得始终。

围绕核心要义，党的十九大报告用"八个明确"的理论框架，从八个方面深刻揭示了习近平新时代中国特色社会主义思想的丰富内涵。应该看到，这"八个明确"的高度概括，有气势、有格局、有力度、有深度、有逻辑，提纲挈领、完整准确地呈现了习近平新时代中国特色社会主义思想的框架体系。这不禁使笔者回想起党的十四大报告对当时称作建设有中国特色社会主义理论，后来党的十五大正式定名为邓小平理论所作的"九大问题"的概括，党的十四大报告用了"九大问题"列了九个段落，大手笔概述了邓小平理论的思想内涵，成为之后研究邓小平理论框架的权威指引。现在，党的十九大报告总结概括的"八个明确"，与党的十四大高度概括、党的十五大继续确认的"九大问题"异曲同工，同样显示出党的十九大报告的理论功底。

以下，依次对党的十九大报告提出的"八个明确"作初步解读。

第一是，"明确坚持和发展中国特色社会主义，总任务是实现社会主义现代化和中华民族伟大复兴，在全面建成小康社会的基础上，分两步走在本世纪中叶建成富强民主文明和谐美丽的社会主义现代化强国"。

这一段文字的核心词应该是"总任务"。由"总任务"而表述了新时代中国共产党人的伟大使命、伟大梦想、伟大愿景。党的十九大报告的起始就说明了："中国共产党人的初心和使命，就是为中国人民谋幸福，为中华民族谋复兴。这个初心和使命是激励中国共产党人不断前进的根本动力。"使命、梦想、愿景就是目标，就是方向，就是奋斗的动力。目标决定路径、谋略、方略、举措。由此可以看出"总任务"的设定，在"八个明确"中处于统御和引领的地位。报告具体规划了中华民族伟大复兴的蓝图："我们既要全面建成小康社会、实现第一个百年奋斗目标，又要乘势而上开启全面建设社会主义现代化国家新征程，向第二个百年奋斗目标进军。""从二〇二〇年到本世纪中叶可以分两个阶段来安排。""第一个阶段，从二〇二〇年到二〇三五年，在全面建成小康社会的基础上，再奋斗十五年，基本实现社会主义现代化。""第二个阶段，从二〇三五年到本世纪中叶，在基本实现现代化的基础上，再奋斗十五年，把我国建成富强民主文明和谐美丽的社会主义现代化强国。"这是何等宏伟的伟大复兴，是何等壮丽的时代篇章！

第二是，"明确新时代我国社会主要矛盾是人民日益增长的美好生活需要和不平衡不充分的发展之间的矛盾，必须坚持以人民为中心的发展思想，不断促进人的全面发展、全体人民共同富裕"。

显然，第二个"明确"的核心词是"主要矛盾"。党的十九大报告关于我国社会主要矛盾的阐述，令人耳目一新、思路大开，意义极为重要。

根据唯物史观，毛泽东同志早就认为，社会主义存在矛盾，即生产力与生产关系、经济基础与上层建筑的基本矛盾。他说："在社会主义社会中，基本的矛盾仍然是生产关系和生产力之间的矛盾，上层建筑和经济基础之间的矛盾。不过社会主义社会的这些矛盾，同旧社会的生产关系和生产力的矛盾、上层建筑和经济基础的矛盾，具有根本不同的性质和情况罢了。我国现在的社会制度比较旧时代的社会制度要优胜得多。如果不优胜，旧制度就不会被推翻，新制度就不可能建立。所谓社会主义生产关系比较旧时代生产关系更能够适合生产力发展的性质,就是指能够容许生产力以旧社会所没有的速度迅速发展,因而生产不断扩大,因而使人民不断增长的需要能够逐步得到满足的这样一种情况。"[1]

1956 年党的八大提出:"国内主要矛盾,已经不再是无产阶级和资产阶级的矛盾,而是人民对于经济文化迅速发展的需要同当前经济文化不能满足人民需要的状况之间的矛盾"。1958 年党的八大二次会议改变了八大一次会议的正确判断,重新把主要矛盾定位为无产阶级同资产阶级、社会主义道路同资本主义道路的矛盾。[2] "重新"是回到党的七届二中全会,毛泽东在七届二中全会上的报告中指出:"中国革命在全国胜利,并且解决了土地问题以后,中国还存在着两种基本的矛盾。第一种是国内的,即工人阶级和资产阶级的矛盾。第二种是国外的,即中国和帝国主义国家的矛盾。"[3]

1981 年《中国共产党中央委员会关于建国以来党的若干历史问题的决议》指出:"在社会主义改造基本完成以后,我国所要解决的主要矛盾,是人民日益增长的物质文化需要同落后的社会生产之间的矛盾。"[4] 从此,党的重要文献关于主要矛盾的表述都循此口径,到党的十八大一直没有改变。2012 年党的十八大报告指出:"我们必须清醒认识到,我国仍处于并将长期处于社会主义初级阶段的基本国情没有变,人民日益

---

[1] 毛泽东:《关于正确处理人民内部矛盾的问题》(1957 年 2 月 27 日),《毛泽东著作选读》(下册),人民出版社 1986 年版,第 767 页。
[2] 中共中央党史研究室:《中共党史大事年表》,人民出版社 1981 年版,第 117、123—124 页。
[3] 毛泽东:《在中国共产党第七届中央委员会第二次全体会议上的报告》,《毛泽东选集》第四卷,人民出版社 1991 年版,第 1433 页。
[4] 《中国共产党中央委员会关于建国以来党的若干历史问题的决议》,《十一届三中全会以来党的历次全国代表大会中央全会重要文件选编》(上),中央文献出版社 1997 年版,第 210 页。

增长的物质文化需要同落后的社会生产之间的矛盾这一社会主要矛盾没有变,我国是世界最大发展中国家的国际地位没有变。"

在新时代新的发展形势下,党的十九大对主要矛盾作出新论断。报告指出:"中国特色社会主义进入新时代,我国社会主要矛盾已经转化为人民日益增长的美好生活需要和不平衡不充分的发展之间的矛盾。"还指出:"我国稳定解决了十几亿人的温饱问题,总体上实现小康,不久将全面建成小康社会,人民美好生活需要日益广泛,不仅对物质文化生活提出了更高要求,而且在民主、法治、公平、正义、安全、环境等方面的要求日益增长。同时,我国社会生产力水平总体上显著提高,社会生产能力在很多方面进入世界前列,更加突出的问题是发展不平衡不充分,这已经成为满足人民日益增长的美好生活需要的主要制约因素。"对社会主要矛盾的判断与新时代概念紧密联系。事物内部的矛盾运动决定了事物的阶段性。社会主要矛盾的新变化,是进入新时代的决定性因素。

党的十九大报告关于主要矛盾的论述分量很足,整整用了三个段落再加上一句话,即报告第一部分结束前连续三个段落,加上报告第四部分强调"紧扣我国社会主要矛盾变化",共计700余字。党的十九大报告关于主要矛盾的表述富有新意,它继承、深化、发展了我们党关于主要矛盾正确的论断,从唯物史观视域创新了马克思主义。可以说,这是习近平新时代中国特色社会主义思想的一个重要理论贡献。

第三是,"明确中国特色社会主义事业总体布局是'五位一体'、战略布局是'四个全面',强调坚定道路自信、理论自信、制度自信、文化自信"。

这个"明确",突出的是两个"布局"和"四个自信"。

关于"总体布局",最早在党的文献中出现,是在1986年党的十二届六中全会作出的《中共中央关于社会主义精神文明建设指导方针的决议》之中。该《决议》指出:"我国社会主义现代化建设的总体布局是:以经济建设为中心,坚定不移地进行经济体制改革,坚定不移地进行政治体制改革,坚定不移地加强精神文明建设,并且使这几个方面互相配合,互相促进。"[1]这是以经济建设为中心"三位一体"的总体布局。

2007年党的十七大报告提出:"必须坚持全面协调可持续发展。要按照中国特色社会主义事业总体布局,全面推进经济建设、政治建设、文化建设、社会建设,促进现代化建设各个环节、各个方面相协调,促进生产关系与生产力、上层建筑与经济基础相协调。坚持生产发展、生活富裕、生态良好的文明发展道路,建设资源节约型、环境友好型社会,实现速度和结构质量效益相统一、经济发展与人口资源环境相协调,使人民在良好生态环境中生产生活,实现经济社会永续发展。"这是"四位一体"总体布局的第一次宣示。

5年之后,党的十八大报告提出:"必须更加自觉地把全面协调可持续作为深入贯彻落实科学发展观的基本要求,全面落实经济建设、政治建设、文化建设、社会建设、生态文明建设五位一体总体布局,促进现代化建设各方面相协调,促进生产关系与生产力、上层建筑与经济基础相协调,不断开拓生产发展、生活富裕、生态良好的文明发展道路。"党的十九大报告坚持了"五位一体"总体布局的提法。又把党的十八大以来提出的"四个全面"战略布局与其并提,同时作为习近平新时代中国特色社会主义思想的重要构成部分。

课堂教学中经常有人问,这两个布局是什么关系?其实不复杂,"五位一体"讲了五大领域,这五大领域的建设需要协调推进、同步推进,

---

[1]《中共中央关于社会主义精神文明建设指导方针的决议》,《十二大以来重要文献选编》(下),人民出版社1988年版,第1173—1174页。

重点在社会主义现代化建设有五个方面、五大领域，至于怎么建设、怎么推进，没有重点强调。而全面建成小康社会、全面深化改革、全面依法治国、全面从严治党这四大战略，虽然也有领域和范畴，但是已经不是一般性地提示这四个领域，而是以问题为导向，有针对性地提出系列化的重大决策，每一个战略决策都自成体系，相互之间又互为支撑。比较而言，"四个全面"战略布局决策性、操作性、实战性更强。"四个全面"战略布局贯彻落实了，"五位一体"总体布局也就推进了。

关于"自信"，党的十八大报告阐述了在新的历史条件下夺取中国特色社会主义新胜利必须牢牢把握的基本要求之后，特别强调："全党要坚定这样的道路自信、理论自信、制度自信！"这是"三个自信"，及至2016年习近平同志发表庆祝中国共产党成立95周年重要讲话，讲话又特别强调了"文化自信"。习近平同志指出："坚持不忘初心、继续前进，就要坚持中国特色社会主义道路自信、理论自信、制度自信、文化自信，坚持党的基本路线不动摇，不断把中国特色社会主义伟大事业推向前进。"[1] 接着，他对文化自信的重要性、深刻性作了深入阐释。由此，"四个自信"的表述臻于完善。

两个"布局"和"四个自信"的提出与完善，表现了我们党进行理论探索的艰辛努力，也展现了我们党倾听时代声音的理论自觉。

第四是，"明确全面深化改革总目标是完善和发展中国特色社会主义制度、推进国家治理体系和治理能力现代化"。

这个"明确"，阐述的是全面深化改革的总目标。至少要从三个方面加以理解。

---

[1] 习近平：《在庆祝中国共产党成立95周年大会上的讲话》，《人民日报》2016年7月2日。

其一，坚定改革的决心和信念。习近平同志强调，我们讲，只有社会主义才能救中国，只有改革开放才能发展中国、发展社会主义、发展马克思主义。正是从历史经验和现实需要的高度，党的十八大以来，中央反复强调，改革开放是决定当代中国命运的关键一招，也是决定实现"两个一百年"奋斗目标、实现中华民族伟大复兴的关键一招，实践发展永无止境，解放思想永无止境，改革开放也永无止境，停顿和倒退没有出路，改革开放只有进行时，没有完成时。他告诫党的十八届三中全会与会的同志："我们在改革开放上决不能有丝毫动摇，改革开放的旗帜必须继续高高举起，中国特色社会主义道路的正确方向必须牢牢坚持。全党要坚定改革信心，以更大的政治勇气和智慧、更有力的措施和办法推进改革。"[1]

其二，明确改革的目的是完善和发展中国特色社会主义制度。在党的十八届三中全会作出的《中共中央关于全面深化改革若干重大问题的决定》中，宣示了我们进行改革的目的和方向："全面深化改革，必须高举中国特色社会主义伟大旗帜，以马克思列宁主义、毛泽东思想、邓小平理论、'三个代表'重要思想、科学发展观为指导，坚定信心，凝聚共识，统筹谋划，协同推进，坚持社会主义市场经济改革方向，以促进社会公平正义、增进人民福祉为出发点和落脚点，进一步解放思想、解放和发展社会生产力、解放和增强社会活力，坚决破除各方面体制机制弊端，努力开拓中国特色社会主义事业更加广阔的前景。"[2] 全会公报着重强调，"最重要的是，坚持党的领导，贯彻党的基本路线，不走封闭僵化

---

[1] 习近平：《关于〈中共中央关于全面深化改革若干重大问题的决定〉的说明》，《人民日报》2013年11月16日。
[2] 《中共中央关于全面深化改革若干重大问题的决定》，《十八大以来重要文献选编》（上），中央文献出版社2014年版，第512页。

的老路，不走改旗易帜的邪路，坚定走中国特色社会主义道路，始终确保改革正确方向"。

其三，确立国家治理体系现代化的新理念。习近平同志对上海代表团的同志讲，治理和管理一字之差，体现的是系统治理、依法治理、源头治理、综合施策。社会治理是一门科学，要着力提高干部素质，把培养一批专家型的城市管理干部作为重要任务，用科学态度、先进理念、专业知识去建设和管理城市。[1]笔者理解，治理包括服务、管理、协调、控制、安全等。体系是大系统，是覆盖上上下下、方方面面的一个有机构成。在国家治理体系中，国家是主体，广义而言涵盖所有的治理主体。治理体系现代化，是指党、政府、社会、公民有机配置、各司其职，在宪法法律的范围里，民主法治科学地治理国家和社会事务的形态。在这个问题上，习近平同志讲，我们的总目标就是完善和发展中国特色社会主义制度，推进国家治理体系和治理能力现代化。前后两句话紧密联系、不可分割，前一句指明方向、说明目的，后一句提供路径、提出保障。而且，治理体系多是指法律、制度、机构的设置与运行，治理能力着重指人的素质、能力，尤其是各级干部的素质、能力。这两个点，在习近平同志的相关论述中都得到了强调。

第五是，"明确全面推进依法治国总目标是建设中国特色社会主义法治体系、建设社会主义法治国家"。

前一个"明确"，是全面深化改革的总目标，这一个"明确"是全面依法治国的总目标。两个总目标紧密联系、互为依补。没有民主，就没有法治；同样，没有法治，也就不会有真实的民主。法治，是民主的

---

[1]《习近平参加上海代表团审议》，新华网2014年3月5日。http://www.xinhuanet.com/politics/2014-03/05/c_119627165.htm。

必然要求，是实现民主的途径和保障。民主是法治的基础，是法治的灵魂和精髓。从来没有不要法治的民主，也没有与民主不相干的法治。

法治即法律的统治，法律至高无上。比较准确地说，法治就是良好的法律得到普遍遵守的国家形态和社会形态。任何组织、任何人都无一例外地必须遵守宪法和法律，都必须在宪法和法律范围内活动。我们高举中国特色社会主义伟大旗帜，就一定要建设良好完备的社会主义法治国家。

依法治国的基本方略，是党的十五大确立的。依法治国，就是广大人民群众在党的领导下，依照宪法和法律规定，通过各种途径和形式管理国家事务，管理经济文化事业，管理社会事务，保证国家各项工作都依法进行，逐步实现社会主义民主的制度化、法律化，使这种制度和法律不因领导人的改变而改变，不因领导人看法和注意力的改变而改变。依法治国，是党领导人民治理国家的基本方略，是发展社会主义市场经济的客观需要，是社会文明进步的重要标志，是国家长治久安的重要保障。

党的十八届四中全会确定了全面依法治国的重大战略。全面推进依法治国，总目标是建设中国特色社会主义法治体系，建设社会主义法治国家。这就是，在中国共产党领导下，坚持中国特色社会主义制度，贯彻中国特色社会主义法治理论，形成完备的法律规范体系、高效的法治实施体系、严密的法治监督体系、有力的法治保障体系，形成完善的党内法规体系，坚持依法治国、依法执政、依法行政共同推进，坚持法治国家、法治政府、法治社会一体建设，实现科学立法、严格执法、公正司法、全民守法，促进国家治理体系和治理能力现代化。

党的十九大报告要求坚持全面依法治国。全面依法治国是中国特色社会主义的本质要求和重要保障。必须把党的领导贯彻落实到依法治国全过程和各方面，坚定不移走中国特色社会主义法治道路，完善以宪法为核心的中国特色社会主义法律体系，建设中国特色社会主义法治体系，建设社会主义法治国家，发展中国特色社会主义法治理论，坚持依法治国、依法执政、依法行政共同推进，坚持法治国家、法治政府、法治社会一体建设，坚持依法治国和以德治国相结合，依法治国和依规治党有机统一，深化司法体制改革，提高全民族法治素养和道德素质。

党的十九大报告提出了深化依法治国实践的任务。指出全面依法治国是国家治理的一场深刻革命，必须坚持厉行法治，推进科学立法、严格执法、公正司法、全民守法。成立中央全面依法治国领导小组，加强对法治中国建设的统一领导。加强宪法实施和监督，推进合宪性审查工作，维护宪法权威。推进科学立法、民主立法、依法立法，以良法促进发展、保障善治。建设法治政府，推进依法行政，严格规范公正文明执法。深化司法体制综合配套改革，全面落实司法责任制，努力让人民群众在每一个司法案件中感受到公平正义。加大全民普法力度，建设社会主义法治文化，树立宪法法律至上、法律面前人人平等的法治理念。各级党组织和全体党员要带头尊法学法守法用法，任何组织和个人都不得有超越宪法法律的特权，绝不允许以言代法、以权压法、逐利违法、徇私枉法。

第六是，"明确党在新时代的强军目标是建设一支听党指挥、能打胜仗、作风优良的人民军队，把人民军队建设成为世界一流军队"。

这个"明确"，同样是讲目标，强军目标，军队建设的目标。我们注意到，邓小平同志强调中国特色精兵之路，习近平同志强调中国特色强军之路。习近平同志在新的形势下坚持和发展了邓小平国防和军队建设的理论。建设一支听党指挥、能打胜仗、作风优良的人民军队，是新时代建军强军的奋斗目标。把人民军队建设成为世界一流军队，这个提法在我们党的文献里是第一次出现,是非常振奋人心的动员令,把军队战斗力的标准提到一个新的高度,展现了我们在军队建设领域里的眼界、格局和信心。

党的十九大报告论述的第十一条基本方略"坚持党对人民军队的绝对领导",进一步阐释了这个"明确":建设一支听党指挥、能打胜仗、作风优良的人民军队,是实现"两个一百年"奋斗目标、实现中华民族伟大复兴的战略支撑。必须全面贯彻党领导人民军队的一系列根本原则和制度,确立新时代党的强军思想在国防和军队建设中的指导地位,坚持政治建军、改革强军、科技兴军、依法治军,更加注重聚焦实战,更加注重创新驱动,更加注重体系建设,更加注重集约高效,更加注重军民融合,实现党在新时代的强军目标。

第七是,"明确中国特色大国外交要推动构建新型国际关系,推动构建人类命运共同体"。

这个"明确",还是讲目标,大国外交的目标,两个"构建",构建新型国际关系,构建人类命运共同体。

党的十九大报告论述的第十三条基本方略"坚持推动构建人类命运共同体",对这个"明确"作了具体展开:中国人民的梦想同各国人民的梦想息息相通,实现中国梦离不开和平的国际环境和稳定的国际秩序。必须统筹国内国际两个大局,始终不渝走和平发展道路、奉行互利共赢的开放战略,坚持正确义利观,树立共同、综合、合作、可持续的新安全观,谋求开放创新、包容互惠的发展前景,促进和而不同、兼收并蓄的文明交流,构筑尊崇自然、绿色发展的生态体系,始终做世界和平的建设者、全球发展的贡献者、国际秩序的维护者。这个"明确"以及这条"基本方略",核心要义依然是坚定不移地秉持和平与发展的理念,坚持和平发展的正确道路,为全球的和平发展作出我们应有的贡献。

第八是，"明确中国特色社会主义最本质的特征是中国共产党领导，中国特色社会主义制度的最大优势是中国共产党领导，党是最高政治领导力量，提出新时代党的建设总要求，突出政治建设在党的建设中的重要地位"。

如果我们套用毛泽东同志当年的一句话，这句话是他总结建党18年的主要经验："十八年的经验告诉我们，统一战线和武装斗争，是战胜敌人的两个基本武器。统一战线，是实行武装斗争的统一战线。而党的组织，则是掌握统一战线和武装斗争这两个武器以实行对敌冲锋陷阵的英勇战士。这就是三者的相互关系。"[1]那么在这八个"明确"之中，前面七个"明确"展示从事中国特色社会主义伟大事业的七件基本武器，第八个"明确"，即党的领导与党的建设，就是掌握这七件基本武器的英勇战士。简而言之，就是战士与武器的关系。

理解第八个"明确"，应该好好读一读基本方略之第一条和第十四条。

第一条"坚持党对一切工作的领导"指出："党政军民学，东西南北中，党是领导一切的。必须增强政治意识、大局意识、核心意识、看齐意识，自觉维护党中央权威和集中统一领导，自觉在思想上政治上行动上同党中央保持高度一致，完善坚持党的领导的体制机制，坚持稳中求进工作总基调，统筹推进'五位一体'总体布局，协调推进'四个全面'战略布局，提高党把方向、谋大局、定政策、促改革的能力和定力，确保党始终总揽全局、协调各方。"

第十四条"坚持全面从严治党"指出："勇于自我革命，从严管党治

---

[1] 毛泽东：《〈共产党人〉发刊词》，《毛泽东选集》第二卷，人民出版社1991年版，第613页。

党,是我们党最鲜明的品格。必须以党章为根本遵循,把党的政治建设摆在首位,思想建党和制度治党同向发力,统筹推进党的各项建设,抓住'关键少数',坚持'三严三实',坚持民主集中制,严肃党内政治生活,严明党的纪律,强化党内监督,发展积极健康的党内政治文化,全面净化党内政治生态,坚决纠正各种不正之风,以零容忍态度惩治腐败,不断增强党自我净化、自我完善、自我革新、自我提高的能力,始终保持党同人民群众的血肉联系。"

这两条"方略",一头一尾,首尾相通。第一条强调党的领导的重要性和重要体现,非此不能成就伟业。最后一条是打铁必须自身硬,只有全面从严治党才能实现党对一切工作的领导。如此两条,把第八个"明确"的实质与构成阐述得十分清楚。

四、习近平新时代中国特色社会主义思想和基本方略

党的十九大报告的第三部分"新时代中国特色社会主义思想和基本方略",思想和基本方略共为一体。关于思想的"八个明确"以上已经作了比较翔实的讨论,这里,再着重谈一下思想与基本方略的关系。

概而言之,基本方略是:(一)坚持党对一切工作的领导;(二)坚持以人民为中心;(三)坚持全面深化改革;(四)坚持新发展理念;(五)坚持人民当家作主;(六)坚持全面依法治国;(七)坚持社会主义核心价值体系;(八)坚持在发展中保障和改善民生;(九)坚持人与自然和谐共生;(十)坚持总体国家安全观;(十一)坚持党对人民军队的绝对领导;(十二)坚持"一国两制"和推进祖国统一;(十三)坚持推动构

建人类命运共同体;(十四)坚持全面从严治党。

初读报告时考虑,为什么又是思想又是方略,难道不能放在一起叙述?细读原文,反复读原文,也就释然了,这样行文自有它的道理。"八个明确"独立成段,言简意赅、赫然在目,让人一下子就抓住了思想的核心要义,易于整体把握、重点领悟。如果把基本方略的内容也放进思想里一起阐述,势必影响思想内涵重点的突出。先把思想的"八个明确"推出来,再细说方略,两边都清爽利落、相得益彰。有"八个明确"引领,"十四条基本方略"便言之有据;而有了"十四条基本方略"照应,"八个明确"不便尽言之处也就充实丰满了。

仔细琢磨,思想和方略还有些微差别。思想是理论,重在抽象概括,表达核心价值。方略是谋略、策略、韬略、思路,它是思想和方法(措施)之间的中介、过渡。方略不如思想那样抽象、原则性强,但是又强于方法。它也是思想的展开,是思想的具体化。还是以第八个"明确"为例,此"明确"突出党的地位作用和党的建设。基本方略第一条,坚持党对一切工作的领导;第十一条,坚持党对人民军队的绝对领导;第十四条,坚持全面从严治党。这三条基本方略,直接体现了第八个"明确"的精神。当然,其他基本方略(民主、法治、民生方方面面)也体现这个"明确"的基本精神,但不及这儿条更为直接。再如第二个"明确",注重解决新时代的社会主要矛盾,基本方略的第二条坚持以人民为中心,第三条坚持全面深化改革,第四条坚持新发展理念,第五条坚持人民当家作主,第八条坚持在发展中保障和改善民生,都直接与社会主要矛盾相关,派生并受制于此。

如此理解,"八个明确"与"十四条基本方略"既相对独立又紧密联系的框架设计和内在逻辑就畅然贯通了。

第十讲　习近平新时代中国特色社会主义思想

■ 重要论述

十八大以来，国内外形势变化和我国各项事业发展都给我们提出了一个重大时代课题，这就是必须从理论和实践结合上系统回答新时代坚持和发展什么样的中国特色社会主义、怎样坚持和发展中国特色社会主义，包括新时代坚持和发展中国特色社会主义的总目标、总任务、总体布局、战略布局和发展方向、发展方式、发展动力、战略步骤、外部条件、政治保证等基本问题，并且要根据新的实践对经济、政治、法治、科技、文化、教育、民生、民族、宗教、社会、生态文明、国家安全、国防和军队、"一国两制"和祖国统一、统一战线、外交、党的建设等各方面作出理论分析和政策指导，以利于更好坚持和发展中国特色社会主义。

——习近平：《决胜全面建成小康社会　夺取新时代中国特色社会主义伟大胜利——在中国共产党第十九次全国代表大会上的报告》（2017年10月18日）

实践没有止境，理论创新也没有止境。世界每时每刻都在发生变化，中国也每时每刻都在发生变化，我们必须在理论上跟上时代，不断认识规律，不断推进理论创新、实践创新、制度创新、文化创新以及其他各方面创新。

——习近平：《决胜全面建成小康社会　夺取新时代中国特色社会主义伟大胜利——在中国共产党第十九次全国代表大会

上的报告》（2017年10月18日）

用新时代中国特色社会主义思想武装全党。思想建设是党的基础性建设。革命理想高于天。共产主义远大理想和中国特色社会主义共同理想，是中国共产党人的精神支柱和政治灵魂，也是保持党的团结统一的思想基础。要把坚定理想信念作为党的思想建设的首要任务，教育引导全党牢记党的宗旨，挺起共产党人的精神脊梁，解决好世界观、人生观、价值观这个"总开关"问题，自觉做共产主义远大理想和中国特色社会主义共同理想的坚定信仰者和忠实实践者。弘扬马克思主义学风，推进"两学一做"学习教育常态化制度化，以县处级以上领导干部为重点，在全党开展"不忘初心、牢记使命"主题教育，用党的创新理论武装头脑，推动全党更加自觉地为实现新时代党的历史使命不懈奋斗。

——习近平：《决胜全面建成小康社会 夺取新时代中国特色社会主义伟大胜利——在中国共产党第十九次全国代表大会上的报告》（2017年10月18日）

十八大以来，以习近平同志为主要代表的中国共产党人，顺应时代发展，从理论和实践结合上系统回答了新时代坚持和发展什么样的中国特色社会主义、怎样坚持和发展中国特色社会主义这个重大时代课题，创立了习近平新时代中国特色社会主义思想。习近平新时代中国特色社会主义思想是对马克思列宁主义、毛泽东思想、邓小平理论、"三个代表"重要思想、科学发展观的继承和发展，是马克思主义中国化最新成果，是党和人民实践经验和集体智慧的结晶，是中国特色社会主义理论体系的重要组成部分，是全党全国人民为实现中华民族伟大复兴而奋斗的行动指南，必须长期坚持并不断发展。在习近平新时代中国特色社主义思想指导下，中国共产党领导全国各族人民，统揽伟大斗争、伟大工程、伟大事业、伟大梦想，推动中国特色社会主义进入了新时代。

——《中国共产党章程》（中国共产党第十九次全国代表大会部分修改，2017年10月24日通过）

中国共产党的领导是中国特色社会主义最本质的特征，是中国特色社会主义制度的最大优势。党政军民学，东西南北中，党是领导一切的。党要适应改革开放和社会主义现代化建设的要求，坚持科学执政、民主执政、依法执政，加强和改善党的领导。党必须按照总揽全局、协调各方的原则，在同级各种组织中发挥领导核心作用。党必须集中精力领导经济建设，组织、协调各方面的力量，同心协力，围绕经济建设开展工作，促进经济社会全面发展。党必须实行民主的科学的决策，制定和执行正确的路线、方针、政策，做好党的组织工作和宣传教育工作，发挥全体党员的先锋模范作用。党必须在宪法和法律的范围内活动。党必须保证国家的立法、司法、行政、监察机关，经济、文化组织和人民团体积极主动地、独立负责地、协调一致地工作。党必须加强对工会、共产主义青年团、妇女联合会等群团组织的领导，使它们保持和增强政治性、先进性、群众性，充分发挥作用。党必须适应形势的发展和情况的变化，完善领导体制，改进领导方式，增强执政能力。共产党员必须同党外群众亲密合作，共同为建设中国特色社会主义而奋斗。

——《中国共产党章程》（中国共产党第十九次全国代表大会部分修改，2017年10月24日通过）

讨论题

1. 怎么理解习近平新时代中国特色社会主义思想的历史地位?
2. 怎么理解习近平新时代中国特色社会主义思想的深刻内涵?
3. 怎么理解习近平新时代中国特色社会主义思想的"八个明确"与"十四条基本方略"之间的辩证关系?

第十一讲
中国特色社会主义理论体系的主题

■ **学习目的、重点**

　　中国特色社会主义理论体系的内容是极为丰富的，而且还将不断地发展创新，因此，牢牢抓住这个理论体系的主题，便能提纲挈领、纲举目张。正如党的十九大报告指出的，中国特色社会主义是改革开放以来党的全部理论和实践的主题。中国特色社会主义理论体系中所论述的，诸如坚持和发展什么样的中国特色社会主义、怎样坚持和发展中国特色社会主义，包括新时代坚持和发展中国特色社会主义的总目标、总任务、总体布局、战略布局和发展方向、发展方式、发展动力、战略步骤、外部条件、政治保证等基本问题，都是围绕着这个主题而展开深化的，并且是围绕着这个主题而相互联系互为支撑的。为了清清楚楚、明明白白地搞清楚这个主题的深刻内涵，本讲依次讨论如下若干问题："中国特色社会主义"的"中国特色"究竟指什么？中国特色社会主义之谓的"社会主义"如何理解？怎样比较清晰地表述"中国特色社会主义"的科学含义？如何理解中国特色社会主义的现时方位，即"新时代"与"初级阶段"的关系？依据笔者的教学体验和观察，有关这个理论体系的文本解说和课堂教学，应该避免游离主题、止于表面，流为一些政治词语的堆砌、拼凑的倾向。若如此，理论体系的教学何以能入耳入脑入心？

中国特色社会主义理论体系的主题是什么？党的十九大报告一语中的："中国特色社会主义是改革开放以来党的全部理论和实践的主题，是党和人民历尽千辛万苦、付出巨大代价取得的根本成就。"这一表述，回答了长期以来一直想搞清楚、有时也接近清楚但始终没有明确表达的这个重大问题。其实，岂止是理论，包括旗帜、道路、制度、文化以及改革开放的所有实践活动，都秉持着同一主题：中国特色社会主义。当我们一一表述旗帜、理论、道路、制度、文化方面的含义和自信的时候，不过是从不同的侧面解读同一个主题罢了。中国特色社会主义理论体系的主题、核心词是"中国特色社会主义"，而"中国特色社会主义"又由"中国特色"与"社会主义"合成。其中，"中国特色"着眼于个性、特殊性，"社会主义"表达的是共性、普遍性，两者相辅相成。与此相联系的还有产生这个主义的时代背景和历史环境。本讲逐次讨论。

一、什么是"中国特色"

关于"中国特色"的解释众说纷纭，本讲认为最重要的是要遵循两位领导人的见解，一位是邓小平同志，因为中国特色社会主义这个命题的原创者、主创者是邓小平；另一位是习近平同志，因为习近平同志是中国特色社会主义理论体系最新成果——习近平新时代中国特色社会主义思想的主要创立者。他们解读"中国特色"符合原意、本意，也有新意。

邓小平同志最早提出中国特色社会主义，是在1982年9月党的十二大开幕词中。

邓小平同志说："我们的现代化建设，必须从中国的实际出发。无论是革命还是建设，都要注意学习和借鉴外国经验。但是，照抄照搬别国经验、别国模式，从来不能得到成功。这方面我们有过不少教训。把马克思主义的普遍真理同我国的具体实际结合起来，走自己的道路，建设有中国特色的社会主义，这就是我们总结长期历史经验得出的基本结论。"[1]

这是当年邓小平同志的解读，强调的重点是汲取过去照抄照搬苏联模式的教训，不走苏联的老路。

不走苏联的老路，是邓小平同志长期观察思考、不断总结经验教训得出的结论。

早在1957年4月，邓小平同志在西安干部大会上谈共产党要接受监督问题时说："斯大林犯过错误，就是搞得太死了，搞得太单纯了。在苏联，马克思主义在一个时期衰退了。"[2]

1977年9月，他在会见英籍华人作家韩素音时说："过去，我们很多方面学苏联，是吃了亏的。"[3]

1978年9月15日，邓小平同志在东北考察时说："从总的状况来说，我们国家的体制，包括机构体制等，基本上是从苏联来的，人浮于事，机构重叠，官僚主义发展。'文化大革命'以前就这样。办一件事，人多了，转圈子。有好多体制问题要重新考虑。总的说来，我们的体制

---

[1] 邓小平：《中国共产党第十二次全国代表大会开幕词》，《邓小平文选》第三卷，人民出版社1993年版，第2—3页。

[2] 邓小平：《共产党要接受监督》，《邓小平文选》第一卷，人民出版社1994年版，第272页。

[3] 中共中央文献研究室：《邓小平年谱》（上），中央文献出版社2004年版，第210页。

不适应现代化，上层建筑不适应新的要求。""多少年来，就是'文化大革命'以前，我们的脑筋开动得也不够，这些年来思想僵化了。企业管理，过去是苏联那一套，没有跳出那个圈子。"〔1〕

1985年5月24日，邓小平同志会见葡萄牙领导人时指出："中华人民共和国成立三十五年多，走的路是比较曲折的。因为我们干的是一件新的事情，叫建设社会主义。这个社会主义比我们搞得早的有苏联，还有东欧。我们开始是照搬他们的，看来他们的东西也并不那么成熟。即使是很成熟的，但毕竟国家不同，各有各的历史，各有各的政治经济状况、社会状况，照搬是任何时候都不会成功的。"〔2〕

1985年8月28日，邓小平同志在会见非洲客人时说："社会主义究竟是个什么样子，苏联搞了很多年，也并没有完全搞清楚。可能列宁的思路比较好，搞了个新经济政策，但是后来苏联的模式僵化了。"〔3〕

1986年9月29日，邓小平同志会见波兰领导人雅鲁泽尔斯基时指出："我们两国原来的政治体制都是从苏联模式来的。看来这个模式在苏联也不是很成功的。即使在苏联是百分之百的成功，但是它能够符合中国的实际情况吗？能够符合波兰的实际情况吗？各国的实际情况是不相同的。我们现在提出政治体制改革，是根据我国的实际情况决定的。"〔4〕

1987年6月12日，邓小平同志会见南联盟领导人时说："我是主张改革的，不改革就没有出路，旧的那一套经过几十年的实践证明是不成

---

〔1〕中共中央文献研究室：《邓小平年谱》（上），中央文献出版社2004年版，第376、378页。
〔2〕中共中央文献研究室：《邓小平年谱》（下），中央文献出版社2004年版，第1049页。
〔3〕邓小平：《改革是中国发展生产力的必由之路》，《邓小平文选》第三卷，人民出版社1993年版，第139页。
〔4〕邓小平：《关于政治体制改革问题》，《邓小平文选》第三卷，人民出版社1993年版，第178页。

功的。过去我们搬用别国的模式,结果阻碍了生产力的发展,在思想上导致僵化,妨碍人民和基层积极性的发挥。""我们要根据社会主义国家自己的实践、自己的情况来决定改革的内容和步骤。每一个社会主义国家的改革又都是不同的,历史不同,经验不同,现在所处的情况不同,各国的改革不可能一样。但是,共同的一点是要保持自己的优势,避免资本主义社会的毛病和弊端。"[1]

1988年5月18日,邓小平同志在会见外宾时讲:"坦率地说,我们过去照搬苏联搞社会主义的模式,带来很多问题。我们很早就发现了,但没有解决好。我们现在要解决好这个问题,我们要建设的是具有中国自己特色的社会主义。""确定走社会主义道路的方向是可以的,但首先要了解什么叫社会主义,贫穷绝不是社会主义。"[2]

同年5月25日,邓小平同志会见捷克斯洛伐克领导人时指出:"改革开放必须从各国自己的条件出发。每个国家的基础不同,历史不同,所处的环境不同,左邻右舍不同,还有其他许多不同。别人的经验可以参考,但是不能照搬。过去我们中国照搬别人的,吃了很大苦头。中国只能搞中国的社会主义。"[3]

可见,邓小平同志力主摈弃照抄照搬苏联模式的旧习,是长期以来一以贯之、明确无疑的。但是,我们应该厘清两点:一是,邓小平同志要去除苏联的社会主义模式,决不是要背离社会主义,而是要正确地坚持社会主义,走自己的路,建设有中国特色的社会主义。对于这一点,

---

[1]邓小平:《改革的步子要加快》,《邓小平文选》第三卷,人民出版社1993年版,第237、241页。

[2]邓小平:《解放思想,独立思考》,《邓小平文选》第三卷,人民出版社1993年版,第261页。

[3]邓小平:《思想更解放一些,改革的步子更快一些》,《邓小平文选》第三卷,人民出版社1993年版,第265页。

我们不应该有丝毫的怀疑。二是，邓小平同志反对照抄照搬苏联的模式，"全盘苏化"吃了苦头，同样也反对照抄照搬其他尤其是欧美国家的模式，因为他们的模式照样不符合中国的实际，"全盘西化"只能是灾难。比如，他说："我们必须进行政治体制改革，而这种改革又不能搬用西方那一套所谓的民主，不能搬用他们的三权鼎立，不能搬用他们的资本主义制度，而要搞社会主义民主。"[1]他对美国客人说："人们往往把民主同美国联系起来，认为美国的制度是最理想的民主制度。我们不能搬你们的。我相信你会理解这一点。中国如果照搬你们的多党竞选、三权鼎立那一套，肯定是动乱局面。"[2]

稍作回顾，党的十八大报告旗帜鲜明地宣示："我们坚定不移高举中国特色社会主义伟大旗帜，既不走封闭僵化的老路、也不走改旗易帜的邪路。"党的十八届三中全会公报中强调，"最重要的是，坚持党的领导，贯彻党的基本路线，不走封闭僵化的老路，不走改旗易帜的邪路，坚定走中国特色社会主义道路，始终确保改革正确方向"[3]。追根溯源，这些重要的政治表态都可以从邓小平理论中找到明确、充分的论据。

现在，我们再来学习一下习近平同志关于"中国特色"的鲜明解读。

党的十八大以来，习近平同志反复强调，中国特色社会主义最本质的特征、最大的优势就是党的领导，必须毫不动摇地坚持和加强党的领导。其重点在"不走邪路"。这一条非常鲜明，非常突出。

请看：

---

[1] 邓小平：《改革的步子要加快》，《邓小平文选》第三卷，人民出版社1993年版，第240—241页。
[2] 邓小平：《没有安定的政治环境什么事都干不成》，《邓小平文选》第三卷，人民出版社1993年版，第244页。
[3] 《中国共产党第十八届中央委员会第三次全体会议公报》，《人民日报》2013年11月13日。

2014年5月9日,在参加河南省兰考县常委班子专题民主生活会时,习近平同志指出:"要回到我们的本源上去认识,一定要认清,中国最大的国情就是中国共产党的领导。什么是中国特色?这就是中国特色。"

2014年10月23日,在党的十八届四中全会的讲话中,习近平同志强调:"党的领导是中国特色社会主义最本质的特征,是社会主义法治最根本的保证。"[1]

2016年7月1日,在庆祝中国共产党成立95周年大会上的讲话中,习近平同志指出:"办好中国的事情,关键在党。中国特色社会主义最本质的特征是中国共产党领导,中国特色社会主义制度的最大优势是中国共产党领导。坚持和完善党的领导,是党和国家的根本所在、命脉所在,是全国各族人民的利益所在、幸福所在。"[2]

2016年10月21日,习近平同志发表纪念红军长征胜利80周年重要讲话,他强调:"中国共产党的领导,是中国革命、建设、改革不断取得胜利最根本的保证,是中国特色社会主义最本质的特征,也是中国特色社会主义的最大优势,必须毫不动摇坚持和完善。"[3]

2017年7月26日至27日,省部级主要领导干部"学习习近平总书记重要讲话精神,迎接党的十九大"专题研讨班在京举行,习近平同志发表重要讲话。讲话特别强调,党要团结带领人民进行伟大斗争、推进伟大事业、实现伟大梦想,必须毫不动摇坚持和完善党的领导,毫不动

---

[1] 习近平:《加快建设社会主义法治国家》,《十八大以来重要文献选编》(中),中央文献出版社2016年版,第183页。
[2] 习近平:《在庆祝中国共产党成立95周年大会上的讲话》,《人民日报》2016年7月2日。
[3] 习近平:《在纪念红军长征胜利80周年大会上的讲话》,《人民日报》2016年10月22日。

摇推进党的建设新的伟大工程，把党建设得更加坚强有力。

2017年10月18日，党的十九大开幕，习近平同志代表第十八届中央委员会向大会作报告。报告在阐述习近平新时代中国特色社会主义思想的"八个明确"时，重申："明确中国特色社会主义最本质的特征是中国共产党领导，中国特色社会主义制度的最大优势是中国共产党领导，党是最高政治领导力量，提出新时代党的建设总要求，突出政治建设在党的建设中的重要地位。"

显而易见，习近平同志论述和强调党的领导对于中国特色社会主义的重要性，是一贯的、大量的、鲜明的、坚定的。集中起来就是两个"最"，一个是"最本质的特征"，一个是"最大优势"。完整的表述是：中国共产党领导是中国特色社会主义最本质的特征，是中国特色社会主义制度的最大优势。

怎么理解？至少有两层含义。一是，一般而言，所谓个性、特色、特点、特殊性，都是相比较而显现的。诸如我们这样一个大党在一个发展中的大国长期执政，领导人民建设社会主义，把国家引向富强民主文明和谐美丽，古今中外找不到第二例。从后来居上的发展模式来说，传统的社会主义国家中没有，欧洲社会主义里也没有，先行的资本主义富国、强国中同样没有。中国共产党领导的中国特色社会主义，没有先例恐怕也不会有来者。这当然是中国特色社会主义的一个最大特征，如果看不清楚，那就是身在庐山不识庐山真面目了。

二是，从党的领导在中国特色社会主义事业中的地位作用来认识。中国共产党的领导，在中国特色社会主义事业中不是一般的组成部分，而是中国特色社会主义事业的领导核心、坚强核心、中流砥柱。党政军民学，东西南北中，党是领导一切的。过去我们说，没有共产党就没有新中国，就没有社会主义，现在我们同样可以说，没有共产党，就不会有中国特色社会主义，就不会有社会主义现代化的强大中国。中国特色社会主义的旗帜，中国共产党一直高高擎起；中国特色社会主义理论体系，是中国共产党创立并不断发展的；中国特色社会主义道路，中国共产党确定并领导人民坚定不移地风雨前行；中国特色社会主义制度，是中国共产党领导人民创立并不断完善；中国特色社会主义文化，同样是中国共产党首先把它作为"四个自信"之一，成为全社会的精神追求和文化力量。更不要说，中国特色社会主义事业开创几十年以来，不断取得一个又一个的新胜利，不断取得一项又一项的骄人业绩，刚刚胜利召开的党的十九大又为我们确立了更加辉煌的伟大愿景和行动纲领。所有这一切，统统离不开中国共产党的正确领导。人民当然是推动历史前进的根本动力，但是离开了党的正确领导，人民就会失去前进的方向，人民的力量就无法组织和凝聚，也难以保持持久的活力。

总而言之，中国共产党领导确实是中国特色社会主义的最本质的特征、最大优势，须臾不可缺少。

唯物史观告诉我们，社会存在决定社会意识，人的思想意识一定都是由他所处的社会环境所决定的，领袖人物也不例外。毋庸讳言，在"中国特色"的问题上，习近平同志与邓小平同志强调的侧重点是有所不同的。原因就在于他们所处的环境、所面临的问题发生了变化。1982年邓小平同志首提中国特色社会主义，那时改革刚刚兴起，为了解放思想，摆脱传统的教条式的社会主义的影响，邓小平同志先知先觉、看深看透，所以特别反对照抄照搬苏联模式的做法。这是可以理解的。

那么现在，经过40年的改革，我们已经找到了从自己的实际出发，建设中国特色社会主义的道路，早已摆脱了苏联模式的羁绊。应该说，照抄照搬别人模式的问题已经基本解决，强调得少一些也就自然而然。但是，2012年秋，接任总书记这一党的最高领导职务的习近平同志，所面对的问题与改革初期有了很大的不同，最大的不同是党的状况。党的十九大报告指出："全党要清醒认识到，我们党面临的执政环境是复杂的，影响党的先进性、弱化党的纯洁性的因素也是复杂的，党内存在的思想不纯、组织不纯、作风不纯等突出问题尚未得到根本解决。要深刻认识党面临的执政考验、改革开放考验、市场经济考验、外部环境考验的长期性和复杂性，深刻认识党面临的精神懈怠危险、能力不足危险、脱离群众危险、消极腐败危险的尖锐性和严峻性，坚持问题导向，保持战略定力，推动全面从严治党向纵深发展。"2012年之前，党的建设的状况应该比现在还严峻。

我们比较一下，1982年时的状况如何？党的十二大报告号召："我们已经提出，要在今后五年内，实现财政经济状况的根本好转，实现社会风气的根本好转，实现党风的根本好转。"请看，那时党的建设也有很多问题，但严重性还是止于党风层面。与二三十年后腐败严重到党和人民再也不能容忍的程度，真是有云泥之别。

早在1989年6月，在谈第三代领导集体的当务之急问题时，邓小平同志就提出："常委会的同志要聚精会神地抓党的建设，这个党该抓了，不抓不行了。"[1]20多年之后，党的十八大以来，以习近平同志为核心的党中央毫不动摇地坚持和加强党的领导，始终不渝地坚持全面从严治党，而且把全面从严治党摆在"四个全面"根本所在的位置，应该是形势逼人、势在必行，确实是不忘初心、不辱使命了。

其实，习近平同志对照抄照搬苏联模式的教训是有深刻认识的。2013年1月5日，在新进十八届中央委员会的委员、候补委员学习贯彻

---

[1] 邓小平：《第三代领导集体的当务之急》，《邓小平文选》第三卷，人民出版社1993年版，第314页。

党的十八大精神研讨班上,习近平同志就社会主义发展史发表了重要讲话。他的讲话把世界社会主义发展史划分为六个时间段,其中第四个时间段就是苏联模式逐步形成。列宁逝世以后,斯大林在领导苏联社会主义建设中,逐步形成了实行单一生产资料公有制和指令性计划经济、权力高度集中的经济政治体制。苏联模式在特定的历史条件下促进了苏联经济社会快速发展,也为苏联军民夺取反法西斯战争胜利发挥了重要作用。但由于不尊重经济规律等,随着时间推移,其弊端日益暴露,成为经济社会发展的严重体制障碍。[1]

关于这一讲话的同一个问题的论述,笔者所见还有一个版本:"邓小平讲的苏联模式是指列宁逝世以后,斯大林在领导苏联社会主义中逐步形成的过分集中的经济政治体制。主要特征是:在所有制上实行单一的生产资料公有制,在经济体制上实行自上而下的指令性计划经济,在发展战略上以重工业为重点追求外延式粗放增长,片面强调阶级斗争和无产阶级专政,忽视社会主义民主法制建设。在政治上权力过分集中、党政不分、终身制、家长制、个人崇拜,等等。苏联模式在特定历史条件下发挥了重要作用。但是在和平建设时期,苏联模式在实践中日益暴露出严重弊端,日益成为经济社会发展的严重体制障碍,这是导致东欧剧变,苏联解体的重要原因,使世界社会主义运动遭受严重曲折。"[2]

值得重视的是,习近平同志对苏联的前车之鉴是具有高度警觉的。2013年1月22日,习近平同志在十八届中央纪委二次全会上说:"我们国家无论在体制、制度上,还是在所走的道路和今天所面临的前所未有的境遇,都与苏联有着相似或者相近乃至相同的地方。弄好了,能走出

---

[1] 参见肖枫:《坚持对"苏联模式"的科学定位》,《北京日报》2014年8月11日。
[2] 严书翰:《习近平"两次讲话"的思想深意——坚持和发展中国特色社会主义需要阐明的三大问题》,《人民论坛》2013年第7期。

一片艳阳天；弄不好，苏联的昨天就是我们的明天。"

总之，在如何认识"中国特色"问题上，应该原原本本、原汁原味地读一读邓小平同志、习近平同志的相关论述，持以全面地、历史地、发展地看问题的态度，也就是辩证唯物主义、历史唯物主义的态度。

二、什么是"社会主义"

学习中国特色社会主义理论体系，必须高度重视的是回答什么是社会主义的问题。这个问题是这个理论体系中的首要问题，居于统御地位。

笔者记得党的十五大之后，在讨论《邓小平理论基本问题》[1]一书的编写提纲的会上，沈宝祥教授[2]提出，把"什么是社会主义、怎样建设社会主义"并列为邓小平理论首要的基本问题或者根本问题不妥，首要的基本问题不应该并列为两个问题，而应该就是"什么是社会主义"的问题，因为只有搞清楚了是什么，才能搞清楚怎样做。当时会议的主持者没有直接否定这个意见，但表示党的十五大报告已经有正式的提法，我们中央党校的教材要与其保持一致，不宜变动。根据沈教授的提示，笔者重新阅读了《邓小平文选》第三卷中《我们干的事业是全新的事业》那篇文章，该文是邓小平同志会见前匈牙利社会主义工人党总书记卡达尔谈话时的一部分。其中，邓小平同志批驳"四人帮"时期歪曲共产主义的谬论，即"宁要贫穷的共产主义，不要富裕的资本主义"的奇谈怪

---

[1] 参见郑必坚、龚育之、杨春贵、李君如：《邓小平理论基本问题》，中共中央党校出版社 2001 年版。
[2] 沈宝祥教授，担任过《理论动态》主编，在《邓小平理论基本问题》编写过程中，"协助主编做了大量的修改统稿工作"。

论，振聋发聩地指出："贫穷不是社会主义，发展太慢也不是社会主义。否则社会主义有什么优越性呢？社会主义发展生产力，成果是属于人民的。"[1]容易理解，邓小平同志谈话的注意力就是要探求"什么是社会主义"，一系列的挫折都发生在"什么是社会主义"的误识上，"四人帮"之流的险恶之处也都集中在搞乱人们对社会主义的认识上。接着，邓小平同志引出以下话题，说："在对社会主义作这样的理解下面，我们寻找自己应该走的道路。""应该走的道路"，当然就是"怎样建设社会主义"的问题。从逻辑上说，"什么是社会主义"，是对社会主义正确目标的确认，而"怎样建设社会主义"则是对实现正确目标的道路选择。即前者是目标，后者是路径。路径的选择从属于目标的确立。之后，邓小平同志还讲过："确定走社会主义道路的方向是可以的，但首先要了解什么叫社会主义，贫穷绝不是社会主义。"[2]当然，邓小平同志的话语中也常有什么是社会主义和怎样建设社会主义的连用，但这并不妨碍我们认识两者之间的逻辑关系。事实上，新中国成立以来怎样建设社会主义的分歧，本来就是从什么是社会主义的分歧上萌发的。

我们的问题意识正在不断增强，从什么是社会主义、怎样建设社会主义开始，又陆续增加了建设什么样的党、怎样建设党，实现什么样的发展、怎样发展的问题，现在又有两个新问题：坚持和发展什么样的中国特色社会主义、怎样坚持和发展中国特色社会主义。合起来是8个问题，但是最具原生性、生发性、衍生性的问题，还是什么是社会主义的问题，牵一发而动全身。

---

[1] 邓小平：《我们干的事业是全新的事业》，《邓小平文选》第三卷，人民出版社1993年版，第255页。

[2] 邓小平：《解放思想，独立思考》，《邓小平文选》第三卷，人民出版社1993年版，第261页。

第十一讲　中国特色社会主义理论体系的主题

如何用一句话说清楚什么是社会主义的问题，差不多困扰了笔者六七年之久。

本世纪初，笔者随中共中央党校时任副校长杨春贵教授赴欧考察，某日，去参观维也纳的一座叫作马克思城的工人宿舍，这是20世纪二三十年代奥地利政府替工人盖的，名曰马克思城，实际就是一栋大楼，但规模宏大，很厚实，有近千个单元，每个单元八九十平方米，据称设施也不差，24小时供热水。主人告诉我们，不远处的小山上的一栋栋别墅也是工人的居所，路边停着的小车同样是他们的。当晚，杨春贵教授向笔者提问，说说什么是社会主义。笔者开始认为这只是个常识性的问题，何难之有？本人读理论书已经多年，况且又在中央党校政法部分管教学，组织的教学都是社会主义民主法治的专题，怎么会连社会主义是什么都不清楚？但事实上，一开口就要用简洁、明确的语言，如同教科书般的样式，说出社会主义的准确定义，让杨春贵教授认可，自己也过得去，就觉得力不从心、词不达意了。这个问题一直萦绕在自己的头脑里，把它作为必须破解的重要问题，反复思考了六七年之久。

这确实是一个头等重要的大问题。我们搞社会主义，搞改革开放，可能会遇到100个、1000个这样那样的问题，经过梳理就会发现，所有的问题，归根结底都与什么是社会主义的问题有关联，从属于如何认识社会主义的问题。

看一看，邓小平同志是多么重视对这个问题的思考！

1984年6月，邓小平同志在会见日本客人时，坦承："什么叫社会主义，什么叫马克思主义？我们过去对这个问题的认识不是完全清醒的。"[1]

---

[1] 邓小平：《建设有中国特色的社会主义》，《邓小平文选》第三卷，人民出版社1993年版，第63页。

1985年4月,他在会见坦桑尼亚的一位领导人时指出:"我们马克思主义者过去闹革命,就是为社会主义、共产主义崇高理想而奋斗。现在我们搞经济改革,仍然要坚持社会主义道路,坚持共产主义的远大理想,年轻一代尤其要懂得这一点。但问题是什么是社会主义,如何建设社会主义。我们的经验教训有许多条,最重要的一条,就是要搞清楚这个问题。"[1]需要特别指出,邓小平同志认为搞清楚什么是社会主义的问题,是"最重要的一条"。

1985年8月,他在与津巴布韦的一位领导人谈话中,再次提出:"我们总结了几十年搞社会主义的经验。社会主义是什么,马克思主义是什么,过去我们并没有完全搞清楚。马克思主义的另一个名词就是共产主义。"还说:"社会主义究竟是个什么样子,苏联搞了很多年,也并没有完全搞清楚。"[2]

1987年2月,邓小平在与几位中央负责同志谈话时强调:"十三大报告要在理论上阐述什么是社会主义,讲清楚我们的改革是不是社会主义。"[3]

1987年4月,他在与当时的捷克斯洛伐克总理的谈话中又一次强调:"最根本的一条经验教训,就是要弄清什么叫社会主义和共产主义,怎样搞社会主义。搞社会主义必须根据本国的实际。"[4]请听,又是"最根本的一条"!

---

[1] 邓小平:《政治上发展民主,经济上实行改革》,《邓小平文选》第三卷,人民出版社1993年版,第116页。

[2] 邓小平:《改革是中国发展生产力的必由之路》,《邓小平文选》第三卷,人民出版社1993年版,第137、139页。

[3] 邓小平:《计划和市场都是发展生产力的方法》,《邓小平文选》第三卷,人民出版社1993年版,第203页。

[4] 邓小平:《社会主义必须摆脱贫穷》,《邓小平文选》第三卷,人民出版社1993年版,第223页。

1988年5月,在与莫桑比克领导人会谈时,邓小平同志又一次说:"过去我们满脑袋框框,现在就突破了。我们坚持马列主义、毛泽东思想,坚持社会主义道路,不过什么叫社会主义的问题,我们现在才解决。""确定走社会主义道路的方向是可以的,但首先要了解什么叫社会主义,贫穷绝不是社会主义。"[1]

1989年5月,他在同戈尔巴乔夫的谈话中再一次提到:"多年来,存在一个对马克思主义、社会主义的理解问题。"作为当事人之一,他坦承当年中苏论战"双方都讲了许多空话","必须根据现在的情况,认识、继承和发展马克思列宁主义"[2]。

1991年8月,邓小平同志与几位中央负责同志谈话,再一次强调:"老祖宗不能丢啊!问题是要把什么叫社会主义搞清楚,把怎么样建设和发展社会主义搞清楚。"[3]

以上,辑录了邓小平同志有关什么是社会主义的10次论述,虽然不会是全部,但也可以看出邓小平同志关注这个问题的若干看点,第一,邓小平同志对这个问题极为重视,频频提到,始终不懈,把它看作是"最重要的教训""最根本的一条"。第二,他提这个问题,常常是与马克思主义及共产主义联系起来,可以推论,在邓小平同志看来,马克思主义中最重要的问题就是什么叫社会主义的问题,至少他最关注马克思主义中的这个问题,他正是要在这个问题上,"在新的实践基础上继承前

---

[1] 邓小平:《解放思想,独立思考》,《邓小平文选》第三卷,人民出版社1993年版,第261页。

[2] 邓小平:《结束过去,开辟未来》,《邓小平文选》第三卷,人民出版社1993年版,第291页。

[3] 邓小平:《总结经验,使用人才》,《邓小平文选》第三卷,人民出版社1993年版,第369页。

人又突破陈规，开拓了马克思主义的新境界"[1]。邓小平同志做到了。第三，邓小平同志吸取这个问题上的教训很注意把握分寸，大致的尺寸是"没有完全搞清楚"，并不是一点都不清楚，否则，我们现在搞清楚或者比较清楚了，就缺乏必要的思想基础了。邓小平同志的话恰如其分，我们理解邓小平同志的话同样应该原汁原味，以免误读。第四，邓小平同志对这个问题的求索，具有广阔的世界眼光和深厚的历史背景，这从他谈话的对象和所涉及的内容就可以看出。第五，也是特别重要的，邓小平同志思考这个问题的立足点，是得出建设中国特色社会主义的结论。什么是社会主义以及怎样建设社会主义，是设问、是前提，而结论和目的是建设中国特色社会主义，这样的逻辑思维实在是十分精妙！只要去细心体会相关的文字，常常可以发现邓小平同志在对什么是社会主义发问之后，多会引出建设中国特色社会主义这个话题来，这就是邓小平同志的执意追寻。

既然，什么是社会主义如此重要，那又如何作出回答呢？

记得党的十二大报告有这样的一段论述："过去在讲到社会主义特征的时候，人们往往强调剥削制度的消灭和生产资料的公有，按劳分配，国民经济有计划按比例的发展，以及工人阶级和劳动人民的政权。人们还强调，高度发达的生产力和比资本主义更高的劳动生产率，作为社会主义发展的必然要求和最终结果，也是它的特征。这些无疑都是正确的，但是还不足以完全包括社会主义的特征。社会主义还必须有一个特征，就是以共产主义思想为核心的社会主义精神文明。"[2]这一论述，反映了

---

[1] 江泽民：《高举邓小平理论伟大旗帜，把建设有中国特色社会主义事业全面推向二十一世纪》，《江泽民文选》第二卷，人民出版社 2006 年版，第 9 页。
[2]《全面开创社会主义现代化建设的新局面》，《十二大以来重要文献选编》（上），人民出版社 1986 年版，第 27 页。

那个时期我们党对社会主义的认识水平。按照我们现在的理论水准，当年的认识虽然也有一些合理因素，但也有明显地存在被后来的实践证明为错误的看法。错误的看法，说白了，很大程度上是照抄照搬苏联模式造成的后果。这反映了当时我们对社会主义的认识还没有完成反思和转变，自然不能作为我们现在回答什么是社会主义问题的范本。

首先应该请教邓小平同志，因为什么是社会主义的问题是他多次提出来的。可惜，邓小平同志虽然从很多角度谈过对社会主义的看法，但是并没有像撰写教科书那样给出一个社会主义的完整明确的定义，他用得比较多的是否定句，似乎像是在清理既往关于社会主义的各种谬误。他反复强调，贫穷不是社会主义，发展太慢也不是社会主义；平均主义不是社会主义，两极分化也不是社会主义；僵化封闭不能发展社会主义，照搬外国也不能发展社会主义；没有民主就没有社会主义，没有法制也没有社会主义；不重视物质文明搞不好社会主义，不重视精神文明也搞不好社会主义。[1]还有，计划经济不等于社会主义，市场经济也不等于资本主义，社会主义可以搞市场经济，资本主义也可以搞计划，等等。邓小平的这些说法，意在澄清对社会主义的种种误解、曲解，具有拨乱反正、正本清源的指向，而不是要给某本教科书写定义。据可见的文字记录，邓小平同志最后表达他的社会主义观的，是对社会主义本质的精辟揭示："社会主义的本质，是解放生产力，发展生产力，消灭剥削，消除两极分化，最终达到共同富裕。"[2]这一表述当然十分全面深刻，它与什么是社会主义联系相当紧密，非常有助于我们认识什么是社会主义，但

---

[1] 参见郑必坚、龚育之、杨春贵、李君如：《邓小平理论基本问题》，中共中央党校出版社2001年版，第69页。
[2] 邓小平：《在武昌、深圳、珠海、上海等地的谈话要点》，《邓小平文选》第三卷，人民出版社1993年版，第373页。

它还并不是直接对社会主义作定义，重心是在说明社会主义的本质上，什么是社会主义和什么是社会主义本质，两者有紧密联系但是又有一定的区别。

那么，我们是否也可以向毛泽东同志请教呢？

毛泽东同志是把马克思主义中国化的第一人，完整地贡献了中国新民主主义革命理论，是我党第一个重大理论成果的主创者，从党的七大开始毛泽东思想就成了我们党指导思想的重要组成部分。这个历史是不容否定的。但问题是，新中国成立以后特别是1957年"反右"斗争扩大化以后，毛泽东本人的思想逐步背离了他自己所一贯倡导的实事求是的思想路线，在什么是社会主义以及怎样建设社会主义的问题上陷入了误区，给我国的社会主义事业造成了重大挫折。他的理论失误，一是，没有集中精力发展社会生产力，而把注意力放在所谓的阶级斗争上，以阶级斗争为纲，不断发动无产阶级专政下的继续革命。二是，夸大生产关系对生产力的反作用，急于求成，不按经济规律办事，以为所有制越大越公越纯就越能促进生产力的发展。三是，没有认识民主是社会主义的本质要求，忽视法制，推崇个人崇拜和人治。由此看来，也难以从毛泽东同志那里找到我们所需要的关于什么是社会主义的现成答案，邓小平同志说没有"搞清楚"什么是社会主义，应该是包括邓小平在内的第二代中央领导集体。

毛泽东同志理想中的社会主义，描绘得最完整的，是他的"五七指示"。

1966年，林彪报给毛泽东同志的军委总后勤部《关于进一步搞好部队农副业生产的报告》，毛泽东同志阅读后于5月7日给林彪回了一封信，史称《"五七"指示》。

毛泽东同志指出：人民解放军应该是一个大学校。"这个大学校，学政治，学军事，学文化。又能从事农副业生产。又能办一些中小工厂，生产自己需要的若干产品和与国家等价交换的产品。这个大学校，又能从事群众工作，参加工厂、农村的社会主义教育运动。"

"社会主义教育运动完了，随时都有群众工作可做，使军民永远打成一片；又要随时参加批判资产阶级的文化革命斗争。这样，军学、军农、军工、军民这几项都可以兼起来。当然，要调配适当，要有主有从，农、工、民三项，一个部队只能兼一项或两项，不能同时都兼起来。这样，几百万军队所起的作用就是很大的了。"

"同样，工人也是这样，以工为主，也要兼学军事、政治、文化，也要搞社会主义教育运动，也要批判资产阶级。在有条件的地方，也要从事农副业生产，例如大庆油田那样。"

"农民以农业为主（包括林、牧、副、渔），也要兼学军事、政治、文化，在有条件的时候也要由集体办些小工厂，也要批判资产阶级。"

"学生也是这样，以学为主，兼学别样，即不但学文，也要学工、学农、学军，也要批判资产阶级。学制要缩短，教育要革命，资产阶级知识分子统治我们学校的现象，再也不能继续下去了。"

"商业、服务行业、党政机关工作人员，凡有条件的，也要这样做。"[1]

1966年8月1日《人民日报》发表社论：《全国都应该成为毛泽东思想的大学校——纪念中国人民解放军建军三十九周年》。社论转达了"五七指示"后称：毛泽东同志总结了我国社会主义革命和社会主义建设的各种经验，研究了十月革命以来国际无产阶级革命和无产阶级专政的各种经验，特别是吸取了苏联赫鲁晓夫修正主义集团实行资本主义复辟

---

[1] 参见廖盖隆：《中国共产党历史大词典》（社会主义时期），中共中央党校出版社1991年版，第250页。

的严重教训,创造性地对如何防止资本主义复辟、巩固无产阶级专政、保证逐步向共产主义过渡这些问题,作出了科学的答案。毛泽东同志提出的各行各业都要办成亦工亦农、亦文亦武的革命化大学校的思想,就是我们的纲领。

按照"五七指示"的设计,这样的社会主义俨然是一所大学校,工农商学兵各以一业为主、兼学别样、减少分工、自给自足,这种田园诗式的社会主义有些接近空想社会主义先驱者的乌有之乡,所不同的是毛泽东同志念念不忘"批判资产阶级"。中国本来就没有经过一个商品经济充分发展的阶段,现在又不主张大力发展商品生产、商品交换,还要人为地批判所谓的资产阶级,这不符合科学社会主义,不能真正促进社会的发展进步。

之后,笔者重新阅读了恩格斯的《社会主义从空想到科学的发展》,这一重要著作是恩格斯1880年根据《反杜林论》里的三章改写而成的。它发行的语种超过《共产党宣言》,马克思把它称为"科学社会主义入门",可见在当时国际工人运动中的影响之大。恩格斯的注意力是放在批判空想社会主义上,着重阐明了科学社会主义的唯物史观基础,揭示了社会主义必然代替资本主义的客观规律。但是,他并没有具体地描述社会主义是什么样子。看来,要在100多年前老祖宗写的书中找出经过曲折发展后的社会主义的定义,是很不现实的。

所幸的是,老祖宗交给了我们唯物史观这样科学的认识工具,也提出了一些关于社会主义的精辟观点,比如关于生产力高度发达,关于按劳分配,关于自由人联合体,等等。而且,更有邓小平同志的相关论述,特别是邓小平关于社会主义的本质是解放生产力,发展生产力,消灭剥削,消除两极分化,最终达到共同富裕的论述,在对老祖宗和邓小平同志的论述融汇领悟的基础上,加上对我们自身的社会主义实践的回顾,联系世界社会主义运动的经验教训，笔者初步领会：所谓主义，是一种信仰，一种价值目标。社会主义就是在民主法治的保障下，社会成员逐步实现共同富裕和幸福的社会。简单地说，社会主义就是公平正义、共同富裕、普遍幸福的社会。这个认识是笔者经过六七年的思考得出的结论，总算了却从思想上困扰多年的一个疑问。

为了纪念中国共产党成立90周年，笔者应约在2011年6月20日《学习时报》头版二条，发表了一篇署名评论《开辟未来，高扬中国特色社会主义的旗帜》，赫然写上了自己对社会主义的认识：社会主义社会就是公平正义、共同富裕、普遍幸福的社会。

公平正义是权利平等并有保障的价值追求，体现着自由、平等、民主、法治、人权的价值，是人类文明的重要成果，社会主义必须坚决维护公平正义。

富裕是见诸比较丰厚宽裕的物质生活，社会主义的本质要求是最终实现全社会的共同富裕。共同富裕虽然是最终结果，但它的趋势应该在社会主义的全过程。在这个过程之中承认合法合理的差距。

幸福是见诸与公平、富裕相联系的愉悦安全的精神感受。幸福，是人们对生存环境和发展预期的一种愉悦安全的内心感受。普遍幸福，是所有的人（绝大多数人）普遍拥有这种明显而持久的感受。

公平正义、共同富裕、普遍幸福三大元素相辅相成、缺一不可，共同构成了人们心目中的社会主义，人同此心、心同此愿。

需要说明以下几点。

之一，为什么要先说明社会主义是一种信仰、一种价值观？这是从社会主义这个概念最原生的含义说起的。党的十二大报告在阐明共产主义的含义时，就讲了共产主义是一种思想体系、一种运动、一种社会制度，也就是说从共产主义之中可以剖解出三层意义。三个层次相互关联，思想体系是源头，实现这个思想是运动，运动的载体和结果是制度。所以要讲清什么是社会主义，首先要讲清主义的含义，主义是信仰，信仰是终极追求，价值观与信仰紧密联系，是判断是非得失最终的遵循。社会主义即是以社会为本位的主义，它与以资本为本位的资本主义相对立。

之二，为什么在对社会主义的理解中要添加公平正义的元素？因为，公平正义是人类的共同理想，无论是"理想国"还是"乌托邦"，或者是"大同世界"，也无论是空想社会主义还是科学社会主义，其中都不可或缺地蕴含着公平正义的理念。再者，公平正义是共同富裕、普遍幸福内在的规定、内在的本质，是共同富裕、普遍幸福必需的前提、必需的基础。还有，我们是在社会主义初级阶段的大背景下解读什么是社会主义，在我们继承的历史传统中实在太缺乏民主法治的元素，在我们的现实生活中又面临着太多的不公平、不和谐。根据诸多考虑，强调实现公平正义非常有必要。

之三，为什么在共同富裕之后还要添加普遍幸福？富裕是见诸物质生活，幸福是见诸与富裕相联系的精神感受，与马克思恩格斯主张的人的自由发展相一致。富裕和幸福是发展的概念、历史的概念。富裕和幸福是逐步实现的过程。共同富裕和普遍幸福的社会主义价值理念是具有广泛适用性的，而实现这一价值目标的具体道路和制度则是具有特殊性的。什么是幸福？笔者认为，幸福是人们对自身生存环境和发展预期的一种满意愉悦的内心感受。有一个叫不丹的小国，那里的老百姓生活并不很富裕，但有很高的幸福感。现在已有一些国家把幸福指数列为国家社会发展重要指标，但幸福指数怎么构成，目前尚各说各的，没有统一标准。估计经过一个时期的实践和研究，会逐步达成共识。还有尊严，一个人幸福，就应该具有尊严。一个人有尊严，并不是说，这个人一定很富有，很有权力，而是说，作为公民，宪法和法律所赋予他的权利得到了应有的尊重和保障。

之四，为什么在上述的社会主义解读中没有显现公有制？公有制是社会主义的一个重要特征，没有把它概括进笔者的表述之中，是考虑到它与公平正义、共同富裕、普遍幸福更具有本质性相比，属于工具、路径层面，它是实现公平正义、共同富裕、普遍幸福的路径，讲到实现公平正义、共同富裕、普遍幸福，就一定会涉及坚持以公有制为主体，是题中应有之义。再者，坚持以公有制为主体是毫无疑义的，但究竟什么是公有制？公有制的实现形式是什么？并没有完全搞清楚，实践存在很多问题，老百姓的意见不少。既然是讲社会主义之主义，就应该把它的最高价值显示出来，公平正义、共同富裕、普遍幸福是它的最高价值，而且涵盖广泛。

之五，对社会主义的任何解读都不可能面面俱到、无一缺失。社会主义的思想、实践、制度，其中无论哪个层面，都是一个庞大的系统，具有多种属性，而下定义却不能哪种属性都照顾到，只能抓住最本质的属性和特点，一语中的、切中要害。一句话，至多不超过两句话，就应该把社会主义是什么讲清楚。讲得越多，就越不得要领，就越容易糊涂。

这就是本讲对什么是社会主义的理解。是不是社会主义，要由实践来检验。人民通过实践认识社会主义。

三、什么是"中国特色社会主义"

在对"中国特色""社会主义"含义进行了研究之后，回答什么是中国特色社会主义的问题应该顺理成章。

笔者认为，中国特色社会主义，就是在一个经济相对落后而又发展不平衡、民主法治制度尚不完善、人口众多的东方大国里，人民在党的领导下，探索建设公平正义、共同富裕、普遍幸福的社会主义的理论、实践和样式。

这段话包含三层含义。

第一层，"在一个经济相对落后而又发展不平衡、民主法治制度尚不完善、人口众多的东方大国里"。讲的是中国特色社会主义的生存和发展环境，实际描述了社会主义初级阶段的基本国情，比较明确地从经济、政治、人口概括了中国社会的基本状况。"经济相对落后而又发展不平衡"，经济是相对落后，不是绝对落后，新中国成立60多年特别是改革开放40年，我国的经济发生了深刻变化，落后是与发达国家比较而言，而且也不是什么都落后。相反，在某些领域我们还居于领先地位。"民主法治传统制度尚不完善"，主要是历史负担比较沉重，旧中国给我们留下的民主法治传统太少，几乎是白纸。新中国成立后，民主法治制度也还在不断地健全和完善中。"人口众多"，这在全世界独一无二，毛泽东、邓小平同志曾经常常提醒我们出主意办事情都要从人口众多的情况出发。"东方大国"，不仅仅是说国家的规模、地理位置，也表达了文化传统。在党的十八大报告中就有"人口多底子薄""东方大国"的说法。报告中指出："中国特色社会主义……从理论和实践结合上系统回答了在中国这样人口多底子薄的东方大国建设什么样的社会主义、怎样建设社会主义这个根本问题……"说明本讲关于基本国情的表述虽然不尽完美，但大的方面都照顾到了，与党的十八大的相关精神是吻合的。

第二层，"人民在党的领导下"，换言之"党领导人民"。这是在强调党的领导是中国特色社会主义最本质的特征、最大优势。同时强调社会主义是千百万人民群众生机勃勃的伟大事业，没有人民群众的支持和参与，任何主义也一事无成。党的领导为了人民、依靠人民、回报人民，中国特色社会主义无往而不胜。

第三层,"探索建设公平正义、共同富裕、普遍幸福的社会主义的理论、实践和样式"。这里"公平正义、共同富裕、普遍幸福"是任何社会主义都必须具备的共同本质,离开了这一本质,那就不是社会主义了。"理论、实践和样式"也可以理解成现在常提的"理论、道路、制度、文化",是凡中国特色社会主义旗帜下的全部理论与实践均可涵盖于此。前面加上"探索建设",是说建设中国特色社会主义是一个需要长期探索、不断完善、不懈努力的过程。

从邓小平同志1982年在党的十二大开幕词中第一次提出"建设有中国特色的社会主义"以来,已经为此而奋斗了30多年,在不断取得一系列重大成果的同时,围绕着什么是中国特色社会主义的认识,也取得了一系列的理论成果。党的十九大郑重推出并高度评价的习近平新时代中国特色社会主义思想,就是这一系列理论成果的最新标志。这个思想告诉我们:"中国特色社会主义是改革开放以来党的全部理论和实践的主题,是党和人民历尽千辛万苦、付出巨大代价取得的根本成就。中国特色社会主义道路是实现社会主义现代化、创造人民美好生活的必由之路,中国特色社会主义理论体系是指导党和人民实现中华民族伟大复兴的正确理论,中国特色社会主义制度是当代中国发展进步的根本制度保障,中国特色社会主义文化是激励全党全国各族人民奋勇前进的强大精神力量。"

党的十八大报告对中国特色社会主义的道路、理论、制度作过概括:"中国特色社会主义道路,就是在中国共产党领导下,立足基本国情,以经济建设为中心,坚持四项基本原则,坚持改革开放,解放和发展社会生产力,建设社会主义市场经济、社会主义民主政治、社会主义先进文化、社会主义和谐社会、社会主义生态文明,促进人的全面发展,逐步实现全体人民共同富裕,建设富强民主文明和谐的社会主义现代化国家。中国特色社会主义理论体系,就是包括邓小平理论、'三个代表'重要思想、科学发展观在内的科学理论体系,是对马克思列宁主义、毛泽东思想的坚持和发展。中国特色社会主义制度,就是人民代表大会制度的根本政治制度,中国共产党领导的多党合作和政治协商制度、民族区域自治制度以及基层群众自治制度等基本政治制度,中国特色社会主义法律体系,公有制为主体、多种所有制经济共同发展的基本经济制度,以及建立在这些制度基础上的经济体制、政治体制、文化体制、社会体制等各项具体制度。中国特色社会主义道路是实现途径,中国特色社会主义理论体系是行动指南,中国特色社会主义制度是根本保障,三者统一于中国特色社会主义伟大实践,这是党领导人民在建设社会主义长期实践中形成的最鲜明特色。"

在充分肯定这三个自信的基础上,2016年7月1日,习近平同志发表的《在庆祝中国共产党成立95周年大会上的讲话》,又增加了一个中国特色社会主义文化自信。这一增加,使得理解中国特色社会主义的内涵更加全面、更有底气。习近平同志这样强调,"坚持不忘初心、继续前进,就要坚持中国特色社会主义道路自信、理论自信、制度自信、文化自信"。他进一步指出:"文化自信,是更基础、更广泛、更深厚的自信。在5000多年文明发展中孕育的中华优秀传统文化,在党和人民伟大斗争中孕育的革命文化和社会主义先进文化,积淀着中华民族最深层的精神追求,代表着中华民族独特的精神标识。我们要弘扬社会主义核心价值观,弘扬以爱国主义为核心的民族精神和以改革创新为核心的时代精神，不断增强全党全国各族人民的精神力量。"[1]

概而言之，中国特色社会主义，就是中国特色社会主义的道路自信、理论自信、制度自信、文化自信的有机统一。

四、什么是"新时代"和"初级阶段"

"新时代"，准确地说，"中国特色社会主义新时代"，这一称谓是党的十九大的首创。党的十九大报告的第一个问题"过去五年的工作和历史性变革"在结尾部分，庄严宣告："经过长期努力，中国特色社会主义进入了新时代，这是我国发展新的历史方位。"引人注目的是，这一句话就是独立的一小段，着意突出其重要性的用心跃然纸上。

接着，报告另起一段，用了三个"意味着"阐发了提出"新时代"的重要性。读者常常会问，这是什么"新时代"？其实，党的十九大报告提出"新时代"就说明了是什么"新时代"，报告说"中国特色社会主义进入了新时代"，那就是中国特色社会主义新时代。2018年1月5日，在新进中央委员会的委员、候补委员和省部级主要领导干部学习贯彻习近平新时代中国特色社会主义思想和党的十九大精神研讨班上，习近平同志在发表的重要讲话中强调指出："党的十九大作出中国特色社会主义进入新时代这个重大政治论断，我们必须认识到，这个新时代是中国特色社会主义新时代，而不是别的什么时代。"[2]

---

[1] 习近平：《在庆祝中国共产党成立95周年大会上的讲话》，《人民日报》2016年7月2日。
[2] 习近平：《以时不我待只争朝夕的精神投入工作 开创新时代中国特色社会主义事业新局面——在学习贯彻党的十九大精神研讨班开班式上发表重要讲话》（2018年1月5日），《人民日报》2018年1月6日。

什么是时代？时代是讲一个时间段、一个时期。使用"时代"一词，范围可大可小，时间可长可短。比如，从世界范围论，过去我们就用过"帝国主义和无产阶级革命时代""冷战时代"，我们现在讲"和平与发展时代"。从一个国家的范围讲，常常说的"旧中国""新中国"实际就是在时代的意义上使用的。还可以用主要领导人的名字称呼一个时代，比如"毛泽东时代""邓小平时代"。一个人的不同时期也可以用"时代"，比如"毛泽东的青年时代""习近平的知青时代"。"时代"一词，领袖人物可以用，普通人也可以用，比如我们的"童年时代""少年时代""青年时代"等等。

既然是中国特色社会主义的一个新的时间段，为什么不叫"新阶段""新时期"，而叫"新时代"？笔者认为，"新局面""新境界""现阶段""新阶段"等等，这些词既往常常使用，尤其是"新时期"这个词用得最多，用得多了语义就容易含糊、泛化。经查阅，"新时期"即新的历史发展时期，比较早地正式使用是1981年党的十一届六中全会作出的《中国共产党中央委员会关于建国以来党的若干历史问题的决议》，《决议》指出："一九七六年十月粉碎江青反革命集团的胜利，从危难中挽救了党，挽救了革命，使我们的国家进入了新的历史发展时期。"[1]在这之前，应该是1977年党的十一大报告。[2]刚粉碎"四人帮"、刚起步改革开放的时候说"新时期"，含义比较确切，但是现在过去40年了，同样还用"新时期"已经反映不出社会生活的巨大变化了，特别是带有根本性的深刻变化了。在一般人的心目中，"时代"比"时期"更重要。

---

[1]《中国共产党中央委员会关于建国以来党的若干历史问题的决议》，《十一届三中全会以来党的历次全国代表大会中央全会重要文件选编》（上），中央文献出版社1997年版，第189页。

[2] 党的十一大政治报告指出："第一次无产阶级'文化大革命'的胜利结束，使我国社会主义革命和社会主义建设进入新的发展时期。"

现在提出"新时代",更能表达社会生活新的深刻变化,更能明确新的奋斗目标,更能在新的行动纲领下自觉行动。一句话,提升人气,号召力强!

应该注意到,党的十九大报告在提出"新时代"之前,有这样一段文字:"改革开放之初,我们党发出了走自己的路、建设中国特色社会主义的伟大号召。从那时以来,我们党团结带领全国各族人民不懈奋斗,推动我国经济实力、科技实力、国防实力、综合国力进入世界前列,推动我国国际地位实现前所未有的提升,党的面貌、国家的面貌、人民的面貌、军队的面貌、中华民族的面貌发生了前所未有的变化,中华民族正以崭新姿态屹立于世界的东方。"这段话,高度概括了提出"新时代"的根据,为宣告"新时代"作了铺垫,把"新时代"与前面的时期之间的关系讲清楚了,把提出"新时代"的大环境、大背景讲清楚了,显示出报告的逻辑功夫。

现在,有必要讨论中国特色社会主义新时代与我国社会主义初级阶段的关系问题。

笔者有两点认识。一点是,"新时代"是社会主义初级阶段中的一个时间段,一个极其重要的时间段。关于这一点,党的十九大报告在对新时代主要矛盾作了阐述之后,特别指出:"必须认识到,我国社会主要矛盾的变化,没有改变我们对我国社会主义所处历史阶段的判断,我国仍处于并将长期处于社会主义初级阶段的基本国情没有变,我国是世界最大发展中国家的国际地位没有变。全党要牢牢把握社会主义初级阶段这个基本国情,牢牢立足社会主义初级阶段这个最大实际,牢牢坚持党的基本路线这个党和国家的生命线、人民的幸福线,领导和团结全国各族人民,以经济建设为中心,坚持四项基本原则,坚持改革开放,自力更生,艰苦创业,为把我国建设成为富强民主文明和谐美丽的社会主义现代化强国而奋斗。"这一强调与之前为党的十九大作准备的"7·26"讲话的相关精神完全一致。习近平同志在"7·26"讲话中指出："全党要牢牢把握社会主义初级阶段这个最大国情，牢牢立足社会主义初级阶段这个最大实际，更准确地把握我国社会主义初级阶段不断变化的特点，坚持党的基本路线，在继续推动经济发展的同时，更好解决我国社会出现的各种问题，更好实现各项事业全面发展，更好发展中国特色社会主义事业，更好推动人的全面发展、社会全面进步。""7·26"讲话是"两个牢牢"，党的十九大报告是"三个牢牢"，都紧紧地扣住了社会主义初级阶段的基本国情。"7·26"讲话还强调"我们要牢牢把握我国发展的阶段性特征"，这里的"发展的阶段性"，在我们学习了党的十九大报告之后，就明白了它就是指"中国特色社会主义新时代"，并且明确指出，"新时代"属于社会主义初级阶段。党的十九大报告还用了一句话"行百里者半九十"，说明我们正处在实现中华民族伟大复兴新征程的发力冲刺阶段、关键时期，即"新时代"。就是说，"新时代"在我国整个社会主义初级阶段之中的历史地位极其重要。

另一点是，完成新时代的伟大使命，就会成为我国社会主义初级阶段胜利结束的重要标志。为什么这样说？新时代的使命是什么？就是中华民族的伟大复兴，就是实现中国梦。党的十九大报告指出："今天，我们比历史上任何时期都更接近、更有信心和能力实现中华民族伟大复兴的目标。"在报告的第四部分"决胜全面建成小康社会，开启全面建设社会主义现代化国家新征程"，描绘了实现伟大复兴的具体蓝图。报告规划了两个阶段："第一个阶段，从二〇二〇年到二〇三五年，在全面建成小康社会的基础上，再奋斗十五年，基本实现社会主义现代化。""第二个阶段，从二〇三五年到本世纪中叶，在基本实现现代化的基础上，再奋斗十五年，把我国建成富强民主文明和谐美丽的社会主义现代化强国。"概括而言，第一阶段基本实现社会主义现代化，第二阶段建成社会主义现代化强国。已经是社会主义现代化强国，当然也就是完成了社会主义初级阶段的基本任务了。

党的十三大报告指出："我国从五十年代生产资料私有制的社会主义改造基本完成，到社会主义现代化的基本实现，至少需要上百年时间，都属于社会主义初级阶段。"[1]我们看到，这里使用的说法是"基本实现"，按照党的十九大的设计，第一阶段我们就可以基本达到这一目标，第二阶段结束我们就能够充分实现这个目标了。所以讲，新时代使命的完成，是我国社会主义初级阶段的胜利完成又进入更高水平的发展阶段的判断是有足够理由的。

■ 重要论述

我们的现代化建设，必须从中国的实际出发。无论是革命还是建设，都要注意学习和借鉴外国经验。但是，照抄照搬别国经验、别国模式，从来不能得到成功。这方面我们有过不少教训。把马克思主义的普遍真理同我国的具体实际结合起来，走自己的道路，建设有中国特色的社会主义，这就是我们总结长期历史经验得出的基本结论。

——邓小平：《中国共产党第十二次全国代表大会开幕词》（1982年9月1日），《邓小平文选》第三卷，人民出版社1993年版，第2—3页

---

[1]《沿着有中国特色的社会主义道路前进》，《十一届三中全会以来党的历次全国代表大会中央全会重要文件选编》（上），中央文献出版社1997年版，第447页。

我们搞的现代化，是中国式的现代化。我们建设的社会主义，是有中国特色的社会主义。我们主要是根据自己的实际情况和自己的条件，以自力更生为主。

——邓小平：《路子走对了，政策不会变》（1983年6月18日），《邓小平文选》第三卷，人民出版社1993年版，第29页

办好中国的事情，关键在党。中国特色社会主义最本质的特征是中国共产党领导，中国特色社会主义制度的最大优势是中国共产党领导。坚持和完善党的领导，是党和国家的根本所在、命脉所在，是全国各族人民的利益所在、幸福所在。

——习近平：《在庆祝中国共产党成立95周年大会上的讲话》（2016年7月1日）

经过长期努力，中国特色社会主义进入了新时代，这是我国发展新的历史方位。

中国特色社会主义进入新时代，意味着近代以来久经磨难的中华民族迎来了从站起来、富起来到强起来的伟大飞跃，迎来了实现中华民族伟大复兴的光明前景；意味着科学社会主义在二十一世纪的中国焕发出强大生机活力，在世界上高高举起了中国特色社会主义伟大旗帜；意味着中国特色社会主义道路、理论、制度、文化不断发展，拓展了发展中国家走向现代化的途径，给世界上那些既希望加快发展又希望保持自身独立性的国家和民族提供了全新选择，为解决人类问题贡献了中国智慧和中国方案。

——习近平：《决胜全面建成小康社会　夺取新时代中国特色社

会主义伟大胜利——在中国共产党第十九次全国代表大会上的报告》（2017年10月18日）

中国特色社会主义是改革开放以来党的全部理论和实践的主题，是党和人民历尽千辛万苦、付出巨大代价取得的根本成就。中国特色社会主义道路是实现社会主义现代化、创造人民美好生活的必由之路，中国特色社会主义理论体系是指导党和人民实现中华民族伟大复兴的正确理论，中国特色社会主义制度是当代中国发展进步的根本制度保障，中国特色社会主义文化是激励全党全国各族人民奋勇前进的强大精神力量。

——习近平：《决胜全面建成小康社会　夺取新时代中国特色社会主义伟大胜利——在中国共产党第十九次全国代表大会上的报告》（2017年10月18日）

明确中国特色社会主义最本质的特征是中国共产党领导，中国特色社会主义制度的最大优势是中国共产党领导，党是最高政治领导力量，提出新时代党的建设总要求，突出政治建设在党的建设中的重要地位。

——习近平：《决胜全面建成小康社会　夺取新时代中国特色社会主义伟大胜利——在中国共产党第十九次全国代表大会上的报告》（2017年10月18日）

■ 讨论题

1. 如何理解"中国特色社会主义"中的"中国特色"？
2. 什么是社会主义？
3. 什么是中国特色社会主义？

附　录
课堂互动 30 题[1]

---

[1] 这些互动问题的绝大多数，是从党的十七大以来，经过党的十八大，直到党的十九大召开后，笔者在中共中央党校中直分校、中央国家机关分校、国资委分校所属各单位的课堂上，包括党校之外的一些课堂教学中，听到学员反映最多、最为关心的一些问题，笔者尽已所能作了初步的回应，这里记录的是回答问题的要点。敬请读者指正。

1. 怎么理解习近平新时代中国特色社会主义思想是马克思主义中国化的最新成果?

党的十九大修改后的《中国共产党章程》对习近平新时代中国特色社会主义思想的历史地位作了高度评价,一共六句话,其中一句话"是马克思主义中国化最新成果"。

"最新成果"一说,应该是当之无愧。习近平新时代中国特色社会主义思想持有的一系列重大理论判断,在邓小平理论、"三个代表"重要思想和科学发展观中是没有出现过的,其创新意义不容置疑。但是要知道这个"最新成果"是"马克思主义中国化最新成果",作出如此评价就非同一般。"最新成果",就是回答了新时代坚持和发展什么样的中国特色社会主义,怎样坚持和发展中国特色社会主义这一重大课题的成果。

党的十六大报告指出:"'三个代表'重要思想是对马克思列宁主义、毛泽东思想和邓小平理论的继承和发展,反映了当代世界和中国的发展变化对党和国家工作的新要求,是加强和改进党的建设、推进我国社会主义自我完善和发展的强大理论武器,是全党集体智慧的结晶,是党必须长期坚持的指导思想。"

党的十七大报告指出:"科学发展观,是对党的三代中央领导集体关于发展的重要思想的继承和发展,是马克思主义关于发展的世界观和方法论的集中体现,是同马克思列宁主义、毛泽东思想、邓小平理论和'三个代表'重要思想既一脉相承又与时俱进的科学理论,是我国经济社会发展的重要指导方针,是发展中国特色社会主义必须坚持和贯彻的重大战略思想。"

在上述评价之前,党的代表大会对毛泽东思想、邓小平理论的评价更高、尺度同一,并称"两次历史性飞跃""两大理论成果",之后评价

"三个代表"重要思想、科学发展观均没有使用类似的评价,也没有出现"马克思主义中国化最新成果"的提法。现在对习近平新时代中国特色社会主义思想使用了"最新成果"的定位,仅此一点,就可以看出党的代表大会对习近平新时代中国特色社会主义思想的评价是很高的。

2. 习近平新时代中国特色社会主义思想强调"八个明确",它们的内在逻辑怎么理解?

"八个明确"是习近平新时代中国特色社会主义思想深刻内涵的基本点,勾画了这个思想的框架体系,是一个非常简明扼要的概括。照录如下:

"新时代中国特色社会主义思想,明确坚持和发展中国特色社会主义,总任务是实现社会主义现代化和中华民族伟大复兴,在全面建成小康社会的基础上,分两步走在本世纪中叶建成富强民主文明和谐美丽的社会主义现代化强国;明确新时代我国社会主要矛盾是人民日益增长的美好生活需要和不平衡不充分的发展之间的矛盾,必须坚持以人民为中心的发展思想,不断促进人的全面发展、全体人民共同富裕;明确中国特色社会主义事业总体布局是'五位一体'、战略布局是'四个全面',强调坚定道路自信、理论自信、制度自信、文化自信;明确全面深化改革总目标是完善和发展中国特色社会主义制度、推进国家治理体系和治理能力现代化;明确全面推进依法治国总目标是建设中国特色社会主义法治体系、建设社会主义法治国家;明确党在新时代的强军目标是建设一支听党指挥、能打胜仗、作风优良的人民军队,把人民军队建设成为世界一流军队;明确中国特色大国外交要推动构建新型国际关系,推动构建人类命运共同体;明确中国特色社会主义最本质的特征是中国共产党领导,中国特色社会主义制度的最大优势是中国共产党领导,党是最高政治领导力量,提出新时代党的建设总要求,突出政治建设在党的建设中的重要地位。"

第一个"明确",宣示坚持和发展中国特色社会主义的总任务,分两步走,本世纪中叶建成富强民主文明和谐美丽的社会主义现代化强国。

第二个"明确",是新时代我国社会主要矛盾,完成总任务必须解决主要矛盾。也可以认为,主要矛盾决定了总任务的设定。

第三个"明确",讲"两个布局"和"四个自信"。这是我们解决主要矛盾、实现总任务的重大战略与路径、优势所在。

第四个"明确",讲全面深化改革的总目标。改革是必由之路、制胜之路。

第五个"明确",全面依法治国的总目标。讲法治保障。

第六个"明确",是强军目标。

第七个"明确",是中国特色大国外交的目标。

第八个"明确",归根结底依靠党的领导,而加强党的领导就必须全面从严治党。也可以说是党的建设的总目标。

第一个"明确"具有统御性,第八个"明确"具有决定性。

如果我们参照毛泽东同志当年总结建党十八年的主要经验:"十八年的经验告诉我们,统一战线和武装斗争,是战胜敌人的两个基本武器。统一战线,是实行武装斗争的统一战线。而党的组织,则是掌握统一战线和武装斗争这两个武器以实行对敌冲锋陷阵的英勇战士。这就是三者的相互关系。"[1]那么在这"八个明确"之中,前面七个"明确"是从事

---

[1] 毛泽东:《〈共产党人〉发刊词》,《毛泽东选集》第二卷,人民出版社1991年版,第613页。

中国特色社会主义伟大事业的七件基本武器,而第八个"明确",即党的领导与党的建设,就是掌握这七件基本武器的英勇战士。简而言之,就是战士与武器的关系。

3. "八个明确"与"十四条基本方略"是什么关系?

总的来说,"八个明确"与"十四条基本方略"紧密联系、不可分割、相辅相成、共为一体。

"八个明确"独立一段,言简意赅、赫然在目,让人一下子就抓住了习近平新时代中国特色社会主义思想的核心要义,对这个思想易于整体把握、重点领悟。如果把方略内容也放进思想里一起阐述,势必影响思想内涵重点的突出。先把思想的"八个明确"推出来,再细说基本方略,两边都清爽利落、相得益彰。有"八个明确"引领,"十四条基本方略"便言之有据;而有了"十四条基本方略"照应,"八个明确"未有尽言之处也就充实丰满了。

思想与方略还是有些微差别。思想是理论,重在抽象概括,表达核心价值。方略是谋略、策略、韬略、思路。它是思想与方法(措施)之间的中介、过渡。方略不如思想那样抽象、原则,但是又强于方法。它也是思想的展开,是思想的具体化。以第八个"明确"为例,此"明确"突出党的地位作用和党的建设。基本方略第一条,坚持党对一切工作的领导。第十一条,坚持党对人民军队的绝对领导。第十四条,坚持全面从严治党。这三条方略,直接体现了第八个"明确"的精神。当然其他方略(民主、法治、民生方方面面)也体现这个"明确"的基本精神,但不及这几条更为直接。再如第二个"明确",注重解决新的社会主要矛盾,基本方略的第二条坚持以人民为中心,第三条坚持全面深化改革,

第四条坚持新发展理念，第五条坚持人民当家作主，第八条坚持在发展中保障和改善民生，都直接与社会主要矛盾相关，派生并受制于此。实际上，其他每一条方略都与解决主要矛盾有关系。主要矛盾确实是牵一发而动全身。

4. 中国特色社会主义新时代的提法与以前一直说的新时期有什么不同？

与"时期"一词一样，时代也是讲一个时间段、一个时期，是时间用语。使用"时代"一词，范围可大可小。比如，从世界范围论，过去我们就用过"帝国主义和无产阶级革命时代""冷战时代"，我们现在讲"和平与发展时代"。从我们一个国家的范围讲，常常说的"旧中国""新中国"实际就是在时代的意义上使用的。还可以用主要领导人的名字称呼一个时代，比如"毛泽东时代""邓小平时代"。一个人的不同时期也可以用"时代"，比如"毛泽东的青年时代""习近平的知青时代"。"时代"一词，领袖人物可以用，普通人也可以用，比如我们的"童年时代""少年时代""青年时代"等等，有一本杂志叫《儿童时代》。

而"新时期"即新的历史发展时期，比较早地正式使用是1981年党的十一届六中全会作出的《中国共产党中央委员会关于建国以来党的若干历史问题的决议》，《决议》指出："一九七六年十月粉碎江青反革命集团的胜利，从危难中挽救了党，挽救了革命，使我们的国家进入了新的历史发展时期。"

在这之前，党的十一大政治报告用过"新时期"这个词。党的十一大政治报告中说："第一次无产阶级'文化大革命'的胜利结束，使我国社会主义革命和社会主义建设进入新的发展时期。"刚粉碎"四人帮"、刚起步改革开放的时候说"新时期",含义比较确切,但是现在过去40年了,依然还用"新时期"的提法已经反映不出社会生活的巨大变化了。近些年还有很多干部写论文,好用"新时期"这个词,已经语焉不详了。"新局面""新境界""新天地""新阶段""现阶段"等等,尤其是"新时期"这个词用得最多,用得多了语义就容易含糊、泛化。在一般人的心目中,"时代"比"时期"更重要、更响亮。现在提出"新时代",更能表达社会生活新的深刻变化,更能明确新的奋斗目标,更能在新的行动纲领下自觉行动。一句话,提升人气,动员群众,号召力强!

补充一句,"新时代"是从"新时期"发展而来的,两者之间有着内在的必然的联系。

5. 中国特色社会主义新时代与社会主义初级阶段是什么关系?

谈两点看法。

一点是,"新时代"是社会主义初级阶段中的一个极其重要的时间段。党的十九大报告在对新时代主要矛盾作了阐述之后,特别指出:"必须认识到,我国社会主要矛盾的变化,没有改变我们对我国社会主义所处历史阶段的判断,我国仍处于并将长期处于社会主义初级阶段的基本国情没有变,我国是世界最大发展中国家的国际地位没有变。全党要牢牢把握社会主义初级阶段这个基本国情,牢牢立足社会主义初级阶段这个最大实际,牢牢坚持党的基本路线这个党和国家的生命线、人民的幸福线……"这一强调,与之前为党的十九大作准备的习近平同志"7·26"讲话的相关精神完全一致。

另一点是,新时代是伟大复兴新征程的发力冲刺阶段。党的十九大报告指出:"今天,我们比历史上任何时期都更接近、更有信心和能力实现中华民族伟大复兴的目标。"在报告的第四部分"决胜全面建成小康社会,开启全面建设社会主义现代化国家新征程",描绘了实现伟大复兴的具体蓝图。报告规划了两个阶段:"第一个阶段,从二〇二〇年到二〇三五年,在全面建成小康社会的基础上,再奋斗十五年,基本实现社会主义现代化。""第二个阶段,从二〇三五年到本世纪中叶,在基本实现现代化的基础上,再奋斗十五年,把我国建成富强民主文明和谐美丽的社会主义现代化强国。"

回过头来,看看社会主义初级阶段的性质与任务。初级阶段不是毛泽东同志提出来的,但是它立论的根据是毛泽东的新民主主义论。

毛泽东同志说,中国革命不能不做两步走,第一步是新民主主义,第二步才是社会主义。而且第一步的时间相当地长,决不是一朝一夕所能成就的。只有经过民主主义,才能达到社会主义,这是马克思主义的天经地义。没有一个共产党领导的新式的资产阶级性质的彻底的民主革命,要想在殖民地半殖民地半封建的废墟上建立起社会主义社会来,那只是完全的空想。

党的十三大报告提出的社会主义初级阶段论,它的理论源头就是毛泽东的新民主主义论。社会主义初级阶段是要完成其他国家已经完成了的工业化和生产的商品化、社会化、现代化,一句话,社会主义初级阶段的根本任务是实现现代化。

现在,根据党的十九大的部署,初级阶段的任务就可以完成了,不仅在2035年基本实现现代化,而且到了本世纪中叶,我们就能够充分实现这个目标了,我们会成为社会主义现代化强国。所以讲,新时代使命的完成,是我国社会主义初级阶段的胜利结束又进入更高水平的发展阶段的开始,这是有足够理由的。

新时代就是这样一个时代。到本世纪中叶，从鸦片战争以来，中华民族200多年实现伟大复兴的梦想就可以实现了！从辛亥革命以来，中华民族100多年实现伟大复兴的梦想就可以实现了！我们信心百倍地走进新时代，去实现中华民族伟大复兴。

6. 更新我国社会主要矛盾表述的根据是什么？

有必要重温一下毛泽东同志关于主要矛盾的经典表述："在复杂的事物的发展过程中，有许多的矛盾存在，其中必有一种是主要的矛盾，由于它的存在和发展规定或影响着其他矛盾的存在和发展。""任何过程如果有多数矛盾存在的话，其中必定有一种是主要的，起着领导的、决定的作用，其他则处于次要和服从的地位。因此，研究任何过程，如果是存在着两个以上矛盾的复杂过程的话，就要用全力找出它的主要矛盾。捉住了这个主要矛盾，一切问题就迎刃而解了。"[1]

当前中国社会又进入了一个新的发展时期，党的十九大正式的提法是中国特色社会主义新时代。在新时代，各种社会矛盾呈现出不同以往的错综复杂性，有时有的矛盾还很尖锐，新问题新矛盾层出不穷。在所有的矛盾之中，究竟哪个矛盾更具有决定性，是主要矛盾。区域之间、城乡之间、行业之间、民族之间、脑体之间、体制内外、贫富之间，同一领域同一系统的上下左右等等，矛盾无处不在，盘根交错。主要矛盾是什么？党的十九大报告指出，新时代我国社会主要矛盾是人民日益增长的美好生活需要和不平衡不充分的发展之间的矛盾。说它是主要矛盾，是因为它的存在和发展对于其他的社会矛盾的存在和发展起着决定性的

---

[1]毛泽东:《矛盾论》,《毛泽东选集》第一卷,人民出版社1991年版,第320、322页。

作用。这个主要矛盾的存在具有普遍性、广泛性，无处不在、无时不在。这个主要矛盾是其他各种矛盾的深层根源，是其他各种矛盾的实质。这个主要矛盾已经成为社会关注的焦点、热点。因此，这个主要矛盾如果能够加以根本性的解决，其他的各种矛盾就会得到极大的缓解甚至解决。什么区域矛盾、什么城乡矛盾、什么体制内外矛盾，都会因为主要矛盾的解决而得到解决，毛泽东的话叫"迎刃而解"。所以说，党的十九大关于主要矛盾的新判断，切中现时中国社会的要害、症结。

唯物辩证法告诉我们，事物内部的矛盾运动决定了事物发展的阶段性。新时代的到来，就是这个主要矛盾更新的结果。主要矛盾的新变化，是推出新时代的决定性因素。新时代的伟大使命就是要解决好这个主要矛盾。

7. 新时代中国社会主要矛盾的表述新在哪里？

毛泽东同志早就认为，社会主义存在矛盾，生产力与生产关系、经济基础与上层建筑的基本矛盾。1956年党的八大提出："国内主要矛盾，已经不再是工人阶级和资产阶级的矛盾，而是人民对于经济文化迅速发展的需要同当前经济文化不能满足人民需要的状况之间的矛盾。"[1] 1958年党的八大二次会议改变了党的八大的正确判断，重新把主要矛盾定位为无产阶级同资产阶级、社会主义道路同资本主义道路的矛盾。"重新"是回到七届二中全会的认识。

1981年《中国共产党中央委员会关于建国以来党的若干历史问题的决议》指出："在社会主义改造基本完成以后，我国所要解决的主要矛

---

[1] 中共中央党史研究室：《中共党史大事年表》，人民出版社1981年版，第117页。

盾，是人民日益增长的物质文化需要同落后的社会生产之间的矛盾。"[1]从此，党的重要文献关于主要矛盾的表述都循此口径，直到党的十八大始终未变。

党的十九大报告关于主要矛盾的表述充满新意，它继承、深化、发展了我党关于主要矛盾正确的论断，从唯物史观视域创新了马克思主义。主要矛盾的新判断与原有表述是更新、深化、提升的关系。原来的主要矛盾，人民日益增长的物质文化需要同落后的社会生产之间的矛盾这一社会主要矛盾（党的十八大表述），并没有被完全否定，原来的"人民日益增长的物质文化需要"，现在演化为、升华为"人民日益增长的美好生活需要"，一般性的"物质文化需要"上升为"美好生活需要"。"美好生活需要"涵盖了"物质文化需要"，但是，不仅品质提高了，而且领域扩大到政治和社会生活的其他方面，读一下报告原文就能清楚这一点。主要矛盾原有的另一面，"落后的社会生产"变化为"不平衡不充分的发展"，新的表述突出了发展的"不平衡不充分"的特点，实质还是不能满足人民群众新的需要。所以，笔者倾向于用"更新"这个词表达主要矛盾判断的新变化。实际上，这个变化，给我们党和政府的工作提出了更高更严的要求。

在党的十九大报告关于主要矛盾的论述分量很足，整整用了三个段落再加上一句话，共计700余字。可以说，新论主要矛盾，是习近平新时代中国特色社会主义思想的一个重要理论贡献。

---

[1]《中国共产党中央委员会关于建国以来党的若干历史问题的决议》，《十一届三中全会以来党的历次全国代表大会中央全会重要文件选编》（上），中央文献出版社1997年版，第210页。

8. 如何深刻理解坚持中国特色社会主义这一主题？

党的十九大报告明确指出："中国特色社会主义是改革开放以来党的全部理论和实践的主题，是党和人民历尽千辛万苦、付出巨大代价取得的根本成就。"

必须紧紧抓住以下三点，逐一给予有说服力的回答。

第一，什么是"中国特色"？

邓小平同志最早提出中国特色社会主义，是在1982年9月党的十二大开幕词中。他说："我们的现代化建设，必须从中国的实际出发。无论是革命还是建设，都要注意学习和借鉴外国经验。但是，照抄照搬别国经验、别国模式，从来不能得到成功。这方面我们有过不少教训。把马克思主义的普遍真理同我国的具体实际结合起来，走自己的道路，建设有中国特色的社会主义，这就是我们总结长期历史经验得出的基本结论。"[1]

这是当年邓小平同志的解读，强调的重点是汲取过去照抄照搬苏联模式的教训，不走老路。

党的十八大以来，习近平同志反复强调，中国特色社会主义最本质的特征、最大的优势就是党的领导，必须毫不动摇地坚持和加强党的领导。其重点在"不走邪路"。这一条非常鲜明、非常突出。

党的十九大报告在阐述习近平新时代中国特色社会主义思想的"八个明确"时，重申："明确中国特色社会主义最本质的特征是中国共产党领导，中国特色社会主义制度的最大优势是中国共产党领导，党是最高

---

[1] 邓小平：《中国共产党第十二次全国代表大会开幕词》，《邓小平文选》第三卷，人民出版社1993年版，第2—3页。

政治领导力量，提出新时代党的建设总要求，突出政治建设在党的建设中的重要地位。"这样的表述，笔者看到的、公开发表的至少还有6次，比如"7·26"讲话、建党95周年讲话等等。

讲中国特色，同样既反对走老路又反对走邪路，为什么侧重不一样？形势比人强，形势使然。

邓小平同志处于改革开放之初，重在冲破旧思想旧模式的束缚。

党的状况"宽松软"，就是邓小平同志1989年说的"这个党该抓了，不抓不行了"，说白了，党已经落在生死存亡的边缘了，早已经"不抓不行了"。强调党的领导、全面从严治党，是使命所然。加强党的领导、全面从严治党是历史的担当。

历史唯物论认为，思想是一定历史环境的产物。形势任务变化了，党的状况也变化了，习近平同志讲中国特色有新特点新重点，道理很清楚。

第二，什么是社会主义？

新中国成立以来最大的教训，是没有搞清楚究竟什么是社会主义，邓小平同志讲了不少于10次。

什么是社会主义？书本上没有现成的答案。老说法不能用，新说法又没有。笔者苦苦思考，社会主义之所谓，以社会为本位的主义。社会的主体是人、是人民，以人为本、以人民为本就是社会主义。

主义是什么？是价值。价值是重要性。那么作为价值，社会主义就是公平正义、共同富裕、普遍幸福的价值追求；作为社会，社会主义就是人民实现（享有）公平正义、共同富裕、普遍幸福的社会。

公平正义是权利平等并有保障的价值追求，体现着自由、平等、民主、法治、人权的价值，是人类文明的重要成果，社会主义必须坚决维护公平正义。

富裕是比较丰厚宽裕的物质生活，社会主义本质要求最终实现共同富裕。虽然是最终结果，但其趋势应该体现于社会主义过程之中，逐步接近。生命有限，不能只有"最终"没有"接近"。

幸福是与公平、富裕相联系的愉悦安全的精神感受。或者说，是人们对生存环境和发展预期的一种愉悦安全的内心感受。普遍幸福，是所有的人（绝大多数人）普遍拥有这种明显而持久的感受。

公平正义、共同富裕、普遍幸福三大元素相辅相成、互相贯通、缺一不可，共同构成了人们心目中的社会主义，人们可以想见、可以描绘的社会主义，人同此心、心同此愿。

第三，什么是中国特色社会主义？

中国特色社会主义，就是在一个经济相对落后而又发展不平衡、缺乏民主法治传统、人口众多的东方大国里，人民在党的领导下，探索建设公平正义、共同富裕、普遍幸福的社会主义的理论、实践和样式。

党的十九大报告指出："中国特色社会主义道路是实现社会主义现代化、创造人民美好生活的必由之路，中国特色社会主义理论体系是指导党和人民实现中华民族伟大复兴的正确理论，中国特色社会主义制度是当代中国发展进步的根本制度保障，中国特色社会主义文化是激励全党全国各族人民奋勇前进的强大精神力量。"

理论不彻底难以说服人。进行中国特色社会主义理论教学，必须清清楚楚、明明白白地把以上三个问题讲清楚，否则就难以说服人。

9. 什么是党的政治建设？

党的十九大报告在关于新时代党的建设的总要求的论述方面，特别强调了党的政治建设问题。提出"以党的政治建设为统领"，这与报告论述第八个"明确"时，提出"突出政治建设在党的建设中的重要地位"的说法是一致的，与第十四条基本方略"全面从严治党"中讲到"把党的政治建设摆在首位"也是一致的。在党的建设部分分项论述时，第一项任务就是"把党的政治建设摆在首位"。足见党的政治建设地位之重。

那么怎么理解这个突出强调？

什么是政治、政治建设？

政治的说法很多，立场不同、角度不同、时空不同，解释也不同。孔子、韩非子、孙中山各说各的，列宁、毛泽东、邓小平同样各有说法。政治学，作为一门学科具有学术规范，也有关于政治的学术性解释。

党的建设领域讲的政治建设与以上的政治解读有关联，但不能等同。

可以这样理解，在党的建设的方方面面之中，具有方向性、统御性、原则性、全局性、长远性的建设，我们可以统称为党的政治建设。

党的政治建设主要包括：坚持和贯彻党的政治路线、政治理论、政治战略（策略、方略）；在重大决策上与党中央保持高度一致，决不能自作主张、各行其是；保持党的集中统一，绝不允许拉山头、搞宗派，更不允许搞阴谋、搞分裂。政治建设的要求，是由党的性质和组织性质决定的。根据党的十九大精神，在党的政治建设方面，要特别注重坚决贯彻执行党的基本路线、基本理论、基本方略。当前和今后中心任务是学习贯彻习近平新时代中国特色社会主义思想；保证全党服从以习近平同志为核心的党中央，维护党中央的权威和集中统一领导。

10. 我们党面临的最大考验、最大危险是什么？如何成功经受和化解？

党的十九大报告指出："全面从严治党永远在路上。一个政党，一个政权，其前途命运取决于人心向背。人民群众反对什么、痛恨什么，我们就要坚决防范和纠正什么。……要深刻认识党面临的执政考验、改革开放考验、市场经济考验、外部环境考验的长期性和复杂性，深刻认识党面临的精神懈怠危险、能力不足危险、脱离群众危险、消极腐败危险的尖锐性和严峻性，坚持问题导向，保持战略定力，推动全面从严治党向纵深发展。"

关于"四大考验""四种危险"的论述，是重复了党的十八大报告的表述。说明了问题的长期性、复杂性和尖锐性、严峻性。在"四大考验"中，最大的考验是执政的考验；在"四种危险"中，最大的危险是脱离群众的危险。而且这两者之间又有着紧密的关系。因执政而易于脱离群众，又因脱离群众而危及执政地位。

反腐败斗争的实践告诉我们，有一条腐败铁律：权力、财富、机会三者相互勾兑必然腐败。

第一，新中国建立以后，我们成了执政者，各级干部手中握有了大大小小的权力。改革开放以后随着权力下放，各级干部手中的权力都有所放大。权力可能腐败的一个条件具备了。

第二，改革开放40年，经济日益发展，财富不断积聚。"一切向钱看"急剧膨胀，权钱交易的标的物也具备了。权力可能腐败的又一个条件也形成了。

第三，权力是有了，权力也下放了，但是对权力有效的监督制约始终没有跟上。也就是说，腐败的机会也已经具备了，由于治党不严、"宽松软"比较普遍，长此以往腐败便大行其道了。

面对最大考验，执政的考验；面对最大危险，脱离群众的危险，怎么办？按照党的十九大精神，一方面加强民主法治建设，把权力切实关进制度的笼子里。做实报告要求的"要加强对权力运行的制约和监督，让人民监督权力,让权力在阳光下运行,把权力关进制度的笼子"。另一方面,坚持党要管党、全面从严治党,永不松懈、永远在路上,让我们的各级干部从思想上筑起坚固的反腐长城,根绝贪腐的一切欲望。

这两个方面都做到了,我们就能做到党的十九大所要求的"不忘初心、牢记使命",就将无往而不胜,始终获得人民群众的拥护。

11. 为什么说唯物史观是马克思主义最为基本的原理?它的精髓是什么?

唯物史观是马克思主义最为基本的原理,它揭示了人类社会永续发展的一般规律,一经提出便被不断验证、百试不爽。迄今为止,还没有别的什么原理能够取而代之。以马克思主义为指导,说到底,就是以这个原理为指导。实事求是是我们的理论精髓,这个"是"的最根本就是唯物史观。中国特色社会主义理论体系是马克思主义中国化的重大成果,所以要坚持这个理论体系的武装,就必须认真学习马克思主义,尤其是马克思的唯物史观。信马克思主义,首先是信唯物史观。

在马克思的著述中,关于历史唯物论的基本原理,列宁认为作了周密说明的,是马克思在《〈政治经济学批判〉序言》(1859年)中的经典论述。因为后人概括都难以完整准确地表述创立者的原意,所以不妨将原文照录如下:

"人们在自己生活的社会生产中发生一定的、必然的、不以他们的意志为转移的关系,即同他们的物质生产力的一定发展阶段相适合的生产关系。这些生产关系的总和构成社会的经济结构,即有法律的和政治的上层建筑竖立其上并有一定的社会意识形式与之相适应的现实基础。物质生活的生产方式制约着整个社会生活、政治生活和精神生活的过程。

不是人们的意识决定人们的存在，相反，是人们的社会存在决定人们的意识。社会的物质生产力发展到一定阶段，便同它们一直在其中运动的现存生产关系或财产关系（这只是生产关系的法律用语）发生矛盾。于是这些关系便由生产力的发展形式变成生产力的桎梏。那时社会革命的时代就到来了。随着经济基础的变更，全部庞大的上层建筑也或慢或快地发生变革。"[1]

笔者对这段经典论述作一个框架式的理解：

（1）生产力是社会发展的根本动力；

（2）生产关系的实现形式一定要适合生产力发展的要求；

（3）生产关系的总和构成社会的经济基础，经济基础决定政治上层建筑及意识形态；

（4）人们的社会存在决定人们的意识；

（5）生产力与生产关系的矛盾达到一定程度，引起社会革命（改革）；

（6）生产关系、上层建筑具有相对的独立性、反作用。

这就是马克思所揭示的人类社会发展的一般规律，适合于各个社会发展的规律，贯穿于马克思主义经典作家全部论述的基本原理。正是基于此，列宁揭示了俄国革命的特殊规律，毛泽东揭示了中国新民主主义革命的规律，邓小平初步揭示了建设中国特色社会主义的规律，邓小平的继承者正在继续揭示这一规律。

接着以上的经典论述，马克思进一步展开说："无论哪一个社会形态，在它所能容纳的全部生产力发挥出来以前，是决不会灭亡的；而新

---

[1] 马克思：《〈政治经济学批判〉序言》，《马克思恩格斯选集》第二卷，人民出版社2012年版，第2—3页。

的更高的生产关系,在它的物质存在条件在旧社会的胎胞里成熟以前,是决不会出现的。"[1]马克思关于"两个决不会"的论述,是他阐述唯物史观的传神之笔,最为精彩深邃的理论判断,150多年来真是颠扑不破。这一论述实在太深刻了,洞穿了我们观察人类社会发展变化的层层迷雾,帮助我们寻觅到这种发展变化的底蕴。"两个决不会"是马克思唯物史观的精髓所在。

以《帝国主义是资本主义的最高阶段》(1916年1—6月)为例。列宁对帝国主义现象作了经济学的深刻分析,特别是他概括的帝国主义的垄断特征给人印象深刻。但是,我们至今也没有看到帝国主义的腐朽性、垂死性。这是为什么?

同样,2008年新的经济危机席卷全球,资本主义面临了灭顶之灾了吗?怎么看美国的金融危机、欧债危机?它们还能走出低谷,卷土重来、再领潮流吗?以美国为例,它的自然禀赋、人力资源、科学技术、法制资源,恐怕为生产力的发展还会提供比较广阔的空间,不能低估。10年之后,美国经济率先走出低谷,再现引领世界经济的发展的角色。

更有,过去我们以阶级斗争为纲、搞计划经济,结果走到了国民经济崩溃的边缘。后来我们实行改革开放,社会主义事业生机勃勃。

这一切的原因,在"两个决不会"中都能找到理论的说明。真是经久不衰的伟大真理!

那么,马克思的"两个决不会"与"两个必然"是什么关系?

应该理解为它们相得益彰,并不对立。马克思恩格斯在《共产党宣言》中论证了"资产阶级的灭亡和无产阶级的胜利是同样不可避免的"

---

[1] 马克思:《〈政治经济学批判〉序言》,《马克思恩格斯选集》第二卷,人民出版社2012年版,第3页。

这一重要结论，习称"两个必然"。这与后来马克思在《〈政治经济学批判〉序言》中提出"两个决不会"并不矛盾，这两个著名的科学论断共同揭示了人类社会历史发展的规律，构成了科学社会主义的基本原理。马克思恩格斯写《共产党宣言》时正值青年，豪情满怀、气薄云天，"两个必然"充分表达了他们对无产阶级解放事业的必胜信念。在资本主义尚处于上升时期、生机勃勃的情况下，两位伟大的先驱者凭借唯物史观的锐利武器，洞察到资本主义兴盛之下的深刻危机，切中了它的死穴，这对于激励刚刚觉悟的无产阶级的革命斗志，意义十分重大。如果看不到必然胜利的前景，无产阶级怎么可能凝聚起钢铁般斗争意志？所以，理解"两个必然"，应该看到它的历史背景和强调的侧重。近12年之后，马克思重新表述唯物史观，比较而言，对资本主义的认识要更加深刻了。他在极其精辟地阐述了新的历史观之后，特别提出了"两个决不会"重要论断，意义至为重大。强调的重点，是指出了无产阶级解放事业的长期性、复杂性、艰巨性，非常富有说服力，这对于抑制、化解革命队伍中的冒进情绪、悲观情绪是极为必要的。应该看到，后一个论断不是否定前一个论断，而是对前一个论断的调整和补充，是深化和发展。

12. 马克思的剩余价值论现在还管不管用？

剩余价值论是马克思经济理论的核心，是马克思的另一重大发现，是与唯物史观并列的马克思主义的两大基石之一。马克思的经济学理论创立于一百多年前资本主义的较早时期，而现在的资本主义和社会主义都发生了新的深刻变化，在新的历史背景下剩余价值学说还灵不灵？如果不灵了，那么马克思主义的这一块基石是不是就动摇了？如果这一块基石动摇了，那另一块唯物史观的基石还能稳固吗？剩余价值论是特殊规律，唯物史观是普遍规律，普遍存在于特殊之中，没有特殊岂有普遍？列宁说："自从《资本论》问世以来，唯物主义历史观已经不是假设，而是科学地证明了的原理。"[1]如果证明唯物史观的剩余价值论过时了，那么被证明的唯物史观是否也会随之失效了呢？

马克思主义的基石决不能动摇！这个主义是我们长期高擎的旗帜，是我们信仰的支柱。信仰是以理性为基础的。如果理论的基石发生了动摇，那么信仰的大厦还会稳固吗？在新的历史条件下重温马克思主义，突出的聚焦点就是如何看待马克思的剩余价值学说。在庆祝建党80周年大会上的讲话中，江泽民同志指出："马克思主义经典作家关于资本主义社会的劳动和劳动价值的理论，揭示了当时资本主义生产方式的运行特点和基本矛盾。现在，我们发展社会主义市场经济，与马克思主义创始人当时所面对和研究的情况有很大不同。我们应该结合新的实际，深化对社会主义社会劳动和劳动价值理论的研究和认识。"[2]这段话共有三句话、三层含义组成。第一句话，是对马克思经济学说的充分肯定，这个学说是真理，颠扑不破，但任何真理都是相对的，这个学说揭示的是当时资本主义社会的运行规律，需要特别注意"当时"一词的限定含义。马克思不可能预见他身后资本主义出现的新情况，更不可能预见他理想中的社会主义社会还会有市场经济，更谈不上在社会主义市场经济条件下的劳动价值为何物，社会主义竟然会有剥削吗？在马克思眼里，社会主义实行的应该是计划经济，何来市场经济？第二句话，是说我们现在所处的环境与当年马克思所处的环境有了很大的不同，这里蕴含着不能

---

[1] 列宁：《什么是"人民之友"以及他们如何攻击社会民主党人？》，《列宁全集》第一卷，人民出版社1984年版，第112页。
[2] 江泽民：《在庆祝中国共产党成立八十周年大会上的讲话》，《江泽民文选》第三卷，人民出版社2006年版，第286—287页。

简单地套用马克思的剩余价值学说的意向,但又丝毫没有用今天的情况来否定剩余价值学说的用意。第三句话,是对第二句话的承接,既然情况发生了很大变化,那怎么办?理所当然地要研究新情况,得出新认识。就需要进行理论创新,任重而道远!

之后,干部学员提出了这样的问题:马克思的剩余价值论到底还灵不灵?笔者的专业背景不是经济学,这方面的学养不深,但是有一种信念,马克思的剩余价值论没有错,过去没有错,今天依然没有错。问题是要做出新的解释。为什么今天依然没有错?道理很简单,既然社会主义初级阶段中存在着多种经济成分,既然存在着私有经济,就会存在着剥削,存在着剩余价值。只不过,剥削的方式、程度和社会作用,与资本主义不能同日而语。但剥削和剩余价值是客观的存在,我们应该实事求是地承认这种现象,允许它的存在和发展,同时也应该理直气壮地对这种现象加以规范和引导,超过宪法和法律的范围就必须加以坚决的制止。对"N连跳"的富士康现象,以及诸如此类的种种现象,我们决不能坐而不视、视而不见,实行鸵鸟政策。可惜的是,我们的有些干部失之麻木,忘记了我们党的宗旨,忘记了社会主义的本质,根本不清楚我们今天允许剥削的存在甚至鼓励它的发展,正是为了创造条件便于今后从根本上消灭它,当然不是过去那种"消火"的方式。同样可惜的是,我们一些号称是熟谙马克思主义经济学的学者,对这个问题也不持有热情。希望他们能够做出积极的回应和说明,因为这关系到我们党的大政策同马克思主义的连接性、相容性。

非常有趣的是,正当某些人对马克思的经济学理论开始产生怀疑并有点影响的时候,世界性的经济危机爆发了,风云际会,惊涛骇浪。《资本论》再一次得到了人们的关注,它所揭示的真理又一次得到了验证。马克思主义的经济学告诉我们,社会化的大生产与资本主义的私人占有之间的摩擦和冲突，是资本主义社会的基本矛盾。这个矛盾的存在和发展，对利润的不良追逐的极端化，就必然会造成周期性的经济危机。华尔街偌大的金融泡沫，直观而言，难道不正是因为那些金融大鳄丧失理智地追逐利润所致吗？无论是曾经一度辉煌的罗斯福新政，还是奥巴马新政乃至后来的川普经济学，都只能延缓危机、暂渡危机，但绝不可能根治危机。马克思经济学原理的基石始终岿然不动。

毫无疑问，马克思的剩余价值论同样需要与时俱进。第一，在价值创造的过程中，除了劳动之外，其他的生产要素也需要得到足够的重视。第二，在劳动之中，脑力劳动应该得到足够的重视，包括管理者的管理活动、科学技术的创新活动更应该得到充分的肯定，尤其在生产力日益发展的新形势下。第三，劳资之间不仅有剥削的关系，还有合则两利的关系。第四，不能说资本家在价值创造中一点贡献都没有，其实马克思早就指出过资本家创造价值的贡献，只不过我们大多数人不知道而已。对剩余价值论做出新的说明，至少这几点可以作为重要的补充。

13. 恩格斯晚年是完全放弃了马克思主义吗？恩格斯放弃或者修正了什么？

一个人的思想会在生命的不同时段、因应不同的社会境遇而发生变化，是很正常的现象，恩格斯也不会例外。现在，有的学者津津乐道于一个惊世骇俗的说法，就是认为恩格斯晚年全盘修正了他与马克思一起创立的社会主义学说，或者说马克思主义学说。此说在思想界引起了不小的震动。这是必须加以澄清的问题。

所谓恩格斯全盘修正说的持据，就是恩格斯所谓的"九十三个字"。这"九十三个字"出自恩格斯1886年为美国版的《英国工人阶级状况》

所写的附录之中。原文是："共产主义不是一种单纯的工人阶级的党派性学说，而是一种目的在于把连同资本家阶级在内的整个社会从现存关系的狭小范围中解放出来的理论。这在抽象的意义上是正确的，然而在实践中却是绝对无益的，有时还要更坏。"[1] 如果盲目缩写这段话，不就成了共产主义理论"抽象的意义上是正确的，然而在实践中却是绝对无益的，有时还要更坏"吗？为探究竟，免于以讹传讹，笔者认真查阅了原文，发现有人关于"九十三个字"的解说是误读，不顾上下文，把全盘修正说强加于恩格斯了，说轻一点，是学风不严谨所致。恩格斯的原意应该是，由于这里所说的共产主义理论强调工人阶级在解放自身的过程中，要连同解放资产阶级，但是资产阶级并不领情，他们"自己不感到有任何解放的需要，而且全力反对工人阶级的自我解放"，从这个意义上说，这个理论才是"抽象的意义上是正确的，然而在实践中却是绝对无益的，有时还要更坏"。那么怎么办？恩格斯提出，"工人阶级就应当单独地准备和实现社会革命"。难道因为资产阶级反对，无产阶级就不革命了吗？当然不是。这才真正是恩格斯"九十三个字"的实质所在！怎么能攻其一点不及其余，得出恩格斯全盘修正马克思主义的结论呢？

实际上，恩格斯晚年在理论上的修正，是在坚持致力于工人阶级谋求解放的道路，并没有完全否定暴力革命的前提下，把注意力更多地投向了通过议会斗争和平转入社会主义。恩格斯在这方面的论述比较多。比如，恩格斯在《1891年社会民主党纲领草案批判》中指出："可以设想，在人民代议机关把一切权力集中在自己手里、只要取得大多数人民的支持就能够按照宪法随意办事的国家里，旧社会可能和平长入新社会，

---

[1] 恩格斯：《"英国工人阶级状况"美国版附录》，《马克思恩格斯全集》第二十一卷，人民出版社1965年版，第297页。

比如在法国和美国那样的民主共和国，在英国那样的君主国。"[1] 1895年3月6日，恩格斯在《卡·马克思〈1848年至1850年的法兰西阶级斗争〉一书导言》中更为系统地阐述了他的上述思想，他说："历史表明我们也曾经错了，暴露出我们当时的看法只是一个幻想。历史走得更远：它不仅打破了我们当时的错误看法，并且还完全改变了无产阶级借以进行斗争的条件。""在1848年要以一次简单的突然袭击来实现社会改造，是多么不可能的事情。""旧式的起义，在1848年以前到处都起过决定作用的筑垒巷战，现在大大过时了。""无产阶级的一种崭新的斗争方式就开始发挥作用，并且迅速取得进步的发展。""结果弄得资产阶级和政府害怕工人政党的合法活动更甚于害怕它的不合法活动，害怕选举成就更甚于害怕起义成就。""德国人作出的利用选举权夺取我们所能夺得一切阵地的榜样，到处都有人效法；无准备的攻击，到处都退到次要地位。"[2] 恩格斯关于工人阶级斗争策略所发生的重大变化的认识，不是天上掉下来的，也不是他的头脑中自然发生的，而是欧洲特别是德国工人阶级的斗争环境发生了重大变化所使然。在德国，反动的《反社会党人法》被废除以后，德国工人阶级的生存环境发生了根本性的改善，德国社会民主党取得了合法地位，他们在选举活动和议会斗争中取得了不俗的成绩，德国工人阶级的力量日益强大。正是在这样的背景下，恩格斯对工人阶级的斗争方式的取舍发生了根本性的转变，他甚至提出民主共和国是无产阶级专政的最好形式。这比起巴黎公社时期，恩格斯和马克思一样，坚决主张工人阶级不能简单地掌握资产阶级现成的国家机器，

---

[1] 恩格斯：《1891年社会民主党纲领草案批判》，《马克思恩格斯选集》第四卷，人民出版社2012年版，第293页。
[2] 恩格斯：《卡·马克思〈1848年至1850年的法兰西阶级斗争〉一书导言》，《马克思恩格斯选集》第四卷，人民出版社2012年版，第382、390、394页。

而必须用革命的暴力将其加以彻底的摧毁,发生的转变是何等之大!

但是,这种转变只是工人阶级斗争方式的转变,而不是工人阶级斗争性质、目的的转变。用现在的话叫作"与时俱进"。想一想,曾几何时,我们一直把秉持恩格斯的思想、主张议会斗争的言行斥之为什么修正主义,不免有失公正。如果我们党在建国之前也有像欧洲工人阶级政党的斗争环境与条件,我们不也会走上议会民主的道路吗?农村包围城市、武装夺取政权的革命道路,是由中国的特殊历史环境所决定的。站在本党的立场上去判断别国党的是非,不是上佳之选。

14. 列宁主义的主题是什么?

这里所说的主题,是要说明列宁主义最为本质的内容,即列宁主义之所以被称为列宁主义的特征。

与马克思恩格斯一样,列宁的著作也卷帙浩瀚、博大精深。那么,列宁理论遗产中的核心究竟是什么?他揭示了世界资本主义经济政治发展的不平衡的规律,具有代表性的,就是他的《帝国主义是资本主义的最高阶段》,这本经典之作以及相关的论述,所揭示的是俄国革命的时代背景,即俄国革命是在什么样的历史环境中爆发的,但并没有说明俄国革命本身究竟是什么。他提出了社会主义革命可以在一个国家或几个国家首先获得成功,并且领导十月革命取得了胜利。那么,这个"社会主义革命""十月革命"究竟是什么样的革命,革命的实质是什么?革命的任务是什么?革命的道路是什么?革命的领导力量是什么?革命的策略是什么?显然,这些都需要作出实质性的说明。能不能一言以蔽之,把列宁主义的核心理念表达出来?笔者的理解,列宁主义的核心,首要的基本问题,就是从俄国的实际出发,实现无产阶级革命和无产阶级专政。其他的问题都是围绕着这个问题而展开和深化的。列宁主义就是在当时俄国历史条件下关于无产阶级革命和无产阶级专政的理论。

列宁在《国家与革命》这部代表性名著的前言中，就说明了在资本主义发展不平衡而带来的连绵不断的战争惨剧和灾难的背景下，国家与革命问题，具有了"特别重大的意义"，"无产阶级社会主义革命对国家的态度问题不仅具有政治实践上的意义，而且具有最迫切的意义"。俄国版的无产阶级革命与无产阶级专政的理论就这样应运而生了。在这部著作中，列宁在引用了马克思关于"阶级斗争必然导致无产阶级专政"的论断之后，斩钉截铁地指出，"谁要是仅仅承认阶级斗争，那他还不是一个马克思主义者"，"只有承认阶级斗争、同时也承认无产阶级专政的人，才是马克思主义者"，"必须用这块试金石来检验是否真正理解和承认马克思主义"[1]。

我们用发展的、联系的、全面的观点来审视一下列宁主义，就不难发现列宁的其他一些重要论述，包括党的建设的理论、革命策略的理论、暴力革命的理论、民族解放的理论、苏维埃政权建设的理论以及后来的新经济政策的理论、党和国家政治生活民主化的理论等，有哪一个方面不是紧紧地围绕着无产阶级革命和无产阶级专政而展开的呢？至于列宁的哲学思想，也正是他全部理论的世界观与方法论的基础所在。从整体上认识：列宁主义的首要的基本问题和特征，就是从俄国的实际出发实现无产阶级革命和无产阶级专政。

列宁的无产阶级革命和无产阶级专政的理论，一个鲜明特点是推崇暴力革命，夺取政权和维护政权都要依靠革命暴力。这绝不是列宁天然地向往暴力，而是当时俄国的历史环境所致。但是，不能把无产阶级专

---

[1] 列宁：《国家与革命》，《列宁选集》第三卷，人民出版社2012年版，第110、139页。

政的理论绝对化，要具体分析。比如，列宁强调无产阶级"专政是直接凭借暴力而不受任何法律约束的政权"[1]。再如，他说"我们就是坚持一党专政，而且我们决不能离开这个基地"[2]。不幸的是，这样的说法被斯大林严重地放大于社会主义的实践，教训十分深刻。

15. 怎样正确认识和评价毛泽东思想？

党的十一届六中全会《关于建国以来党的若干历史问题的决议》提出，毛泽东思想丰富和发展马克思主义的独创性贡献，包括关于新民主主义革命、关于社会主义革命和社会主义建设、关于革命军队的建设和军事战略、关于政策和策略、关于思想政治工作和文化工作、关于党的建设等六个组成部分，还包括毛泽东思想的活的灵魂，即贯穿于上述各个组成部分的立场、观点和方法，它们有三个基本方面，即实事求是，群众路线，独立自主。

毛泽东思想的核心内容可以理解为关于新民主主义革命的理论，即关于新民主主义革命的性质、任务、前途、动力、道路、策略、领导力量和依靠、团结力量的完整学说。其他的组成部分和方面，都是围绕新民主主义革命展开的，或者说就是新民主主义革命理论的各个组成部分。正因为如此，毛泽东同志的论述才成其为毛泽东思想。毛泽东同志是当代中国历史发展进程中把马克思主义中国化的第一人，是中国化马克思主义的奠基人，所作出的贡献无与伦比。

---

[1] 列宁：《无产阶级革命和叛徒考茨基》，《列宁选集》第三卷，人民出版社 2012 年版，第 594 页。

[2] 列宁：《在全俄教育工作者和社会主义文化工作者第一次代表大会上的讲话》，《列宁全集》第三十七卷，人民出版社 1986 年版，第 126 页。

简言之,毛泽东思想就是关于中国新民主主义革命及建设的理论。从这个意义上说,没有新民主主义理论,就不成其为毛泽东思想。认识毛泽东思想,首先要认识毛泽东的新民主主义理论。

毛泽东的新民主主义理论告诉我们:新民主主义,虽然按其社会性质,基本上依然还是资产阶级民主主义的,它的客观要求,是为资本主义的发展开辟道路;然而这种革命,已经不是旧的、被资产阶级领导的、以建立资本主义的社会和资产阶级专政的国家为目的的革命,而是新的、被无产阶级领导的、以建立新民主主义的社会和建立各个革命阶级联合专政的国家为目的的革命。一句话,新民主主义,就是工人阶级领导的资产阶级革命,革命的目的是建立新民主主义的社会和国家。这是新民主主义与旧民主主义的根本区别,也与社会主义的原则不同。

还告诉我们:中国革命不能不做两步走,第一步是新民主主义,第二步才是社会主义。而且第一步的时间相当长,不是一朝一夕所能成就的。只有经过民主主义,才能达到社会主义,这是马克思主义的天经地义。而在中国,为民主主义奋斗还是长期的。没有一个共产党领导的新式的资产阶级性质的彻底的民主革命,要想在殖民地半殖民地半封建的废墟上建立起社会主义社会来,那只是完全的空想。

需要提示的是,毛泽东的新民主主义理论,它的理论源头,很大程度上是列宁主义,读一读列宁的《社会民主党在民主革命中的两种策略》就会明白这个道理。

毛泽东思想是我们党的历史上,把马克思主义与中国革命与建设的具体实际相结合,而产生的第一次历史性飞跃的重大理论成果,是我们党始终坚持的指导思想的重要组成部分,是我们党极其宝贵的理论财富、精神财富,我们必须一以贯之地坚持和发展毛泽东思想。

16. 毛泽东思想为什么没有列入中国特色社会主义理论体系之中？毛泽东思想与中国特色社会主义理论体系是什么关系？

党的十七大报告是这样表述的："中国特色社会主义理论体系，就是包括邓小平理论、'三个代表'重要思想以及科学发展观等重大战略思想在内的科学理论体系。"据此，有人就提问：为什么这个理论体系中不包括毛泽东思想呢？其实，报告在提出这个理论体系的组成部分之前就已经作了交代，报告指出："改革开放以来我们取得一切成绩和进步的根本原因，归结起来就是：开辟了中国特色社会主义道路，形成了中国特色社会主义理论体系。高举中国特色社会主义伟大旗帜，最根本的就是要坚持这条道路和这个理论体系。"报告说得很清楚，中国特色社会主义理论体系形成于改革开放时代，它与开辟中国特色社会主义道路一起，成为改革开放以来我们取得一切成绩和进步的根本原因。毛泽东思想是中国新民主主义革命的产物，是指导中国新民主主义革命取得胜利的理论武器。中国特色社会主义理论体系与毛泽东思想所处的历史条件与面临的任务是不同的。就其研究对象、核心内容来说，毛泽东思想是关于中国新民主主义革命及建设的理论，而中国特色社会主义理论体系是关于中国特色社会主义建设和改革的理论。两者既存在明显区别，又相互联系和贯通。

党的十四大报告指出："我们党所以能够取得这样的胜利，根本原因是在十四年的伟大实践中，坚持把马克思主义基本原理同中国具体实际相结合，逐步形成和发展了建设有中国特色社会主义的理论。""这个理论，第一次比较系统地初步回答了中国这样的经济文化比较落后的国家如何建设社会主义、如何巩固和发展社会主义的一系列基本问题，用新的思想、观点，继承和发展了马克思主义。"这一论述，把中国特色社会主义理论产生的历史背景、实践源泉、指导意义和主要任务、基本内容，表述得十分清楚。而毛泽东思想是过去新民主主义革命的重大理论成果，说它至今还具有指导意义是可以的也是应该的，但是如果把它列入中国特色社会主义理论体系，既不符合理论发展的历史脉络，也与理论体系的内在逻辑不相匹配。

除了中国特色社会主义理论体系与毛泽东思想的具体历史任务和主要内容有着显著的不同之外，它们之间还存在着内在的有机联系，不能把两者割裂与对立起来。两者并称为两大理论成果。毛泽东思想是中国特色社会主义理论体系的重要思想来源。

至少有这样几点不可忽视，一是，中国特色社会主义理论体系与毛泽东思想一样，其精髓都是实事求是，中国特色社会主义理论体系正是秉承了毛泽东思想实事求是的精髓而得以创立的。邓小平同志说过，实事求是是马克思主义的精髓。要提倡这个，不要提倡本本。我们改革开放的成功，不是靠本本，而是靠实践，靠实事求是。他还说，我读的书并不多，就是一条，相信毛主席讲的实事求是。过去我们打仗靠这个，现在搞建设、搞改革也靠这个。我们讲了一辈子马克思主义，其实马克思主义并不玄奥。马克思主义是很朴实的东西，很朴实的道理。二是，毛泽东思想的核心内容——新民主主义论，更是中国特色社会主义理论体系中作为总依据的社会主义初级阶段论的思想素材，而且是极其宝贵的思想素材。如果没有新民主主义理论作强大铺垫，恐怕我们就难以由此发轫，创造性地提出社会主义初级阶段的理论。党的十三大报告中社会主义初级阶段论一扑面而来，我们就立即联想到新民主主义的理论。在新理论中看到前理论的影子，正符合事物辩证发展的法则。三是，毛泽东思想的哲学思想博大精深、源远流长，滋润着中国特色社会主义理论体系不断发育成长。在实事求是这个精髓上我们确实与时俱进了，但是从一般的哲学理论来讲,恐怕不能说我们已经超越了《实践论》《矛盾论》。毛泽东思想的哲学理论教育了几代人。毛泽东思想的战略理论同样无与伦比,虽然论述的是打仗,同样也适用于我们今天搞建设和改革。

中国特色社会主义理论体系的主创者邓小平同志,高举毛泽东思想的旗帜,同时摈弃"两个凡是",纠正毛泽东同志晚年的错误,在重新确立马克思主义思想路线的基础上,为中国特色社会主义理论的形成开辟了通道。这就是继往开来。与赫鲁晓夫全盘否定斯大林不同,邓小平同志一方面高举毛泽东思想的旗帜,强调"不仅今天,而且今后,我们都要高举毛泽东思想的旗帜","毛泽东思想这个旗帜丢不得。丢掉了这个旗帜,实际上就否定了我们党的光辉历史"。另一方面,邓小平同志又提出,还要批评"两个凡是"的观点,"'两个凡是'的观点就是想原封不动地把毛泽东同志晚年的错误思想坚持下去。所谓按既定方针办,就是按毛泽东同志晚年的错误方针办"[1]。把这两个方面有机地结合起来,邓小平理论就有了党心、民心拥戴的深厚基础,同时又有了开辟理论新视野、新境界的路径。从20世纪七八十年代的中国实际情况看,如果在如何对待毛泽东晚年错误的问题上,没有邓小平同志所表现出的政治定力、政治胆略和理论勇气,我们在中国特色社会主义的门外恐怕还要徘徊日久。邓小平同志在坚持和发展毛泽东思想方面为我们树立了楷模。

17. 邓小平首提建设有中国特色的社会主义,当时他的"中国特色"针对性是什么?

作为一个完整的概念,中国特色社会主义第一次明确地提出,是在

---

[1] 邓小平:《对起草〈关于建国以来党的若干历史问题的决议〉的意见》,《邓小平文选》第二卷,人民出版社1994年版,第298页。

邓小平同志作的党的十二大开幕词之中。邓小平同志说:"我们的现代化建设,必须从中国的实际出发。无论是革命还是建设,都要注意学习和借鉴外国经验。但是,照抄照搬别国经验、别国模式,从来不能得到成功。这方面我们有过不少教训。把马克思主义的普遍真理同我国的具体实际结合起来,走自己的道路,建设有中国特色的社会主义,这就是我们总结长期历史经验得出的基本结论。"[1]从此,中国特色社会主义,就成为我们的旗帜、道路、理论、制度的标识。

那么,邓小平同志说的"中国特色"究竟是什么含义?他是"中国特色社会主义"的原创者、首创者,从邓小平同志第一次提出"中国特色社会主义"的论述中仔细地体会。

邓小平同志首先说:"我们的现代化建设,必须从中国的实际出发。"应该说,这是邓小平同志强调的重点,即现代化建设必须从中国的实际出发。什么是中国的实际,这里没有具体说明。显然,邓小平同志强调的重点是提醒我们必须关注中国的实际,而不是具体说明什么是中国的实际。

接着,邓小平同志说:"无论是革命还是建设,都要注意学习和借鉴外国经验。但是,照抄照搬别国经验、别国模式,从来不能得到成功。这方面我们有过不少教训。"在这句话之中,邓小平同志强调的重点是在"但是"之后,"但是"之前的话,是为后面的话作铺垫,不要把后面的话强调到极端,以至于把前后两层意思对立起来。这表现了邓小平同志讲话一贯严谨、周密的特点。这里所说照抄照搬别国经验、别国模式有过不少教训,说白了,就是苏联经验、苏联模式。想一想,新中国成立以后我们

---

[1]邓小平:《中国共产党第十二次全国代表大会开幕词》,《邓小平文选》第三卷,人民出版社1993年版,第2—3页。

除了恭恭敬敬、亦步亦随地向苏联学，我们还这么认真地学过谁？没有。

我们以邓小平同志的话为证：

"我们两国原来的政治体制都是从苏联模式来的。看来这个模式在苏联也不是很成功的。即使在苏联是百分之百的成功，但是它能够符合中国的实际情况吗？能够符合波兰的实际情况吗？各国的实际情况是不相同的。我们现在提出政治体制改革，是根据我国的实际情况决定的。"[1]

"我们以前是学苏联的，搞计划经济。后来又讲计划经济为主，现在不要再讲这个了。"[2]

"坦率地说，我们过去照搬苏联搞社会主义的模式，带来很多问题。我们很早就发现了，但没有解决好。我们现在要解决好这个问题，我们要建设的是具有中国自己特色的社会主义。"[3]

邓小平同志所说的"中国特色"除了主要针对苏联模式之外，也有中国的改革必须防止"西化"的提示：

"第一，我们都坚持社会主义道路，坚持马克思主义；第二，我们都根据自己的特点，自己国家的情况，走自己的路。我们既不能照搬西方资本主义国家的做法，也不能照搬其他社会主义国家的做法，更不能丢掉我们制度的优越性。"[4]

不仅仅是不能全盘"西化"，任何别国的模式都不能照搬照套：

"改革开放必须从各国自己的条件出发。每个国家的基础不同，历史

---

[1]邓小平：《关于政治体制改革问题》，《邓小平文选》第三卷，人民出版社1993年版，第178页。

[2]邓小平：《计划和市场都是发展生产力的方法》，《邓小平文选》第三卷，人民出版社1993年版，第203页。

[3]邓小平：《解放思想，独立思考》，《邓小平文选》第三卷，人民出版社1993年版，第261页。

[4]邓小平：《我们干的事业是全新的事业》，《邓小平文选》第三卷，人民出版社1993年版，第256页。

不同，所处的环境不同，左邻右舍不同，还有其他许多不同。别人的经验可以参考，但是不能照搬。过去我们中国照搬别人的，吃了很大苦头。中国只能搞中国的社会主义。"〔1〕

邓小平同志点出了开幕词的主题，说："把马克思主义的普遍真理同我国的具体实际结合起来，走自己的道路，建设有中国特色的社会主义，这就是我们总结长期历史经验得出的基本结论。"〔2〕这里的关键，是马克思主义普遍真理与我国具体实际相结合。那么，我国具体实际又当如何理解？

毫无疑问，就是中国正处于并将长期处于社会主义初级阶段，这是中国最大的实际。邓小平同志说："我们党的十三大要阐述中国社会主义是处在一个什么阶段，就是处在初级阶段，是初级阶段的社会主义。社会主义本身是共产主义的初级阶段，而我们中国又处在社会主义的初级阶段，就是不发达的阶段。一切都要从这个实际出发，根据这个实际来制订规划。"〔3〕

邓小平同志讲"中国特色"主要针对的是 20 世纪 80 年代的历史特点。党的十八大以来，习近平同志讲"中国特色"，特别强调的是党的领导，指明了这是中国特色社会主义的最本质的特征、最大政治优势。这是现实任务和理论发展的需要，也是我们事业的根本。本书第十一讲对此作了比较详细的介绍，应该引起我们足够的重视。

---

〔1〕邓小平：《思想更解放一些，改革的步子更快一些》，《邓小平文选》第三卷，人民出版社 1993 年版，第 265 页。
〔2〕邓小平：《中国共产党第十二次全国代表大会开幕词》，《邓小平文选》第三卷，人民出版社 1993 年版，第 3 页。
〔3〕邓小平：《一切从社会主义初级阶段的实际出发》，《邓小平文选》第三卷，人民出版社 1993 年版，第 252 页。

18. 在"公平正义、共同富裕、普遍幸福"的社会主义的定义中，为什么没有生产力和公有制的元素？

笔者在课堂上多次讲："社会主义就是在民主法治的保障下，社会成员逐步实现共同富裕和普遍幸福的社会。简言之，社会主义就是公平正义、共同富裕、普遍幸福的社会。"这个定义是笔者长期思考的结果。

2011年6月20日，为庆祝建党90周年，笔者在《学习时报》第一版上发表了《开辟未来，高扬中国特色社会主义的旗帜》的文章，文章着重表述了对什么是社会主义、什么是中国特色社会主义的认识。所谓社会主义，就是公平正义、共同富裕、普遍幸福的社会。中国特色社会主义，是立足当代中国实际的社会主义。而当代中国最大的实际，是我国社会正处在社会主义初级阶段。我国社会主义初级阶段的社会主义，就是中国特色社会主义。中国特色社会主义，就是在一个经济相对落后而又发展很不平衡、缺乏民主法治传统、人口众多的东方大国里，党领导人民探索建设社会主义的理论、实践和道路。必须兼顾"中国特色"和"社会主义"两个方面，不能有所偏废。但"社会主义"具有质的规定性，起决定作用。中国特色社会主义，绝不是什么特色资本主义，也绝不是加以包装的封建主义。我们高擎中国特色社会主义的伟大旗帜，完全是建立在科学理性的基础之上的。

几次有学员提出这样一个问题：在你的社会主义定义之中为什么没有提到生产力的高度发达？为什么也没有提到坚持公有制？

笔者认为，生产力高度发达是必需的、不言而喻的，它是社会主义的物质基础。但是，发展生产力是社会主义的根本任务，并不是根本目的、根本价值。发展生产力的目的是造福全社会，实现全社会的公平正义、共同富裕、普遍幸福。所以，从价值判断的层面看，发展生产力是服从、服务于全体社会成员的公平正义、共同富裕、普遍幸福的。资本主义的生产力也很发达，不能仅从这一点上就认为它也是社会主义。公平正义、共同富裕、普遍幸福，才是更高的、更根本的价值判断。

同理，公有制也是实现公平正义、共同富裕、普遍幸福的路径。社会主义的目的不是搞公有制，相反，实行公有制却是为了实现社会的公平正义、共同富裕、普遍幸福。因此，在笔者的社会主义定义之中没有公有制，并不是排斥、否定公有制，而是从价值判断的层面认为它属于路径的层面、工具的层面。

19. 按照我们对社会主义的理解，是不是当代资本主义越来越像社会主义，而我们越来越像资本主义了？

在笔者看来，当代资本主义的一个最大变化，就是在它的内部产生着越来越多的社会主义的因素。在各个不同的资本主义国家表现和程度也有所不同。这是好事。说明社会主义确实具有优越性，具有生命力，是人类社会发展的总趋势，而且这种趋势还会不断强化。它既不会因为我们的喜好而加速，也不会因为某些人的厌恶而停滞。资本主义向着社会主义发生蜕变、演化，这是人类社会的发展规律使然，不依任何人的主观意志为转移。

马克思的"两个决不会"告诉我们，当今资本主义还没有灭亡，是因为它所能容纳的全部生产力尚未完全发挥出来。在它的内部产生出越来越多的新社会的因素，则是因为更高的生产关系的物质存在条件在旧社会的胎胞里发育成熟的。人类社会的发展进步有它自身的客观规律。资本主义的历史进步作用，不仅在于它战胜了封建主义，而且在于它为社会主义的到来创造了不可缺少的历史前提。在资本主义的历史进程中，如果说战胜封建主义的历史任务早已完成了，那么向社会主义演进的趋势则日益显现。只不过，没有发生剧烈的冲突和暴力革命，而是以润物细无声的和平方式进行的，实在是与我们头脑中固有的观念大相径庭。

现在全世界的绝大多数人，不管他们生活在地球上的哪个地方，是什么种族、肤色，信仰不信仰宗教，信仰什么宗教，是富有还是贫穷，他们内心所向往的社会，一定会是公平正义、共同富裕、普遍幸福的社会。人同此心、心同此理。借用邓小平同志的叙述风格，对全世界的人来说，叫什么主义都可以。在我们的话语系统中，就是社会主义。

说我们越来越像资本主义，此言不妥。在我们的当下社会中有资本主义世界的因素，确是事实，比如剥削的现象，与早期资本主义别无二致。但这并不是我国社会的主流。还有，发展市场经济也带来一些负面的东西，这些东西恐怕也不是资本主义的专利品。我国社会的很多负面现象，腐败、特权、挥霍浪费等等，与其说来自资本主义，不如说是封建主义的遗存。封建残余的影响远甚于资本主义的浸染。如果我们不能有效遏制腐败，真正把权力关进笼子里，那么封建主义的现象就会更加猖獗。总之，不能说我们越来越像资本主义，我们的旗帜和道路是社会主义，我们有这个自信。

20. 请问我们现在究竟是什么主义？是不是社会主义？

对我们所处的社会究竟属于什么主义发问，说明我国社会确实已经存在多种成分构成。以经济结构为例，就有国有经济、集体经济、民营经济或者私有经济，私有经济又可以分为外资、合资、合作、独资、个体，它们的社会属性确实挺复杂，有时还盘根错节地交织在一起。而在思想文化领域里更是气象万千、千姿百态，在适应人们多样化、个性化需求的同时，也使人们无所适从，容易找不到方向。需要指出，现阶段虽然存在多种经济成分，但是不要忘记是以公有制为主体，分配方式也是以按劳分配为主体，最终目的是实现共同富裕，这就决定了我国的基本经济制度的社会属性是社会主义。

必须明确，中国社会早已进入社会主义社会，当然是初级阶段的社会主义。改革开放的40年，我们也是始终不渝地坚持社会主义的方向，我们一直强调改革是社会主义制度的自我完善。现在，我们正在继续高举中国特色社会主义的旗帜，向着旗帜指引的方向前进。矛盾的主要方面决定着事物的性质。改革开放以来，我国社会越来越呈现出多元化、多样性的形态，这是社会发展进步、具有生机活力的表现。面对这种状态，我们更应该看到社会的基本面、社会发展的总趋势始终是由社会主义主导的。尽管实际生活的运行与我们的期待尚有距离，有的方面距离还挺大。

邓小平同志告诉我们："我们搞社会主义才几十年，还处在初级阶段。巩固和发展社会主义制度，还需要一个很长的历史阶段，需要我们几代人、十几代人，甚至几十代人坚持不懈地努力奋斗，决不能掉以轻心。""资本主义发展几百年了，我们干社会主义才多长时间！何况我们自己还耽误了二十年。"[1] 几十代人是什么概念？那就是800年到1000年！在社会主义的历史长河之中，我们的社会主义刚刚起步，还很不完善，它应有的优越性远没有充分发挥出来，所以有人会怀疑我们信仰的究竟是不是社会主义。还是邓小平同志的话恰如其分，他说："现在虽说我们也在搞社会主义，但事实上不够格。只有到了下世纪中叶，达到了中等发达国家水平，才能说真的搞了社会主义，才能理直气壮地说社

---

[1] 邓小平:《在武昌、深圳、珠海、上海等地的谈话要点》,《邓小平文选》第三卷, 人民出版社1993年版, 第379—380、383页。

会主义优于资本主义。现在我们正在向这个路上走。"[1]我们信仰的是社会主义，但还不够格，我们的使命是加紧奋斗，成为合格的社会主义，本世纪中叶，建成富强民主文明和谐美丽的社会主义现代化强国。

21. 究竟什么是社会主义的核心价值？

近年来，"社会主义核心价值"在媒体上成了一个热词，大街上也经常出现这样的标语口号，人们普遍认为在当前的世态下确立社会主义的核心价值确实很有必要。

党的十七大报告第七个大问题"推动社会主义文化大发展大繁荣"下的第一个小问题，就是"建设社会主义核心价值体系，增强社会主义意识形态的吸引力和凝聚力。社会主义核心价值体系是社会主义意识形态的本质体现。要巩固马克思主义指导地位，坚持不懈地用马克思主义中国化最新成果武装全党、教育人民，用中国特色社会主义共同理想凝聚力量，用以爱国主义为核心的民族精神和以改革创新为核心的时代精神鼓舞斗志，用社会主义荣辱观引领风尚，巩固全党全国各族人民团结奋斗的共同思想基础"。

党的十八大报告前进了一步。在报告的第六个大问题"扎实推进社会主义文化强国建设"的标题之下，第一点就是："加强社会主义核心价值体系建设。社会主义核心价值体系是兴国之魂，决定着中国特色社会主义发展方向。要深入开展社会主义核心价值体系学习教育，用社会主义核心价值体系引领社会思潮、凝聚社会共识。推进马克思主义中国化

---

[1]邓小平：《社会主义必须摆脱贫穷》，《邓小平文选》第三卷，人民出版社1993年版，第225页。

时代化大众化，坚持不懈用中国特色社会主义理论体系武装全党、教育人民，深入实施马克思主义理论研究和建设工程，建设哲学社会科学创新体系，推动中国特色社会主义理论体系进教材进课堂进头脑。广泛开展理想信念教育，把广大人民团结凝聚在中国特色社会主义伟大旗帜之下。大力弘扬民族精神和时代精神，深入开展爱国主义、集体主义、社会主义教育，丰富人民精神世界，增强人民精神力量。倡导富强、民主、文明、和谐，倡导自由、平等、公正、法治，倡导爱国、敬业、诚信、友善，积极培育和践行社会主义核心价值观。牢牢掌握意识形态工作领导权和主导权，坚持正确导向，提高引导能力，壮大主流思想舆论。"与党的十七大报告的叙述方法基本一样，先强调建设核心价值体系的极端重要性，接着分述了开展这项工作的具体任务，例如理论武装、理想信念教育、爱国主义、集体主义、社会主义教育等等，之后是提出"三倡导"，积极培育和践行社会主义核心价值观。党的十八大之后，"三倡导"就被解读为社会主义核心价值观。党的十九大报告对社会主义核心价值观建设提出了新的更高要求。

　　树立社会主义核心价值观，必须进行深入持久的价值观教育。党员干部要做培育和践行社会主义核心价值观的先行者，尤其是作为"关键少数"的领导干部更应该率先垂范，上行下效、以上带下。否则，核心价值观教育就会流为形式主义、大话套话，成为一种讽刺。教育固然重要，但是社会主义不断发展的事实更重要，说得好不如干得好。中国特色社会事业越来越兴旺发达，人民群众从中得到的获得感、幸福感、安全感越来越强，社会主义核心价值观教育就有了扎扎实实的社会基础和民意基础。

22. 为什么实事求是说起来容易做起来难?

"实事求是是马克思主义的精髓。"[1]马克思主义一脉相承的脉,就是实事求是。不坚持实事求是,马克思主义的生命之源就会枯竭。关于实事求是的内涵,毛泽东的论述极为精辟,他强调用马克思列宁主义之"矢"射中国革命之"的","这种态度,就是实事求是的态度。'实事'就是客观存在的一切事物,'是'就是客观事物的内部联系,即规律性,'求'就是我们去研究"[2]。今天,我们就是要用马克思主义之"矢",去射建设中国特色社会主义之"的",一切从社会主义初级阶段的实际出发,即"实事"出发,去"求",即研究当代中国发展、改革和稳定之"是",是即其中的规律性,建设中国特色社会主义的规律性。这就是我们今天所要求的实事求是。

既然实事求是如此重要,关系到我们事业的兴衰,关系到我们党的生死,那么为什么会出现说易行难的问题呢?非常有必要重温一下邓小平同志在党的十一届三中全会上的讲话。邓小平同志讲的第一个大问题,是"解放思想是当前的一个重大政治问题",请注意,邓小平同志用的是"政治问题",而且是"重大政治问题"。他非常尖锐地抨击了党和国家政治生活中种种破坏实事求是的现象之后,振聋发聩地说:"一个党,一个国家,一个民族,如果一切从本本出发,思想僵化,迷信盛行,那它就不能前进,它的生机就停止了,就要亡党亡国。"

接着,邓小平同志讲话的第二个大问题就是"民主是解放思想的重

---

[1] 邓小平:《在武昌、深圳、珠海、上海等地的谈话要点》,《邓小平文选》第三卷,人民出版社1993年版,第382页。
[2] 毛泽东:《改造我们的学习》,《毛泽东选集》第三卷,人民出版社1991年版,第801页。

要条件"。他指出:"解放思想,开动脑筋,一个十分重要的条件就是要真正实行无产阶级的民主集中制。我们需要集中统一的领导,但是必须有充分的民主,才能做到正确的集中。"

他说:"当前这个时期,特别需要强调民主。因为在过去一个相当长的时间内,民主集中制没有真正实行,离开民主讲集中,民主太少。现在敢出来说话的,还是少数先进分子。我们这次会议先进分子多一点,但就全党、全国来看,许多人还不是那么敢讲话。好的意见不那么敢讲,对坏人坏事不那么敢反对,这种状况不改变,怎么能叫大家解放思想,开动脑筋?四个现代化怎么化法?"[1]

又说:"我们要创造民主的条件,要重申'三不主义':不抓辫子,不扣帽子,不打棍子。在党内和人民内部的政治生活中,只能采取民主手段,不能采取压制、打击的手段。宪法和党章规定的公民权利、党员权利、党委委员的权利,必须坚决保障,任何人不得侵犯。"[2]

还说:"一个革命政党,就怕听不到人民的声音,最可怕的是鸦雀无声。现在党内外小道消息很多,真真假假,这是对长期缺乏政治民主的一种惩罚。""一听到群众有一点议论,尤其是尖锐一点的议论,就要追查所谓'政治背景'、所谓'政治谣言',就要立案,进行打击压制,这种恶劣作风必须坚决制止。毛泽东同志历来说,这种状况实际上是软弱的表现,是神经衰弱的表现。"[3]

这个问题的最后,他总结说:"为了保障人民民主,必须加强法制。

---

[1] 邓小平:《解放思想,实事求是,团结一致向前看》,《邓小平文选》第二卷,人民出版社1994年版,第144页。

[2] 邓小平:《解放思想,实事求是,团结一致向前看》,《邓小平文选》第二卷,人民出版社1994年版,第144页。

[3] 邓小平:《解放思想,实事求是,团结一致向前看》,《邓小平文选》第二卷,人民出版社1994年版,第144—145、145页。

必须使民主制度化、法律化，使这种制度和法律不因领导人的改变而改变，不因领导人的看法和注意力的改变而改变。现在的问题是法律很不完备，很多法律还没有制定出来。往往把领导人说的话当做'法'，不赞成领导人说的话就叫做'违法'，领导人的话改变了，'法'也就跟着改变。"他特别强调："国要有国法，党要有党规党法。党章是最根本的党规党法。没有党规党法，国法就很难保障。"[1]

请看，邓小平同志的这些论述是多么深刻犀利，多么提振人气！这些话似乎就是针对长久的政治生态而言的。请那些言不及义地空谈实事求是的官员及某些专家好好领会一下这些话吧。此处不惜笔墨辑录邓小平同志以上论述的原因就在于此。只要我们把邓小平同志的话落实了，实事求是就不再说易行难，而能够言行一致了。这是我们的热切期待。

23. 腐败为什么会这么严重？它是改革开放必须付出的成本吗？

现在，腐败已经是大面积的、贯透性的、持久性的顽疾。所谓大面积，是说，当今的东西南北中、工农商学兵，几乎没有不被染指的净土。所谓贯透性，是说它已经浸润到体制的深层，司法腐败与吏治腐败之烈，表明了原有体制的御腐功能已经基本无线可守、无招可应。所谓持久性，是说，腐败已经肆虐很久，短时期根本改变没有可能。腐败不除，将旗帜不举、主义不张、局势不稳、民心不得。坚决、果断、有效地遏制和惩治腐败是当务之急、重中之重，切切不可有丝毫的犹豫和侥幸。

腐败，即权力被滥用、以权谋私。不受制约和监督是权力腐败的根本原因。目前我国社会存在腐败的原因也不会逃脱产生腐败的一般规律。

---

[1] 邓小平：《解放思想，实事求是，团结一致向前看》，《邓小平文选》第二卷，人民出版社 1994 年版，第 146、147 页。

不过，普遍性是通过特殊性加以体现的。我国社会的腐败是在改革开放以后发展起来的，尤其是在20世纪90年代后渐为猖獗。我们把经济体制改革正式定位为建立社会主义市场经济体制是在邓小平同志1992年南方谈话之后，于是有人就把现在腐败膨胀的原因归结为市场经济，有的甚至认为要铲除腐败就应该回到计划经济时代。这种看法显然是片面的。

改革开放前，经济上的腐败确实比较轻，大多数的官员比较清廉，客观而言，即使想贪腐也没有东西可贪，但是政治上的腐败恐怕比现在还要严重得多。一系列重大决策的失误和对民主法制的严重破坏，极大地迟滞了中国社会应有的发展进步。那个时候官员比较廉洁的原因大致如此，一是高度集中的计划经济体制之下官员们手中的权力要比现在小很多，他们事事都必须向上面直至中央请示报告，手中的权力十分有限，拿什么去腐败？二是当时的经济缺乏活力，创造的财富非常有限，权钱交易也缺乏标的物。三是政治运动频发、持续不断，官员们如同惊弓之鸟、自保不暇，有几个敢贪腐？四是党组织比较健全，工作也比较得力，对官员看得紧。五是很重要的一条，那时的老同志绝大多数是经过革命战争年代考验的，献身精神强，"两个务必"尚犹记在心，而现在像列宁说的光想从执政党的地位中捞好处的又有多少！客观上说，与其说那时是清廉不如说是清贫，清是清了，但是贫穷，不单单是老百姓穷，官员也穷。

改革开放、发展市场经济情况发生了根本性的变化，但是我们见事不敏、应对不力。有两个变化。一个变化是权力下放，尊重各级政府和企业、事业以及基层的自主权，各级官员拥有了前所未有的权力，而且他们还尚嫌不足，一朝权在手便把令来行。权力在笼子外面跳舞，胡作非为。另一个变化是经济快速发展，财富大量增加，权力有了交换的对象。财富配置的市场发展了，而市场经济的法治没有跟上，权力与财富的交换有了舞台。这两个变化融汇在一起的后果就是腐败。

根治腐败不能走退回去的老路，那是穷路、死路。

必须坚持改革开放，坚持发展和完善市场经济体制，这是中国走向繁荣富强、实现伟大复兴的必由之路。同时也必须坚持权力下放，现在还应该继续下放权力，层层都有下放权力的任务，比如实行省管县的体制，笔者在2003年就正式提出过建议。不能因为下面有的官员滥用权力就收权。邓小平同志说过，下放权力是最大的民主，不能逆向操作。

根治腐败的正路、活路，只能是建立健全权力的监督制约机制。

世界上有很多实行市场经济的国家和地区，遏制腐败的成效也很显著，所以不能把腐败的原因归咎于市场经济。相反，健全的市场经济，法治化的市场经济，不但不是腐败的助推器，而是遏制腐败的灭火器。因此，不能认为腐败是我们改革发展必须付出的成本，准确地说，腐败本来不是我们改革发展应该付出的成本，至少不是这么大的成本。失之监督制约才是酿成严重腐败的根源所在。

加强权力制约监督的办法主要是两个方面，一个方面是真正实行"权为民所赋"，建立政府官员由人民选举、官员受人民监督、向人民负责的法律和制度。另一个方面是科学合理地配置权力，上下各个层面都形成合乎实际的制约监督机制。如此，权力基本上就被关进了民主法治的笼子。

24. 邓小平是怎样严肃批判我国政治生活中封建影响残余的？

新事物中会有旧事物的痕迹，新社会带有旧社会的影子，正是事物辩证发展的表现。由于新中国成立后很快转入社会主义革命，加上我们对肃清封建主义影响的重要性认识不足，在我国的政治生活中遗存和复制了不少属于封建性质的现象。30多年前，就这个问题邓小平同志在《党和国家领导制度的改革》的重要讲话中有非常全面深刻的论述。邓小平同志列举的那些现象，有的有所克服，但总体而言没有根本改变，反而呈滋长蔓延之势，积弊愈益深重了。

邓小平同志明确指出了党和国家的领导制度中存在着五种弊端。他指出："从党和国家的领导制度、干部制度方面来说，主要的弊端就是官僚主义现象，权力过分集中的现象，家长制现象，干部领导职务终身制现象和形形色色的特权现象。"尔后，一一分析了这些弊端的具体表现、危害和根源，在叙述的过程中多次提到了封建影响的问题。在批判官僚主义现象时就点到："官僚主义是一种长期存在的、复杂的历史现象。"[1] 在抨击权力过分集中问题时就指出："这种现象，同我国历史上封建专制主义的影响有关，也同共产国际时期实行的各国党的工作中领导者个人高度集权的传统有关。"在批评家长制作风时，指出："家长制是历史非常悠久的一种陈旧社会现象，它的影响在党的历史上产生过很大危害。"强调："上级对下级不能颐指气使，尤其不能让下级办违反党章国法的事情；下级也不应当对上级阿谀奉承，无原则地服从、'尽忠'。不应当把上下级之间的关系搞成毛泽东同志多次批评过的猫鼠关系，搞成旧社会那种君臣父子关系或帮派关系。"在指出终身制问题时，他说："干部领导职务终身制现象的形成，同封建主义的影响有一定关系，同我们党一直没有妥善的退休解职办法也有关系。"关于特权现象的问题，他又指出："我们今天所反对的特权，就是政治上经济上在法律和制度之外的权利。搞特权，这是封建主义残余影响尚未肃清的表现。旧中国留给我

---

[1] 邓小平：《党和国家领导制度的改革》，《邓小平文选》第二卷，人民出版社1994年版，第327页。

们的,封建专制传统比较多,民主法制传统很少。"[1]在邓小平的论述中,政治体制的五个弊端个个都与封建影响相关联。

接着,邓小平专列了一个大问题,集中论述了肃清封建影响和资产阶级思想的问题。他在其中指出:"上面讲到的种种弊端,多少都带有封建主义色彩。封建主义的残余影响当然不止这些。还有,如社会关系中残存的宗法观念、等级观念;上下级关系和干群关系中在身份上的某些不平等现象;公民权利义务观念薄弱;经济领域中的某些'官工'、'官商'、'官农'式的体制和作风;片面强调经济工作中的地区、部门的行政划分和管辖,以至画地为牢,以邻为壑,有时两个社会主义企业、社会主义地区办起交涉来会发生完全不应有的困难;文化领域中的专制主义作风;不承认科学和教育对于社会主义的极大重要性,不承认没有科学和教育就不可能建设社会主义;对外关系中的闭关锁国、夜郎自大;等等。拿宗法观念来说,'文化大革命'中,一人当官,鸡犬升天,一人倒霉,株连九族,这类情况曾发展到很严重的程度。甚至现在,任人唯亲、任人唯派的恶劣作风,在有些地区、有些部门、有些单位,还没有得到纠正。一些干部利用职权,非法安排家属亲友进城、就业、提干等现象还很不少。可见宗法观念的余毒决不能轻视。要彻底解决上述这些问题,还需要我们付出很大的努力。"[2]就在这个讲话的三天之后,邓小平在会见一位意大利记者的谈话中又提到:"一个领导人,自己选择自己的接班人,是沿用了一种封建主义的做法。刚才我说我们制度不健全,

---

[1]邓小平:《党和国家领导制度的改革》,《邓小平文选》第二卷,人民出版社1994年版,第329、329—330、331、332页。

[2]邓小平:《党和国家领导制度的改革》,《邓小平文选》第二卷,人民出版社1994年版,第334—335页。

其中也包括这个在内。"[1]

邓小平认为，肃清封建主义残余影响，重点是切实改革并完善党和国家的制度，从制度上保证党和国家政治生活的民主化、经济管理的民主化、整个社会生活的民主化，促进现代化建设事业的顺利发展。

25. 权力腐败与贫富悬殊两者之间是什么关系？

在影响改革发展稳定、影响全面协调可持续发展的诸多问题之中，权力腐败和贫富悬殊是两个最为突出的问题。当然，还存在着一系列的民生问题，基本上是由这两大问题派生的。人们会明白，诸如就业、教育、医疗、社保、养老、住房以及城乡二元结构、食品安全、生态环保、交通等问题，有的本身就是贫富悬殊在某个侧面的体现，有的直接就是权力腐败造成的。贫富悬殊不仅仅是个分配问题，更不仅仅是个工资收入问题，它覆盖了社会生活的方方面面。高房价下，有房和无房、囤房与房奴之间，不就是贫富差距过大的一个生动写照吗？"房叔""房姐"的曝光，不过是问题的冰山一角而已。与腐败相同，贫富悬殊已经成了影响我们整个社会的"重症"。

权力腐败与贫富悬殊又难分难解地纠结在一起，两者之中腐败更带有决定性、根本性，在很大程度上前者与后者是因果关系。首先造成贫富悬殊最大的因素就是权力腐败。我们的税负不轻、财政收入不菲，但民生建设为何捉襟见肘、入不敷出呢？"三公"挥霍了多少！政府采购又有多大的窟窿！暗箱里的特权消费能不能拿出来晒一晒？现在还没有哪个机构、专家测算一下因为权力腐败侵蚀了多少社会财富，不应该是

---

[1] 邓小平：《答意大利记者奥琳埃娜·法拉奇问》，《邓小平文选》第二卷，人民出版社 1994 年版，第 347 页。

一个很小的数字，而因为权力腐败造成贫困甚至家破人亡的个案并不鲜见。第二，权力不作为、乱作为也是缩小贫富差距的最大障碍。看一看民工讨薪之难，各种事故发生之后的抚恤赔付之难，有些冤案假案错案的平反昭雪之难，便可以窥见一斑。更不要说，为千百万老百姓造福让利的事做起来是那样不情愿，明明白白是权力在作祟。总而言之，腐败是当下各种社会病的根子。经济资源配置不公的根源是政治资源配置不公。人民群众不能切实成为权力的主人，是解决贫富差距过大问题的障碍所在。

腐败不除，民生不张。加强以民生为重点的社会建设，必须更加坚决有效地开展反腐败斗争。而反腐倡廉取得重大进展，就一定应该给老百姓带来巨大福祉，这是正因果关系。

26. 为什么说政治文明的核心是权力控制？

权力控制，用时下流行的语言，就是把权力关进笼子里。这何以成了政治文明的核心？

政治的含义，是国家权力的产生、赋予、配置和运行。政治文明是指这种状态的发展进步，说明人们对政治的发展规律能够科学理性地认识与把握。这种认识的必然结果，就一定要求加强对权力的控制。

国家的一切权力属于人民，全体人民都是国家的主人，这是任何民主的国家必须遵守的不二法则。人民当然需要关心国家大事，但首先需要关心维持自己生存的衣食住行的必需，要挣钱养活自己。于是，人们通过选举的方式把管理国家的权力委托给他们所信任的人，这就产生了总统、首相、议员或者主席、代表等等，代议制就产生了。但是，权力的委托，不是权力的让渡，为了让权力按照人们的意志和利益运行，人民的智慧主要表现在：第一，实行限期制、任期制，到期重新委托举行新一轮的选举；第二，实行法治，权力的受托者必须依法治国、依法行政；第三，运用各种方式对用权者实施持续性的监控。第四，失责必问、违法必究。质询制、问责制、弹劾制、罢免制履行的就是这种职能。这些就是对权力的控制。

以上逻辑非常简单：权力属于人民；人民委托权力；权力必受控制；权力违法必受惩治。这就是民主法治的权力运行轨迹。

西方人讨巧的地方在于，在权力委托之后，他们仍然要关注自己的衣食住行，出于对权力的不放心，他们采取了两个办法，一个是加强舆论监督，让舆论时时睁开眼睛。另一个是分权委托，让他们相互牵制、掣肘。他们称作权力制衡。

同是西方人，马克思在前两个环节上，即在权力属于人民、人民委托权力的问题上与其他的西方人没有不同。不同在于如何控制权力的问题上，马克思的思路是人民直接行使监督权，他的《法兰西内战》是如此设计的。这叫做权力监督。怎么既不照搬西方人的办法也又能控制好权力，人民需要探索。

由此而言，权力控制确实是政治的核心问题，也是难点所在。人民必须解决的问题是如何有效地把权力关进笼子里。关键在于必须由权力的拥有者即人民来打造笼子，握住钥匙，而不能由权力的受托者即官员自己造笼子，他们进出方便，自带钥匙。千万不能出现造一个笼子，把人民关进去。

27. 政治体制改革的主要障碍是什么？

政治体制改革的障碍，主要来自依附于体制弊端的既得利益。江泽民同志在庆祝建党 80 周年的讲话中指出:"所有党员干部必须真正代表人民掌好权、用好权,而绝不允许以权谋私,绝不允许形成既得利益集团。"[1] 据此,可以这样理解,既得利益就是由权力资源的不当占用而伴生、衍生、滋生的不良利益。利益即好处,各种各样大大小小的好处。既得利益是直接或间接因权力所得的好处,尽管这种好处可能是非法所得,也可能是制度内规定而得,但均是不合理所得。权力属于人民,只能用来为人民谋利益,而不能自肥。与 20 世纪 80 年代不同,现在各种改革的阻力,主要是既得利益的阻抗,而过去或许比较多的是来自思想认识上的阻力。

应该注意,没有必要也很难把既得利益者具体定位是些什么人,如果一定要具体定位,那么,似乎可以这样说,以权谋私的腐败分子原来就是既得利益者,他们之中的相当部分已经形成了既得利益集团。

李克强同志指出,调整利益格局,要善于在利益增量上做文章,在利益预期上作调整,同时稳妥推进存量利益的优化,这样可以更好地凝聚共识,减少改革的阻力。这样提出问题是有智慧的体现,应该引起我们的重视。

邓小平同志早就指出,政治体制改革"这个问题太困难,每项改革涉及的人和事都很广泛,很深刻,触及到许多人的利益,会遇到很多的障碍,需要审慎从事"。[2]

列宁说过,"单是'下层不愿'照旧生活下去通常是不够的,还需要'上层不能'照旧生活下去"[3]。改革与革命在性质上虽然不同,但时机成

---

[1] 江泽民:《在庆祝中国共产党成立八十周年大会上的讲话》,《江泽民文选》第三卷,人民出版社 2006 年版,第 280 页。
[2] 邓小平:《关于政治体制改革问题》,《邓小平文选》第三卷,人民出版社 1993 年版,第 176 页。
[3] 列宁:《第二国际的破产》,《列宁选集》第二卷,人民出版社 2012 年版,第 461 页。

熟与否应该有相似之处。笔者较长期地从事政治体制改革研究，有一个很深的感受，改革时机的成熟不是在这个体制内生活的利益受损者要求改革便能满足的，只有驾驭这个体制的既得利益者感到再也不能按照旧体制维持下去了，这个时候改革的时机才能成熟。改革的动能需要逐步地积蓄。一些细枝末节的修补一直在进行，但实质性变革的条件还不成熟。这种情形之下，激进、冒进只能适得其反。

28. 社会主义民主与资本主义民主的区别究竟是什么？

这个问题曾经被学员们多次提起，它确实困扰了笔者很久，思想上理不清楚，更不要说讲清楚。原因就是笔者的认识被列宁的名言框住了，1918年列宁在《无产阶级革命和叛徒考茨基》里说过："资产阶级民主同中世纪制度比较起来，在历史上是一大进步，但它始终是而且在资本主义制度下不能不是狭隘的、残缺不全的、虚伪的、骗人的民主，对富人是天堂，对被剥削者、对穷人是陷阱和骗局。""无产阶级民主比任何资产阶级民主要民主百万倍；苏维埃政权比最民主的资产阶级共和国要民主百万倍。""在俄国，则完全地彻底地打碎了官吏机构，赶走了所有的旧法官，解散了资产阶级议会，建立了正是使工农更容易参加的代表机关，用工农苏维埃代替了官吏，或者由工农苏维埃监督官吏，由工农苏维埃选举法官。单是这件事实，就足以使一切被压迫阶级承认，苏维埃政权这一无产阶级专政形式比最民主的资产阶级共和国要民主百万倍。"[1]在这一节不长的篇幅里就三次提到了"百万倍"，可见分量之重。这些话在人们的头脑里留下了深深的烙印。但论断与现实的反差，造成

---

[1] 列宁：《无产阶级革命和叛徒考茨基》，《列宁选集》第三卷，人民出版社2012年版，第601、606、607—608页。

了人们对两种民主进行比较的困惑。

一方面出于各种原因社会主义民主应该有的优越性远没有发挥出来，列宁说的那个理想中的"百万倍"并没有如期而至，相反民主被严重践踏的事件却频现。另一方面，资本主义民主倒出现了令人刮目相看的变化，那个"狭隘的、残缺不全的、虚伪的、骗人的民主"，已经不复存在，总统被问责被弹劾、政府被关门的事件时有发生。所以，简单地用列宁的话去套活生生的现实已经没有意义。

邓小平南方谈话中关于市场经济论述的思想方法对此应有启发。邓小平同志说，计划多一点还是市场多一点，不是社会主义与资本主义的本质区别。计划经济不等于社会主义，资本主义也有计划；市场经济不等于资本主义，社会主义也有市场经济，计划和市场都是经济手段。他还说，要害是姓"资"还是姓"社"的问题。从中我们得到启示，作为资源配置的手段，市场经济就是市场经济，本身没有什么姓"社"姓"资"之分，只是用者有所不同。只要是市场经济，不管谁用，都需要依靠市场起配置资源的基础性作用。民主也有同样道理，任何民主都必须具备人民当家作主、多数决定的基本属性。否则就不是民主，或者是假民主。人民是国家的主人，权力属于人民，已经成为多数国家最为重要的宪法原则。这里怎么分姓"社"姓"资"？只不过人民是历史的概念、发展的概念，因时因地有不同，但它一定是这个国家的绝大多数人，普选和公决便是很好的说明。任何事物都具有一个基本的属性，民主的基本属性就是如此。

时代进步了，我们完全可以跳出姓"社"姓"资"的窠臼，换一种思路进行不同民主形式的比较。比如，中国的民主与美国的民主、英国的民主、法国的民主、德国的民主有什么不同，或者它们之间有什么不同，作这样的比较要有意义得多。笔者的一位同事，中央党校经济学部的教授田应奎，有一次和我一起与中直分校的学员互动时，他的一个说法有一定道理，他认为现在世界上对国家的分类早已不是姓"社"姓"资"，而是贫穷国家、发展中国家、发达国家，中间又有一些层次。这说明，原来阶级分析的方法、姓"社"姓"资"的观念在我们的头脑中扎根太深了，需要加以梳理。

进行两种民主的比较，一定不能离开各国的具体情况，包括历史特点、民族特色、文化传统、经济水平和制度安排等等，总而言之必须从本国的实际出发，尊重本国人民的选择。

29. 你们中共现在还坚持不坚持共产主义的奋斗目标？[1]

这个问题是笔者给瑞典的朋友讲课时碰到的，实际上在我们的党员干部中也有类似的疑问。

当时，笔者略作思考后这样回答：我们中国共产党始终不渝地坚持共产主义的目标，但是对这个目标内涵的认识我们一直是在探索更新之中。

现行党章规定：中国共产党是中国工人阶级的先锋队，同时是中国人民和中华民族的先锋队，是中国特色社会主义事业的领导核心，代表中国先进生产力的发展要求，代表中国先进文化的前进方向，代表中国最广大人民的根本利益。党的最高理想和最终目标是实现共产主义。关于党的最终目标历届党章都是这样规定的，从来没有动摇过。

1982年党的十二大报告用了很大的篇幅论述了共产主义理想。在报告的第三个大问题"努力建设高度的社会主义精神文明"中强调指出：

---

[1] 这是笔者在瑞典驻中国大使馆讲课时瑞典听众提出的问题,因其有代表性,故录于此。

"社会主义还必须有一个特征,就是以共产主义思想为核心的社会主义精神文明。""共产主义首先是一种运动。"在引述了马克思恩格斯、毛泽东的一些论述之后,提出:"共产主义的思想和共产主义的实践早已存在于我们的现实生活中。那种认为'共产主义是渺茫的幻想'、'共产主义没有经过实践检验'的观点,是完全错误的。我们每天的生活都包含着共产主义,都离不了共产主义。"[1]

1986年党的十二届六中全会通过的《中共中央关于社会主义精神文明建设指导方针的决议》,在对理想问题阐述时就把重点放在了首次引入的"共同理想"这个新的概念上。《决议》提出用共同理想动员和团结全国各族人民,指出:"建设有中国特色的社会主义,把我国建设成为高度文明、高度民主的社会主义现代化国家,这就是现阶段我国各族人民的共同理想。"[2]为了与党的十二大的说法相衔接,又特别说明了共同理想与远大理想是一致的道理。

1996年党的十四届六中全会作出了《中共中央关于加强社会主义精神文明建设若干重要问题的决议》。《决议》明确提出"今后十五年,我国社会主义精神文明建设的主要目标是:在全民族牢固树立建设有中国特色社会主义的共同理想,牢固树立坚持党的基本路线不动摇的坚定信念;实现以思想道德修养、科学教育水平、民主法制观念为主要内容的公民素质的显著提高,实现以积极健康、丰富多彩、服务人民为主要要求的文化生活质量的显著提高,实现以社会风气、公共秩序、生活环境为主要标志的城乡文明程度的显著提高;在全国范围形成物质文明建

---

[1]《全面开创社会主义现代化建设的新局面》,《十二大以来重要文献选编》(上),人民出版社1986年版,第27、28页。
[2]《中共中央关于社会主义精神文明建设指导方针的决议》,《十二大以来重要文献选编》(下),人民出版社1988年版,第1178页。

设和精神文明建设协调发展的良好局面。"[1] 显然，我国精神文明建设的旗帜已经明确树立为中国特色社会主义，理想教育的基本任务是树立和落实共同理想，也就是中国特色社会主义。

远大理想和共同理想是一致的，不能把它们割裂和对立起来。正如习近平同志指出的："革命理想高于天。共产主义远大理想和中国特色社会主义共同理想，是中国共产党人的精神支柱和政治灵魂，也是保持党的团结统一的思想基础。"[2] 总之，历史不会终结，人类总会不断总结经验，有所发现，有所发明，有所创造，有所前进，奔向美好未来的步伐不会停止。

30. 苏共失败的根本原因是什么？苏共垮台是唯物史观的失败吗？

苏联解体、苏共垮台刚发生不久，当时很强势的解释是此乃帝国主义和平演变的结果，实在是过于牵强了。与此同时一种高调的说法认为都是戈尔巴乔夫实行公开性惹的祸，同样理由不充分。公开性是好事，列宁早就提倡的，怎么会成了苏共垮台的祸根？明明是冰冻三尺非一日之寒，硬说一个人很快能搞垮一个大党，那也太过分夸大个人的作用了。

近年来，思想界出现的一些研究苏联垮台问题的成果，已经愈益符合历史发展的客观事实了，符合外因是变化的条件、内因是变化的根据的常识了。曾任苏共中央书记处书记，后任俄罗斯共产党第一书记的久

---

[1]《中共中央关于加强社会主义精神文明建设若干重要问题的决议》，《十四大以来重要文献选编》（下），人民出版社 2011 年版，第 137、139 页。
[2] 习近平：《决胜全面建成小康社会　夺取新时代中国特色社会主义伟大胜利——在中国共产党第十九次全国代表大会上的报告》（2017 年 10 月 18 日），人民出版社 2017 年版，第 63 页。

久加诺夫认为：苏共之所以垮台，是因为在长期一党专政的制度下，实行了"三垄断"。学界不少人认为这是久加诺夫根据亲身经历，深刻反思得出的结论。江平先生的大作《沉浮与枯荣：八十自述》中转引了久加诺夫对苏联解体的反思：苏联共产党垮台的真正原因是它的三个垄断制度，即共产党员以为自己想的说的都是对的——垄断真理的意识形态制度；以为自己的权力是神圣至上的——垄断权力的真正法律制度；以为自己有不能说却可以尽管做的特权福祉——垄断利益的封建特权制度。江平先生将久加诺夫的"三垄断"简明扼要地概括为"垄断意识形态、垄断政治权力、垄断特权利益"。这个解释，基本上点到了苏共的病根。

但是，需要进一步说明，造成三个垄断的原因又是什么？还必须从党自身问题找原因，苏共患了"民主缺乏症"，这是苏共与生俱来的基因缺陷，后天又没有补上。党内民主是党的生命。民主是党的活力之源，生命枯竭就是没有党内民主所致。

苏联共产党是一个老党、大党，1917年执政，曾经辉煌过、卓有建树，但到1991年，建党不满百年，便丧失了执政地位并归于解散，可谓其兴也勃焉，其亡也忽焉。根本的问题不是领导人个人素质的缺陷，也不是内政外交的失误，而是制度上的弊端。"领导制度、组织制度问题更带有根本性、全局性、稳定性和长期性"，"制度好可以使坏人无法任意横行，制度不好可以使好人无法充分做好事，甚至会走向反面"。这个制度问题的要害，就是"离开民主讲集中，民主太少"，甚至没有民主。苏共在执政以前受沙皇专制统治这一社会环境的限制，党内不可能有充分的民主。普列汉诺夫、卢森堡都曾经尖锐地批评过苏共过分的集中制，预见这个党的前景不妙。苏共执政以后，列宁曾经下决心要解决这个问题，1921年苏共十大曾经作了一个扩大党内民主的决议，但未见成效。而列宁之后，苏共更是在背离民主的道路上越走越远，活力逐渐衰竭。

到了戈尔巴乔夫真正是强弩之末，苏共已经没有自我纠错、自我更新的机制和能力了，走向死亡势所必然。教训至为深刻。

有人质疑，苏共的垮台是否就是唯物史观破产的一例？错！苏共的所作所为哪里是秉持了唯物史观，恰恰相反，完全是背离了唯物史观、逆历史潮流而动的后果。这个令全世界的社会主义者为之痛心的严重教训，给予我们的深刻启示是必须坚持马克思主义，特别是它的唯物史观，而且必须坚持把马克思主义与本国具体实际相结合。邓小平说过他坚信马克思主义是科学，是它运用历史唯物主义揭示了人类社会发展的规律。邓小平同志1992年南方谈话的最后，针对东欧剧变的深刻教训，他说："从一定意义上说，某种暂时复辟也是难以完全避免的规律性现象。一些国家出现严重曲折，社会主义好像被削弱了，但人民经受锻炼，从中吸收教训，将促使社会主义向着更加健康的方向发展。因此，不要惊慌失措，不要认为马克思主义就消失了，没用了，失败了。哪有这回事！"[1]

---

[1] 邓小平：《在武昌、深圳、珠海、上海等地的谈话要点》，《邓小平文选》第三卷，人民出版社1993年版，第383页。